运动训练科学监控

孙有平　编著

人民体育出版社

图书在版编目（CIP）数据

运动训练科学监控 / 孙有平编著. -- 北京：人民体育出版社, 2025. -- ISBN 978-7-5009-6534-3

Ⅰ. G808.1

中国国家版本馆CIP数据核字第2025BA8993号

运动训练科学监控

孙有平　编著

出版发行：人民体育出版社
印　　装：天津中印联印务有限公司

开本：787×1092　16开本　　印张：15.75　　字数：340千字
版次：2025年8月第1版　　印次：2025年8月第1次印刷
书号：ISBN 978-7-5009-6534-3
定价：76.00元

版权所有·侵权必究
购买本社图书，如遇有缺损页可与发行与市场营销部联系
联系电话：（010）67151482
社　　址：北京市东城区体育馆路8号（100061）
网　　址：https://books.sports.cn/

前 言

"运动训练科学监控"是我国体育专业硕士研究生课程体系中的基础课程。目前该课程的讲义基本由教师自行编写，缺乏统一的教材。因此，编写一本适合体育专业硕士研究生使用的《运动训练科学监控》教材，成为课程建设中亟待解决的重要问题。

本书的编写基于对运动训练监控理论与实践问题的教学研讨，以及编者多年教学经验的积累与总结。《运动训练科学监控》是一本契合学科发展要求与研究生学习需求的理论教材，适用于体育专业硕士研究生专业课程教学。本书的整体框架包括导言、体能训练监控、运动技能训练监控、心能训练监控、战能训练监控、运动负荷监控、身体健康监控、心理健康监控、运动损伤监控、运动营养监控十章内容。书中每章又分若干节，分别从监控概述、监控指标体系、监控测评、应用与思考等方面，详细介绍运动训练监控系统中各子系统的科学监控问题。

全书的编写思路和内容体系借鉴了编者已出版的《运动训练学热点问题探蹊》《运动训练实践问题探索》《中小学运动训练理论与实践》等教材和专著，其编写特色主要体现在以下方面。

1. 系统性。本书内容体系的建构按照运动训练监控体系来安排，既介绍了运动训练科学监控的基本概念、基本方法、前沿进展等相关内容，又整合了大量跨学科知识，使得运动训练监控的理论体系更加完善。

2. 实践性。本书不仅从科学研究的视角来探析运动训练监控理论问题，同时，按照项群分类，选取了一些运动训练监控的研究案例，介绍各项群中的具体运动项目的运动训练监控应用情况，具有较强的实践性。

3. 前沿性。本书从第二章开始不仅介绍目前运动训练科学监控研究的一系列热点问题，同时在各章节中引入了许多最新研究成果，使广大读者能够了解运动训练科学监控的理论发展和实践应用的潮流。

4. 启发性。本书涉及具体训练监控中的各章，既呈现了国内外不同学者的学术成果，也提出了编者对此训练监控问题的反思，以此培养研究生的批判性思维和创造性思维能力，引导和启发读者进行相关的科学研究，解决监控理论与训练实践的结合问题。

本书既可作为体育专业（包括运动训练和体育教学）硕士研究生的基础课程教材，又可作为体育教育训练学硕士研究生的专业参考书籍，另外，一线教练员和体育科研人员也可从中受益。

本书的出版得到了华东师范大学研究生院的大力支持和资助，人民体育出版社的编辑们也付出了辛勤的劳动，在此一并表示衷心的感谢！本书的编写参考了大量国内外相关的研究成果和文献，谨此向这些成果与文献的完成者表示诚挚的谢意。另外，还要感谢我的研究生张泽毅、杨宇航、史翰林、曲彦洁、位盛萌、宋健，他们为本书做了大量的校对工作，其中张泽毅收集了第二章至第十章的研究案例，并为全书的统稿付出了大量的努力。

运动训练科学监控的内容广泛、方法众多，相关的运动训练学、运动生物力学、运动生物化学等技术手段的发展也日新月异，本书编著者虽经努力，但限于知识水平和研究能力，缺点和错误在所难免，敬请读者批评指正。

编著者

2024 年 1 月 11 日

目 录

第一章　导　言 ·· 001

　　第一节　运动训练科学监控概述 ·· 001
　　第二节　运动训练科学监控的基本类型 ·· 003
　　第三节　运动训练科学监控的生理生化原理 ·· 006

第二章　体能训练监控 ··· 011

　　第一节　体能训练监控概述 ·· 011
　　第二节　主要运动素质训练监控指标体系 ·· 013
　　第三节　主要运动素质训练监控的测评 ·· 015
　　第四节　主要运动素质训练监控的应用 ·· 036
　　第五节　对体能训练监控的思考 ·· 054

第三章　运动技能训练监控 ··· 059

　　第一节　运动技能训练监控概述 ·· 059
　　第二节　运动技能训练监控指标体系 ·· 063
　　第三节　运动技能训练监控的测评 ·· 076
　　第四节　运动技能训练监控的应用 ·· 086
　　第五节　对运动技能训练监控的思考 ·· 092

第四章　心能训练监控 ··· 094

　　第一节　心能训练监控概述 ·· 094
　　第二节　心能训练监控指标体系 ·· 096

第三节　心能训练监控的测评 098
　　第四节　心能训练监控的应用 100
　　第五节　对心能训练监控的思考 104

第五章　战能训练监控 106
　　第一节　战能训练监控概述 106
　　第二节　战能训练监控指标体系 108
　　第三节　战能训练监控的测评 116
　　第四节　战能训练监控的应用 120
　　第五节　对战能训练监控的思考 127

第六章　运动负荷监控 130
　　第一节　运动负荷监控概述 130
　　第二节　运动负荷监控指标体系 131
　　第三节　运动负荷监控的测评 133
　　第四节　运动负荷监控的应用 140
　　第五节　对运动负荷监控的思考 151

第七章　身体健康监控 155
　　第一节　身体健康监控概述 155
　　第二节　身体健康监控指标体系 157
　　第三节　身体健康监控的测评 163
　　第四节　身体健康监控的应用 165
　　第五节　对身体健康监控的思考 166

第八章　心理健康监控 169
　　第一节　心理健康监控概述 169
　　第二节　心理健康监控指标体系 171
　　第三节　心理健康监控的测评 172
　　第四节　心理健康监控的应用 175
　　第五节　对心理健康监控的思考 180

第九章　运动损伤监控·····183

第一节　运动损伤监控概述·····183

第二节　运动损伤监控指标体系·····184

第三节　运动损伤监控的测评·····187

第四节　运动损伤监控的应用·····198

第五节　对运动损伤监控的思考·····204

第十章　运动营养监控·····206

第一节　运动营养监控概述·····206

第二节　运动营养监控指标体系·····207

第三节　运动营养监控的测评·····210

第四节　运动营养监控的应用·····218

第五节　对运动营养监控的思考·····223

参考文献·····225

第一章 导言

在现代竞技体育中,"更快、更高、更强——更团结"的奥林匹克精神使竞技运动水平不断提高,一项项世界纪录被刷新。优秀运动员承受的训练强度和训练量逐渐增加,对体育科技提出了更高的要求。对优秀运动员的训练过程实施长期、系统的科学监测,可以科学诊断运动员的身体机能、技术特点和心理状态,并在训练后通过科学手段加速其身体机能恢复,有效地提高运动员的训练能力,防止运动员出现过度疲劳或过度训练,同时,在重大比赛前科学地调控运动员的竞技状态,帮助他们在比赛中创造最佳运动成绩。其已成为体育科学领域亟待解决的问题。

第一节 运动训练科学监控概述

随着现代竞技运动职业化程度的不断提高,运动员参赛密度不断加大,训练过程中的伤病概率也不断升高,经常会出现训练不足和过度训练的情况。训练不足会造成体能缺失,技战术稳定性不高,心理状态失衡;而过度训练会造成过度疲劳、损伤、神经驱动力丧失、过度敏感与兴奋。训练不足和过度训练都不能使运动员取得最佳的训练效果和最好的运动成绩。运动训练监控的介入,可以使整个运动训练过程的计划与实施更具针对性和有效性,提高运动训练效率,运动训练监控的重要性日益凸显。因此,科学认识和强化运动训练过程监控的作用显得尤为重要。

一、训练监控的释义

训练监控是指依据运动训练的客观规律,借助相关学科的理论与方法,科研人员对运动训练质量的决定因素与影响因素进行监测与评价,教练员再根据监测与评价的反馈信息,科学调整、控制训练过程的活动,实现对运动训练过程的最佳化控制,从而提高运动训练的科学化水平。其中,教练员是运动训练的主体,指导运动员进行运动训练,运动员是运动训练的客体，参与整个运动训练过程。从时间跨度看，训练监控既包括一次训练课，也包括不同周期、不同阶段乃至多年的训练累积，还包括训练课以外的日常生活时间。监控是"监"和"控"的有机结合，"监"是施控主体为实现预期目标，监测与评价被控对象信息的活动，"控"是施控主体根据反馈信息调整与控制被控对象行为的活动。在训练实践中，监测是对运动员竞技状态信息的监督测试，评价是对训练质量的检查评定，调整是对训练计划的改进优化，控制是对训练进程的把握操控，训练监控则是监测、评价、调整和控制的统一。

二、训练监控的价值

训练监控作为科学训练的基本环节和重要途径，具有重要的功能价值。就教练员而言，训练监控可以提供优化训练的客观依据。教练员可依据训练监控收集的信息，客观评价训练计划是否合理，内容是否得当，方法与手段是否适宜，负荷安排是否适量，恢复措施是否有效，在及时、准确、客观、完整地检查训练效果的基础上有效控制相应环节，以不断缩小现实状态与目标状态的差距。就运动员而言，训练监控可以提供自我监控的数据参考。运动员可以即时了解自身的身体机能、技战术能力、心理能力和专项知识能力的现实状态，并结合直接感知，实现更为准确、客观的自我监控，预防和避免训练不足或过度疲劳。就管理人员而言，训练监控可以整体了解训练实施效果。管理人员可随时发挥运动训练监控作用，深入论证专项运动训练的各种规划和计划，全面检查运动训练实施的实质效果，统筹协调专项运动的设计、实施和监控关系。

（一）训练监控为防范训练风险提供了系统控制的手段

训练监控的直接目的主要是监测与调控运动员的竞技能力和运动负荷状态，为教练员实施有效监控提供准确而详细的信息。防范风险是实施训练监控的首要目的。一般而言，优秀运动员的培养周期短则七八年，长则十几年，培养周期长、投资大，在成长过程中往往受到多种因素的影响，面临各种各样的风险。例如，在一次训练课中，可能存在准备活动不充分、运动负荷不合理、身体机能状态不良、心理状态不佳等风险；在阶段性的训练周期中，可能存在训练计划不周、训练实施不力、营养恢复不足等风险。这些风险贯穿于各种训练水平运动员的各种周期和各个阶段的训练中。训练监控是防范训练风险的重要途径和有效措施，为有效控制运动员成长过程中的训练风险提供了一个强有力的抓手。

（二）训练监控为检查训练质量提供了全面及时的依据

运动训练过程的长期性、竞技能力结构复杂性等因素，直接导致训练效果的不确定性，需要及时检查训练质量，以保证预期训练目标的实现。训练监控是保证训练质量的重要环节。例如，训练监控指标与生理生化监控指标相结合，可以从整体上分析训练方法是否有利于提高运动员竞技能力；心理指标与生理生化指标相结合，可以多维度评判运动员的竞技状态及疲劳程度；运动学、动力学与生物学指标相结合，可以综合评价与诊断运动员技术能力发展水平。训练监控通过对运动员专项系统指标的长期跟踪与监测，综合评价运动员的专项体能、技术、战术、心理等状态的变化特征，并形成多维度的综合评价报告，为改进专项训练方法与调控竞技状态提供科学依据。从这个意义上说，训练监控为及时全面检测运动员某一时刻、某一时期的训练质量提供了重要保障。

（三）训练监控为制订训练计划提供了客观准确的起点

在一个完整的运动训练过程中，不论其时间跨度多大，运动员在每一个特定时刻的状态既是其前一时刻状态的延续，又是其后一时刻状态的起始。对运动员现实状态的诊断，包括竞技能力状态、运动成绩、运动负荷程度等，既是对前一阶段的训练目标、训练内容、负荷安排、训练方法与手段、恢复措施等运动训练过程重要环节的科学评定，又为后一阶段的训练确立了科学的起点。只有建立在科学诊断基础上的训练监控，才有可能对运动训练结果做出准确的预测，设立适当的训练指标，制订出实现指标所必需而又切实可行的训练计划，实现科学训练，从而避免经验训练带来的随意性、局限性和不完整性。可见，训练监控为运动训练过程确立了一个客观准确的出发点，为训练设计和训练实施提供了一个清晰的思路。

第二节　运动训练科学监控的基本类型

运动训练监控是由测量、评价、调控三个阶段构成的。测量、评价与调控在整个运动训练监控活动中具有不同的功能：测量是描述现状，评价是解释原因与预测未来，调控是调整与控制活动。三者是相互联系、密不可分的整体，共同构成一个相对完整的训练系统。运动训练监控按监控内容与运动成绩关系的不同，可以分为决定性（或内因性）因素监控和影响性（或外因性、保障性）因素监控；按监控实施间隔时间长短的不同，可以分为即时监控、日常监控和阶段性监控；按评价类型的不同，可以分为结果监控和过程监控。

一、决定性因素监控和影响性因素监控

影响运动员运动成绩和运动训练过程实施的因素有许多，但归纳起来不外乎两大类：一类是内部因素（或内因性因素），是运动训练效果与运动成绩的决定性因素；另

一类是外部因素（或外因性因素），是影响运动训练过程实施和运动成绩的影响性因素。内部因素在运动成绩的取得和运动训练过程实施中起主导作用。人们主要通过制订严密的训练计划，采用一定的专项训练办法与手段，运用相应的运动训练原则，安排合理的运动负荷，来提高运动员的竞技能力，从而使其取得优异的运动成绩。因此，决定性因素监控主要是对运动员竞技能力及运动负荷的监控。外部因素主要影响运动训练过程的实施和运动成绩的可控，主要指运动营养状况、运动损伤状况、心理健康状况、身体健康状况等。这些因素本身不能提高运动员的比赛成绩（如一个运动员不管营养多么好，若不经过训练，他是无论如何也不可能取得优异运动成绩的），但是，这些因素能为训练和比赛的正常进行提供保障。因此，按监控内容与运动成绩关系的不同，可以把运动训练过程监控分为决定性（或内因性）因素监控和影响性（或外因性）因素监控（图1-2-1）。

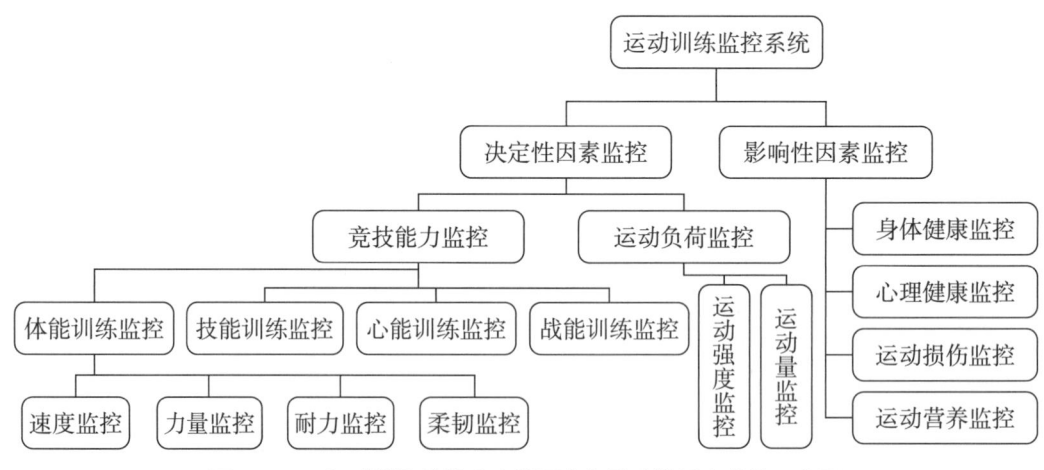

图1-2-1 运动训练监控决定性因素与影响性因素监控示意图

二、即时监控、日常监控和阶段性监控

人们通常将运动员的状态分为3种类型，即阶段性状态、日常状态、即时状态。所谓阶段性状态，是指运动员在较长一段时间内，如1周、1个月、数月由训练效果累积而获得的相对稳定的状态。所谓日常状态，是指在一次或几次训练课的影响下，即训练效果短时间作用下身体所处的状态。所谓即时状态，是指运动员在完成一次身体练习的情况下，身体状态即时、迅速发生的变化，这个过程持续的时间非常短暂，也称为即时状态。教练员只有及时和准确了解运动员的状态，才能有效监控训练进程，并确保训练的效果。因此，按对运动员状态监控间隔时间的长短，可以把运动训练监控分为即时监控、日常监控和阶段性监控（图1-2-2）。

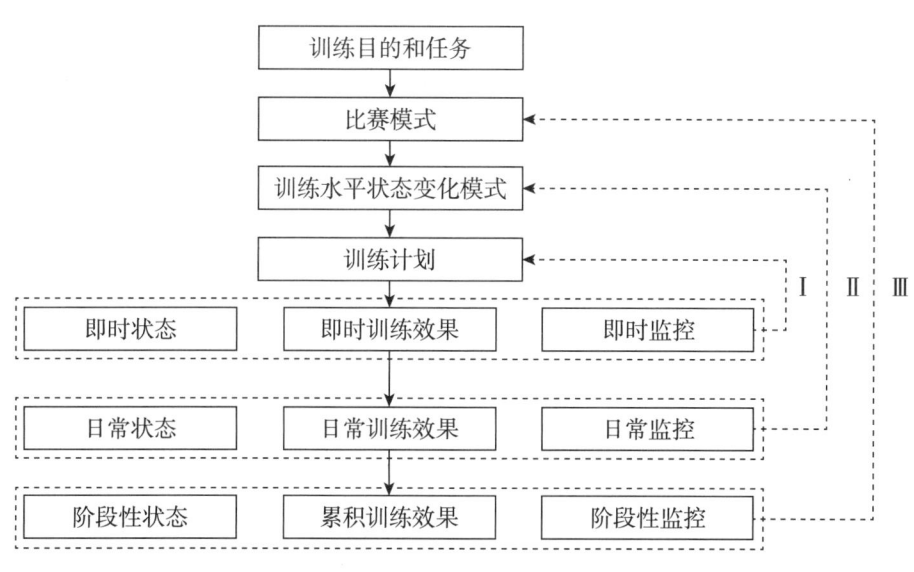

```
┌─────────────────┐
│  训练目的和任务  │
└────────┬────────┘
         ▼
┌─────────────────┐
│    比赛模式     │◄─────────────┐
└────────┬────────┘              │
         ▼                       │
┌─────────────────┐              │
│ 训练水平状态变化模式 │◄──────┐   │
└────────┬────────┘        │   │
         ▼                 │   │
┌─────────────────┐        │   │
│    训练计划     │◄──┐    │   │  Ⅰ  Ⅱ  Ⅲ
└────────┬────────┘  │    │   │
         ▼           │    │   │
┌────────┬─────────┬────────┐
│即时状态│即时训练效果│即时监控│──┘   │   │
└────────┴─────────┴────────┘      │   │
┌────────┬─────────┬────────┐      │   │
│日常状态│日常训练效果│日常监控│──────┘   │
└────────┴─────────┴────────┘          │
┌──────────┬──────────┬──────────┐     │
│阶段性状态│累积训练效果│阶段性监控│────┘
└──────────┴──────────┴──────────┘
```

Ⅰ：一次训练课的校正方向；Ⅱ：一个或几个训练小周期的校正方向；
Ⅲ：一个或几个训练大周期的校正方向

图 1-2-2 即时监控、日常监控和阶段性监控示意图

三、结果监控和过程监控

在以往的监控中，科研人员主要侧重于对运动员训练结果的监控，换言之，就是主要侧重于一段时间内对运动员竞技能力和身体机能的变化情况的结果监控，而忽视了对训练过程的监控。所谓结果监控，通常指经过一段时间后，对运动员竞技能力和身体机能状况进行检查评定，以检验训练的效果，即在一个点上进行监控。结果监控实施的间隔时间相对较长，如1周、1个月或1个训练周期。所谓过程监控，即在一个时间序列上进行的监控，这里主要指对每次训练课所采用的每种训练方法和手段对运动员机体产生的影响及运动员每天的饮食、伤病等进行监控（图 1-2-3）。

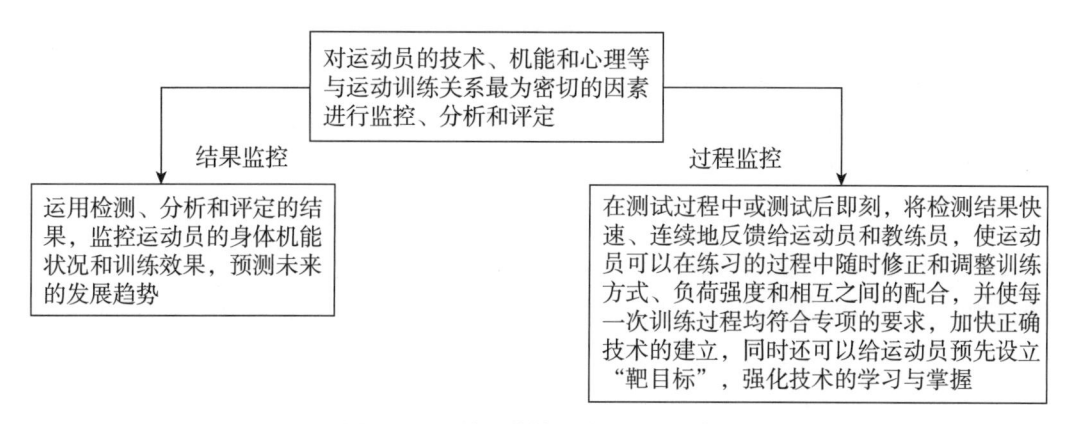

```
                    ┌──────────────────────┐
                    │对运动员的技术、机能和心理等│
                    │与运动训练关系最为密切的因素│
                    │   进行监控、分析和评定   │
                    └──────┬──────────┬────┘
                           │          │
        结果监控            │          │         过程监控
┌─────────────────────┐    │          │    ┌─────────────────────────┐
│运用检测、分析和评定的结│◄──┘          └───►│在测试过程中或测试后即刻，│
│果，监控运动员的身体机能│                    │将检测结果快速、连续地反馈│
│状况和训练效果，预测未来│                    │给运动员和教练员，使运动员│
│    的发展趋势          │                    │可以在练习的过程中随时修正│
└─────────────────────┘                    │和调整训练方式、负荷强度和│
                                            │相互之间的配合，并使每一次│
                                            │训练过程均符合专项的要求，│
                                            │加快正确技术的建立，同时还│
                                            │可以给运动员预先设立"靶目│
                                            │标"，强化技术的学习与掌握│
                                            └─────────────────────────┘
```

图 1-2-3 结果监控和过程监控示意图

第三节　运动训练科学监控的生理生化原理

对运动训练科学监控的生理生化原理，可以从训练过程中能量代谢方式与身体素质关系、无氧训练的生理生化特点两个方面进行分析。

一、训练过程中能量代谢方式与身体素质关系

要用生理生化的方法与手段监控运动训练过程，首先必须了解训练过程中不同训练负荷时，人体的生理生化代谢特点及对应发展的运动素质（图1-3-1）。应当注意的是，各系统供能的多少指的是各供能系统参与供能的比例，而不是绝对值。例如，在长时间耐力运动中，磷酸原系统（又称ATP-CP系统）供能的绝对值一定大于短时间最高强度运动中ATP-CP系统供能的绝对值，只是在耐力运动中该绝对值所占比例极小。

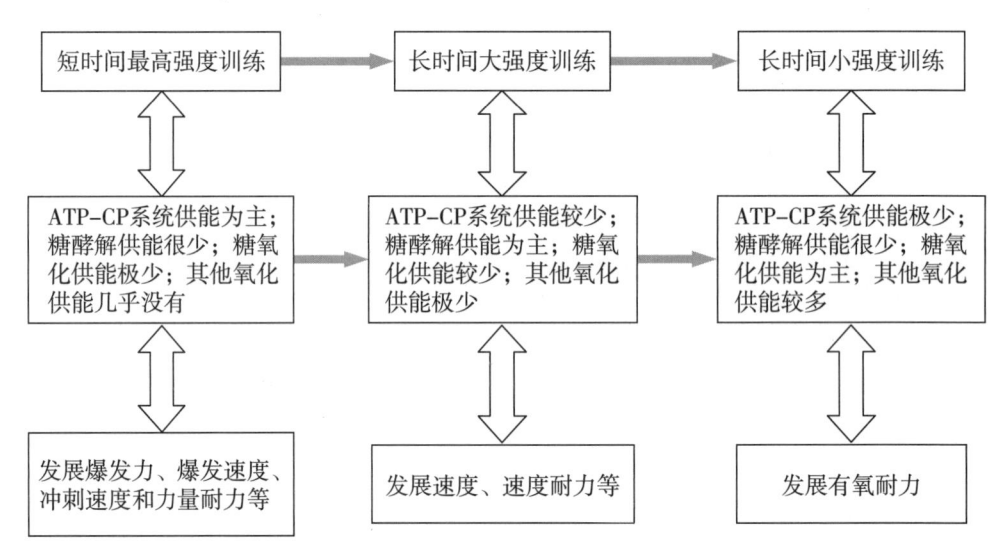

```
短时间最高强度训练 → 长时间大强度训练 → 长时间小强度训练
        ↕                    ↕                    ↕
ATP-CP系统供能为主；   ATP-CP系统供能较少；    ATP-CP系统供能极少；
糖酵解供能很少；       糖酵解供能为主；        糖酵解供能很少；
糖氧化供能极少；       糖氧化供能较少；        糖氧化供能为主；
其他氧化供能几乎没有   其他氧化供能极少        其他氧化供能较多
        ↕                    ↕                    ↕
发展爆发力、爆发速度、   发展速度、速度耐力等    发展有氧耐力
冲刺速度和力量耐力等
```

图 1-3-1　不同训练负荷时人体内能量动员的顺序、生理生化代谢特点及对应发展的运动素质关系

人体运动时的能量产生过程包括无氧代谢（磷酸原供能系统、糖酵解供能系统）与有氧代谢（有氧氧化供能系统）两种供能方式。实际上，在任何运动中这两种供能方式均同时发生，只不过依据运动强度和运动持续时间的不同，两种供能方式占的比例有所不同。无氧代谢供能的特点是供能效率较高，但供能时间很短；有氧代谢供能的特点是供能效率较低，但供能时间很长。因此，在需要大功率能量输出的快速运动和力量运动中，无氧代谢是主要的供能系统，而在输出功率不大但持续时间很长的耐力运动中，有氧代谢则成了主要的供能系统。

以训练时间和强度进行归类时，如果各供能系统以最大输出功率供能，则它们维持

运动的强度和时间分别为：

①磷酸原供能系统可供极限强度运动6～8s，最多不超过10s；

②糖酵解供能系统可供最大摄氧量强度运动30～90s；

③有氧氧化供能系统可供亚极限强度运动约90min；

④脂肪酸氧化的供能时间不受限制，适宜于中和低强度运动；

⑤蛋白质和氨基酸的供能时间可从运动开始后30～60min起，直到运动结束。

运动机体骨骼肌中不同能源物质转化为能量的情况如表1-3-1所示。

表1-3-1 骨骼肌中不同能源物质的输出功率

	能源物质	最大功率 [mmol ATP/(kg·s)]①	达到最大功率时间	氧需 (mmol O_2·ATP)②
无氧代谢	ATP	11.2	<1s	0
	CP	8.6	<1s	0
	肌糖原→乳酸	5.2	<5s	0
有氧代谢	糖→CO_2+H_2O	2.7	3min	0.167
	脂肪酸→CO_2+H_2O	1.4	30min	0.177

注：① mmol ATP/(kg·s)：每千克肌肉每秒动用ATP的毫摩尔数。② mmol O_2·ATP：每生成1mmol ATP需要消耗的氧气的毫摩尔数。

从表1-3-1中可以看出，由于运动开始后各个能量系统基本同时开始动员，只是达到最大输出功率需要的时间不同，而发生作用的时间是交叉的，因此，在运动训练中各供能系统的供能很难准确定量，但在训练实践中，我们习惯将ATP-CP与糖酵解供能为主的训练称为无氧训练，将以有氧氧化供能为主的训练称为有氧训练。在实际应用中，教练员还习惯将较长时间亚最大强度的训练（95%～100% VO_2max强度训练2～10min）称为有氧无氧混合训练，也称混氧训练，实际上这属于有氧代谢和无氧代谢几乎各占40%～60%的训练。尼曼（1988）总结了不同运动时间全力运动的强度，以及有氧代谢、无氧代谢供能占的比例（表1-3-2）。他提供的资料表明有氧、无氧供能各占一半的运动时间大概在全力运动2～10 min时。而Gastin（2001）在综述了最新的研究成果后，提出有氧、无氧供能各占一半的时间应该是在全力运动1～2min时，平均出现时间为75s，比前人提出的时间段大大提前了，这对1～2min全力运动项目的训练指导和监控意义重大。

Spencer等（1996）也认为由于过去测试方法存在缺陷，有氧供能在400m、800m和1500m跑中的比例被低估了，他们采用了更准确的氧债堆积测定法，把运动员个体做功效率作为参数之一，精确测定了有氧和无氧供能在中距离跑中的相对比例，认为在这些项目中有氧供能的比例要明显高于前人的测定结果，这个结论与Gastin的观点是一致的。无论如何，从现代竞技体育的发展趋势来看，竞技能力越强的运动员，无氧代谢（尤其是糖酵解）输出功率就越大，无氧代谢参与比赛供能的比例越高。因此，对每个运动员来说，无氧代谢供能能力都是关键时刻顽强拼搏战胜对手的物质基础。

表1-3-2 运动员在不同时间全力运动时能量供应比例

项目数值	全力运动时间					
	<35s	35s~2min	2~10min	10~35min	35~90min	90~360min
强度/最大摄氧量/（%VO$_2$max）	>100	100	95~100	90~95	80~95	60~70
有氧代谢比例/%	<5	20	60	70	80	95
无氧代谢比例/%	>95	80	40	30	20	5
肌糖原消耗比例/%	<10	10	30	40	60	80
心率水平/（次/分）	—	185~200	190~210	180~190	170~190	150~180
血乳酸/（mmol/L）	<10	18	20	14	8	4

世界上很难找到一个有氧代谢能力和无氧代谢能力都是一流的运动员，还从来没有哪个运动员同时获得过短跑和超长距离跑两项世界冠军。所有同时获得多个项目冠军的运动员都是在同一类项目的范围内，如欧文斯在1936年奥运会上获得的4项冠军是在100m跑、200m跑、跳远和4×100m接力四个项目中。从代谢过程分析，这是由有氧代谢和无氧代谢的矛盾造成的。当葡萄糖分解为丙酮酸之后，丙酮酸可以还原成乳酸而进入无氧代谢，也可以是脱氢脱羧转化成乙酰辅酶A（CoA）而进入有氧代谢。

二、无氧训练的生理生化特点

无氧训练主要参与供能的是无氧代谢供能系统，它由两部分组成，即ATP-CP分解供能（磷酸原供能）和糖酵解供能。

（一）磷酸原供能特点

参与ATP-CP系统分解供能的物质主要包括磷酸腺苷［三磷酸腺苷（ATP）、二磷酸腺苷（ADP）和一磷酸腺苷（AMP）］和磷酸肌酸（CP），参与能量释放反应的酶主要包括ATP酶和肌酸激酶等，其中肌酸激酶活性与CP储存量是影响ATP-CP系统供能能力的关键因素。由于ATP、CP的储备有限，如果运动中仅依靠ATP-CP系统做功，一个体重70kg的成人可维持运动的时间为6s（不超过10s），可维持最大静力性肌肉收缩20s。通过系统的力量或速度训练，运动员的ATP、CP储备提高有限，但神经-肌肉系统的募集能力有较大提高。另外，ATP 酶和肌酸激酶的活性均明显提高，尤其是肌酸激酶活性升高，可提高 CP 转化为 ATP 的速度。因此，运动员无氧功率的提高，表现为单位时间内 ATP-CP 系统做功能力提高，最大爆发力和最大速度也提高。

过去认为以发展 ATP-CP 系统供能能力为主的训练应该多采用 10s 内的最大强度训练，该训练没有糖代谢供能参与，基本不产生乳酸。但现在的研究认为，在短时间、大强度运动中，糖代谢也参与供能。例如，100m 跑是典型的 10s 左右的最大强度运动，在最初的 2～3s，CP 虽然是 ATP 再合成的最主要能量来源，但糖酵解从起跑时就被激活，到 5s 后几乎提供了使 ATP 再合成的绝大部分能量，主要表现为不同训练水平的运动员大都在起跑 5～6s 后达到最大速度，且仅以这一跑速维持 20m 左右的距离，随后则不可避免地明显减速。究其原因，主要是运动 3～5s 时肌乳酸迅速堆积，ATP 再合成速率不能恢复到最高水平，导致肌肉活动能力下降。所以，为了提高 ATP 快速分解和 CP 无氧再合成的能力，进行肌肉最高强度工作，持续运动时间不超过 6～8s，最适宜距离为 30～60m，最长不超过 80m，间歇 30～40s 的训练效果比较好。

（二）糖酵解供能特点

参与糖酵解供能的物质主要包括糖原和葡萄糖，参与糖酵解的酶有很多，其中限制反应速度的是磷酸果糖激酶（PFK）、己糖激酶（HK）和丙酮酸激酶（PK），也就是说，这 3 种酶活性的高低决定了糖酵解的速度，进而决定了运动员的速度耐力。以最大糖酵解供能速率进行的运动只能维持 30～90s，糖酵解的最终产物是乳酸，乳酸解离产生的氢离子占全部酸性物质解离产生氢离子的 85% 以上，这是降低细胞内 pH 值的主要因素。由于 pH 值降低后，PFK、HK、PK 等酶的活性会显著下降，使糖酵解速率不能维持下去，因此，乳酸的生成是限制速度耐力持续时间的主要原因。专项为 200～800m 的田径运动员、专项为 100～400m 的游泳运动员耐受乳酸能力越强，其运动成绩就越好。

科学而系统的耐乳酸训练，不仅能提高肌肉缓冲氢离子的能力和糖酵解生成乳酸的能力，还能提高这些酶在高乳酸环境下做功的能力。同时，系统训练与科学补糖能够增加肌糖原的储备，从而提高速度耐力。研究证实，剧烈运动 35s 时，肌乳酸产生达到最高值，而要发展速度耐力，则必须使 CP 耗竭和乳酸堆积达到较高水平，所以 35s 左右是最基本的持续运动时间，若持续运动时间太短，CP 还未消耗到一定程度，不能造成乳酸明显堆积，不利于提高肌肉对乳酸的耐受力。但要注意，运动持续时间也不宜太长，时间太长说明运动强度不够，不能使乳酸达到最高水平，训练不能达到最佳效果。一般来讲，发展速度耐力训练的运动持续时间因个体差异和训练水平不同而异，在实际训练中，一般不应少于 30s，训练水平高的运动员可以达到 1min 左右。例如，100m 跑和 200m 跑的田径运动员，应采用不同方式的 400m 跑训练以使乳酸充分堆积，这有利于发展糖酵解酶在高乳酸环境下工作的能力，从而提高后半程的能力。

除乳酸外，血氨水平在无氧运动中也可产生明显变化。在短时间剧烈运动中，ATP被迅速消耗，AMP也迅速堆积，当肌乳酸和AMP堆积到一定程度时，将激活腺苷脱氨酶，后者将AMP脱氨生成次黄嘌呤核苷酸（IMP）和氨，这种途径产生的氨是无氧运动中氨的主要来源。最大速度持续的时间越长，氨的生成也就越多。

在无氧运动中，参与运动做功的能量主要来自肌肉自身储备的快速能量库，有氧代谢参与很少，因此与有氧代谢能力密切相关的心肺功能对无氧运动影响有限。虽然无氧运动中只需要很少的氧参与代谢，本来不需要充分动员心肺功能，但由于在短时间、高强度的运动中神经系统的高度兴奋，肾上腺激素的大量分泌，心功能往往自动调节到最大，所以在无氧运动后即刻心率基本上均为最大心率。

综上所述，无氧运动中的主要代谢产物是乳酸和氨，我们一般用血乳酸浓度评定糖酵解供能能力和功率，用血氨浓度评定ATP-CP系统供能能力和功率。对这些物质的监测是监控无氧训练强度的主要生化手段。另外，虽然用心率反映运动强度不如前者客观和准确，但由于其测定简便、易实施，因此也是常用的判定无氧训练强度的辅助性生理指标。

第二章 体能训练监控

体能训练监控已成为运动训练中不可或缺的组成部分。随着科技的发展和人们对训练规律的认识逐渐加深,在体能训练过程中进行数字化监控备受重视。国际上一些高水平运动队和精英运动员已率先实现或部分实现体能训练的数字化。体能训练科学监控目前已经成为国际运动科学关注的热点,诸多国外运动科学研究人员均致力于此方面的研究。在我国,一些体育科研机构也开始关注此领域的发展。北京市体育科学研究所于2016年备战里约奥运会期间建立了国内第一个"数字化体能训练实验室",并将数字化的理念应用于部分精英运动员的体能训练。整体来看,不论国际还是国内,此方面的研究与实践都刚刚起步,需要不断完善理念和思路。众多学者认为,体能训练的科学监控将推动体能训练不断数据化、客观化和精细化,将是体能训练未来发展的趋势。

第一节 体能训练监控概述

本节将从体能训练监控的释义、体能训练监控的意义和体能训练监控的分类三个方面对体能训练监控进行概述。

一、体能训练监控的释义

体能训练监控是运动训练中通过记录、测量、测试等手段获取体能训练的反馈信息,以此评价体能训练安排与运动员现实状态的关系,进而对训练计划进行调整、修改,从而控制体能训练过程的活动。由于运动员身体机能不断变化和训练环境条件的改变,对运动员体能训练的全过程进行监控可以使教练员及时了解运动员竞技能力的发展情况,帮助教练员及时根据监控反馈的情况进行训练计划的调整,以提高运动员的竞技能力,避免发生运动损伤。

二、体能训练监控的意义

在体能训练过程中,运动员经常会出现体能训练不足和过度的现象。体能训练不足会造成运动员技战术稳定性不高、心理状态失衡;而过度的体能训练,又会造成运动员机体疲劳、损伤、疾病和神经驱动力丧失,从而降低运动员的竞技能力乃至运动成绩。体能训练监控的介入,可以使整个体能训练过程的计划与实施更具针对性、合理性,提高体能训练的效率,最终实现对体能训练过程的最佳化控制。

三、体能训练监控的分类

体能训练监控主要包括速度训练监控、力量训练监控、耐力训练监控、柔韧训练监控、灵敏训练监控五个方面的内容。本书主要聚焦速度、力量和耐力三项运动素质的训练监控(图 2-1-1)。

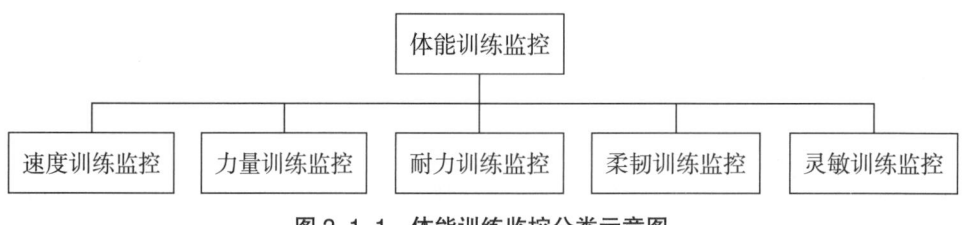

图 2-1-1 体能训练监控分类示意图

速度素质是指人体或肢体某部分快速运动的能力,是运动员运动素质的重要组成部分,对其他运动素质的发展有重要的影响,对于促进运动员体能的提高有着重要的作用和意义。因此,对速度训练水平进行监控,能够了解运动员日常训练中速度能力的表现变化,及时调控速度训练过程,优化速度训练效果,促进运动员速度素质的发展。

力量素质是人体神经肌肉系统工作时克服或对抗内外部阻力的能力,是人体一切肢体运动的动力来源,无论是局部关节还是身体整体运动,都必须通过肌肉张力做功才能实现。力量素质也是体能的组成要素之一,力量素质的高低对其他运动素质的发展均产生重要作用。力量素质又是运动员掌握运动技术、实施运动战术、提高运动成绩的重要基础。所以,对力量训练水平进行监控,能够及时了解运动员训练中力量素质的变化,从而调控力量训练过程,提高力量训练效果。

耐力素质是人体长时间运动时抵抗疲劳的能力,是人体基本运动能力之一。由于不同专项的运动员需要具备符合其专项特征的不同耐力,所以,在进行耐力训练时,训练内容、训练方法、训练负荷的选择都要符合专项的特点和需求。例如,中长跑、游泳等项目需要运动员较长时间重复固定动作完成比赛;篮球、足球等项目需要运动员克服疲劳完成各种专项技术、战术。因此，耐力训练监控的指标体系、监测方法和标准等都应围绕提高机体延缓疲劳产生及抵抗疲劳的能力进行。

第二节　主要运动素质训练监控指标体系

科学确立运动素质训练监控指标体系，是评价运动员的运动素质训练状态的一个核心环节。指标体系涵盖是否全面、层次结构是否清晰合理，直接关系到运动素质训练监控质量的好坏。运动素质训练监控指标体系主要分为3个部分：一是速度训练水平监控指标，二是力量训练水平监控指标，三是耐力训练水平监控指标。

一、速度训练水平监控指标

常用的速度素质的测量指标包括反应速度、位移速度、动作速度，如图2-2-1所示。

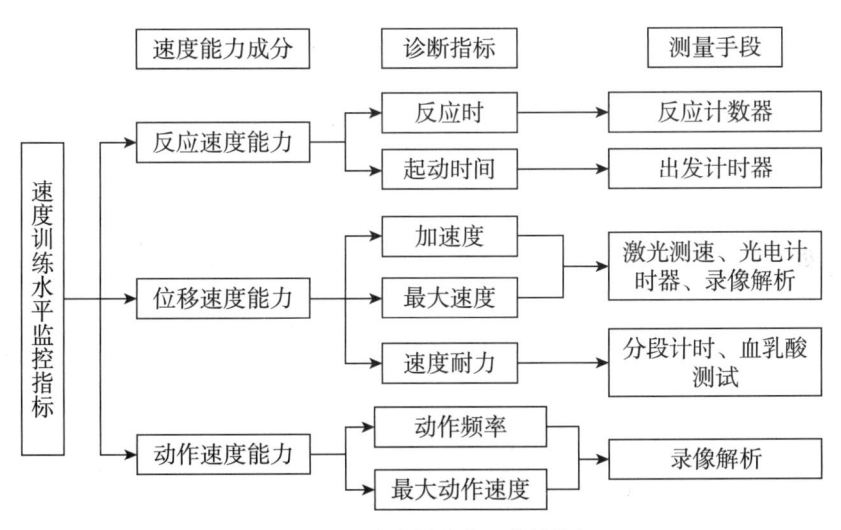

图2-2-1　速度训练水平监控指标

二、力量训练水平监控指标

常用的力量素质的测量指标包括最大力量、相对最大力量、最大力矩、相对最大力矩、总功、力量亏损率、屈伸肌群最大力量比率、平均功率、起动力量、爆发力量、相对爆发力量、力量下降率（王清，2004），如图2-2-2所示。

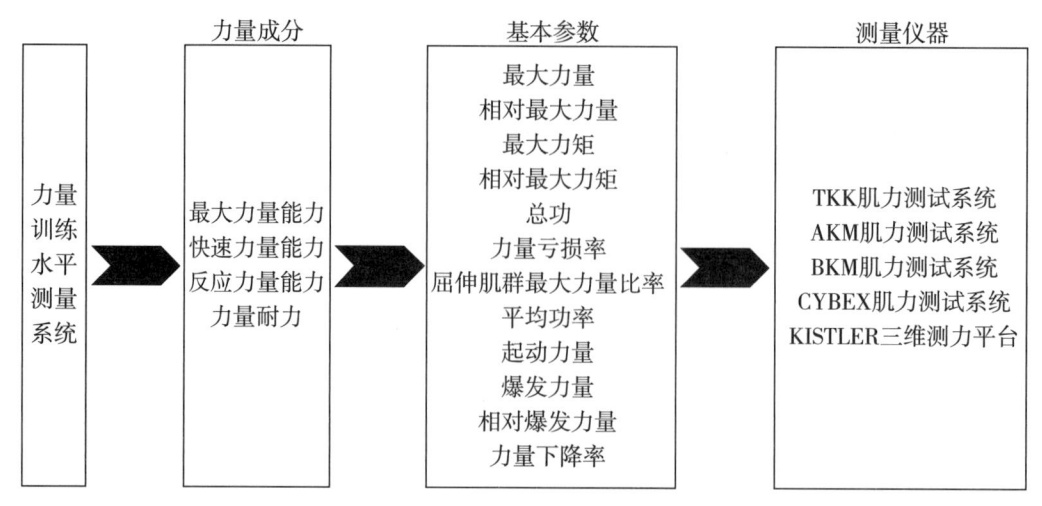

```
┌─────────┐   ┌─────────────┐   ┌──────────────────┐   ┌──────────────────────┐
│         │   │  力量成分    │   │    基本参数       │   │     测量仪器          │
│ 力量    │   │             │   │   最大力量        │   │                      │
│ 训练    │   │ 最大力量能力 │   │   相对最大力量    │   │ TKK肌力测试系统       │
│ 水平    │ ▶ │ 快速力量能力 │ ▶ │   最大力矩        │ ▶ │ AKM肌力测试系统       │
│ 测量    │   │ 反应力量能力 │   │   相对最大力矩    │   │ BKM肌力测试系统       │
│ 系统    │   │ 力量耐力    │   │   总功           │   │ CYBEX肌力测试系统     │
│         │   │             │   │   力量亏损率      │   │ KISTLER三维测力平台   │
│         │   │             │   │   屈伸肌群最大力量比率│   │                      │
│         │   │             │   │   平均功率        │   │                      │
│         │   │             │   │   起动力量        │   │                      │
│         │   │             │   │   爆发力量        │   │                      │
│         │   │             │   │   相对爆发力量    │   │                      │
│         │   │             │   │   力量下降率      │   │                      │
└─────────┘   └─────────────┘   └──────────────────┘   └──────────────────────┘
```

图 2-2-2　力量训练水平测量系统图

三、耐力训练水平监控指标

依据不同的认识角度和分类标准，人们对耐力素质的分类有多种方式，应用较为广泛的是按运动中能量代谢特征和运动时间及强度对应关系进行的分类。其中，根据能量代谢特征，耐力素质可分为有氧耐力、无氧耐力和有氧-无氧混合耐力。有氧耐力指氧气供应充足条件下持续工作及克服疲劳的能力；无氧耐力指在缺氧或氧气供应不足状况下持续工作或克服疲劳的能力；有氧-无氧混合耐力指有氧和无氧混合代谢状况下持续运动或克服疲劳的能力（图 2-2-3）。

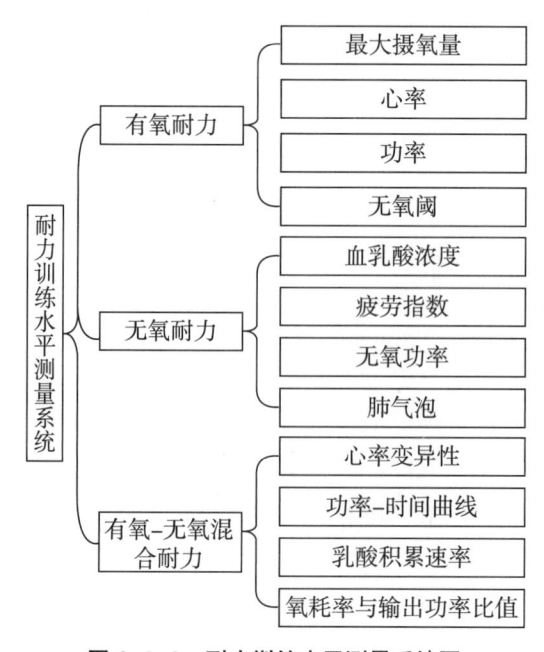

```
                        ┌─ 最大摄氧量
              ┌─有氧耐力─┼─ 心率
              │         ├─ 功率
              │         └─ 无氧阈
              │
耐力训练      │         ┌─ 血乳酸浓度
水平测量 ─────┼─无氧耐力─┼─ 疲劳指数
系统          │         ├─ 无氧功率
              │         └─ 肺气泡
              │
              │         ┌─ 心率变异性
              │有氧-无氧│─ 功率-时间曲线
              └─混合耐力┼─ 乳酸积累速率
                        └─ 氧耗率与输出功率比值
```

图 2-2-3　耐力训练水平测量系统图

第三节　主要运动素质训练监控的测评

速度、力量和耐力在诸多运动项目中扮演着重要角色，为主要运动素质，因此对速度、力量和耐力训练的科学监控一直是运动训练监控领域的重要研究课题。目前最新的可穿戴设备、生理生化指标分析、人工智能、物联网系统、虚拟现实技术及远程训练与监控将为主要运动素质训练监控带来更多可能性。

一、速度训练监控的测评

（一）速度训练水平监控的测量工具

1. 激光测速系统

激光测速系统常用于对 100m 跑和直道跨栏选手的全程速度监测；对跳远、三级跳远、撑竿跳高等项目的运动员助跑全过程的监测；对 200m 跑的最后 80m 直道跑等的瞬时速度，跳远和三级跳远运动员助跑最后 10m（分成前后两个 5m）平均速度的监测。

激光测速系统是通过架设在运动员身体正后方的激光发射器，对运动员进行 50Hz/s 的连续激光测距定位，再根据运动员的位置和时间的关系计算出相应的速度参数。目前世界上有多个运动仪器生产厂商研发了各自不同的激光测速仪器，如 JENOPTIK 公司研发的 LDM301S 测速仪器，其工作原理便是从参赛者的背面发射激光束，每 0.5～10ms 测量一次反射光的距离和速度，通过 RS-232C 或 USB 接口连接到计算机，然后将结果发送到计算机。分析软件可以处理距离、时间和速度的图像，并执行各种命令。

2. 红外线分段自动测速仪

随着光电测速、高速摄影和电脑技术的广泛应用，段落平均速度研究的精度较人工计时已大大提高。特别是自 20 世纪 80 年代以来，国际田联投入了大量的资金，集中了很多专家学者在世界田径比赛的重大赛事（世界田径锦标赛、奥运会、世界杯赛）中对优秀运动员的比赛进行大规模的运动学测试。在国际田径比赛的径赛项目中，外侧跑道旁架设了固定在轨道上可水平移动的摄像机，摄像机的位移速度按运动员的速度曲线控制，使摄像机的运动与运动员基本同步。

自 20 世纪 90 年代起，国际泳联也开始了这项工作，对世界游泳比赛的重大赛事（世界游泳锦标赛、奥运会、区域性的游泳锦标赛）进行了运动学测试。这种对世界重大赛事的系统测试和研究获得了许多宝贵的比赛技术数据（包括运动员打破世界纪录的数据）。该数据采集方法的技术参数精度高、反馈速度快，可及时了解每位选手的比赛技术特点及速度情况。其提供的参数非常丰富，如出发10m或15m段的时间和平均速度、转身前后75m或10m段的时间和平均速度、冲刺5m或75m段的时间和平均速度、各25m途中游段的时间，以及平均游速、划频、划幅等。这些运用先进的科技手段获得的运动实践监测数据，为教练员和科研人员提供了第一手的运动学参数，有助于提高运动训练的针对性和有效性。

3. 三维录像解析仪与高速摄像

一般来说，三维录像解析仪与高速摄像同时运用，可分析运动员在运动过程中的相关数据。以测试铅球运动的相关能力为例，按照运动生物力学三维录像解析方法，使用2台或3台型号相同的高速摄像机对铅球运动员的日常训练或比赛进行三维运动解析，此种方法不仅可以通过高速摄影记录运动员的运动或比赛过程，还可以通过三维录像解析仪全方位地分析和剖析相应的数据。

4. 电子起跑监测系统

目前，所有的重要比赛中都采用电子起跑监测系统来监测运动员是否抢跑犯规。在电子起跑监测系统中，运动员起跑反应时间的判定是，从运动员听到发令枪声到起跑动作施加于起跑器的压力达到设定的阈值所需的时间。由于人的反应必须通过一系列的神经传导，当反应时发展到一定水平后便会达到人类的生理上限，国际田联通过一系列的研究得出人类理论上的反应时上限，推导出电子起跑监测器感受到运动员产生35kg的蹬地力量所必需的人类生理时间，并以此作为界定起跑是否犯规的判断标准，这个时间也就是官方公布的起跑反应时。人类起跑反应时的极限为100ms。

5. 加速度传感器（ADXL105）

三维加速度传感器可对运动员身体的多个部位进行加速度大小的专项测试，主要用于获得运动员的三维加速度大小和变化特征。我国一些学者曾对优秀女子铅球运动员进行了加速度测试，所用仪器即为三维加速度传感器。该仪器监测到除巩立娇之外的我国现役优秀运动员的出手速度均低于世界优秀运动员的平均值13.50m/s，并得出，对于铅球运动员来说，出手速度与成绩之间的相关系数高达0.94。

6. 光电计时器

光电计时器对于当代竞技体育来说已较为普遍，其原理为两个相对的接口，一个接口有红外线发射器，另一个接口有红外线接收器。当发射器发出红外线信号时，接收器便可以收到信号，对相关数据进行一定的显示和记录。当把这种方法应用于短距离跑项目时，可避免声音传播的物理属性导致的一定程度上的数值差异，使测量结果更为准确。应用光电计时器的常见项目包括游泳、田径中的径赛等。

7. 高速摄像机与运动影像解析

运动影像解析技术是体育科研人员最常用的运动训练监控与分析手段之一。起初科研人员和教练员通过普通摄像机来记录运动员在快速行进或者发力时人眼捕捉不到的细节。随着高速摄像机的问世，运动员的技术细节通过"慢镜头"效果反馈。后来研究人员开发了视频解析软件，将视频中运动员的技术细节用数据进行量化，让运动员与教练员更加客观地认识技术动作，同时与优秀运动员的技术在数字层面进行对比，帮助教练员认识到运动员的不足，然后对症下药，安排有针对性的训练，从而帮助运动员提高运动成绩。近年来，社会经济和科学技术的飞速发展，为定量分析与及时反馈的实现提供了技术保障，加强了定量研究的方便性与实效性。运动影像解析系统的影像摄取经历了从胶卷式摄影机、模拟盒带式摄像机、数字式摄像机到高速摄影机的发展过程。现如今，彩色液晶即时画面显示超过1000帧/秒的屏幕、自动影像摄取系统及超高能力计算机等，已被广泛应用于运动生物力学研究领域。

目前主要的动作速度测量已经开始使用三维影像解析系统。三维影像解析系统的模块主要包括视频采集、视频剪辑、数字化、三维转换、过滤平滑、数据显示、结果分析、模拟信号分析、测力台向量。就我国而言，利用影像技术的数据采集研究与发达国家相比已没有显著差异，目前国外使用的高速摄影机、高速摄像机及影像解析系统，我国基本都已拥有。但是，在数据的后期处理、反馈速度研究的持续性和系统性等方面仍待改进和提高。

8. Peak Motus9.0 二维录像解析软件

拍摄：使用2台常速Sony DV摄像机进行定点和定焦的视频采集，机型为DCR-TRV75E，拍摄速度为25帧/秒（50场），使用国体科技公司生产的"赛秒快"二维录像标定框架进行X轴和Y轴两个方向的统一标定，两个轴上的标尺长度都为1.2m。由于摄像机拍摄纵横比不同，同时在平面X轴和Y轴上标定可以提高垂直方向的数据解析精度。

设备：使用美国产Peak Motus9.0二维录像解析软件和"田径教练员视频技术分析系统"进行运动学参数解析。采用日本松井秀治人体模型合成身体质心，解析后的数据平滑处理采用低通滤波，截断频率为6Hz（图2-3-1、图2-3-2）。

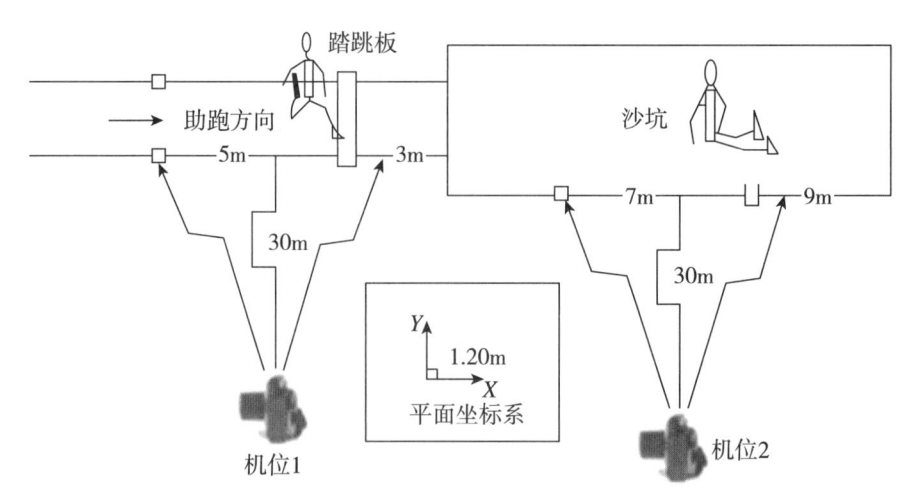

图 2-3-1　2014年北京国际田联挑战赛男子跳远比赛现场运动技术定点拍摄示意图

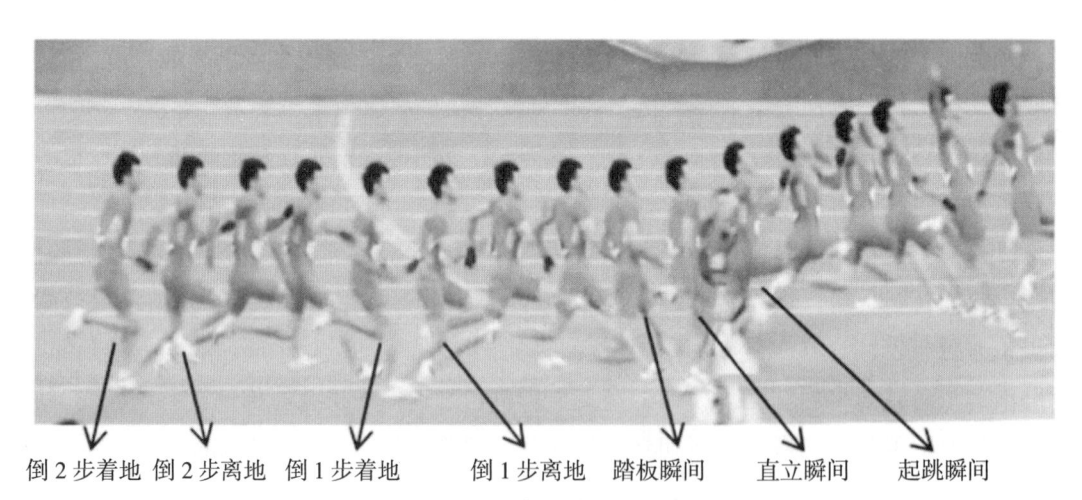

图 2-3-2　跳远助跑最后阶段和起跳阶段的关键时相划分视频全景图

优势在于，设备轻巧，便于携带；操作模式简单，易于使用；普适性强，可用于基层训练教学。不足之处在于，相对三维而言，测试指标不足；中速摄影机拍摄，帧数相对较低，误差相对较大。

9.国家皮划艇队训练信息集成分析平台

国家皮划艇队训练信息集成分析平台从基础用户、视频信息、心率信息、视频分析、信息管理、数字化监控等部分进行开发，实现科学化训练平台和专项信息平台的对接和互动，是一个能够解决从基础信息、视频运动技术重现与分析、视频心率数据同步对比到整个国家队训练信息集成与分析问题的平台系统。

系统的主要功能有以下几个方面。①用户信息管理：已注册的系统合法用户添加、查询、修改个人资料。②运动员信息管理：对运动员信息进行添加、查询、修改等操作。③视频导入及播放：添加视频文件，进行常速、快速、慢速及逐帧播放。④视频分析器：对当前帧进行分析操作，通过鼠标点击标志点，计算标志点间的关系，可计算距离、角度等指标。⑤数据分析：生成测量数据-时间曲线，进行视频分析时，可将当前帧所处时间点添加至曲线图横坐标，将测量结果添加至纵坐标。⑥桨频记录器：记录全程桨频，生成全程桨频曲线。⑦心率数据格式化：将POLAR、GARMIN等不同品牌心率表中的数据统一成本系统需要的数据格式和结构。⑧心率数据导入及分析：将心率表中的心率数据导入，生成心率-时间曲线和分布图。⑨视频与心率数据同步：使视频与心率数据同步播放、分析。⑩数据自定义功能：可任意设置添加测试项目，输入数据，对同一位运动员不同日期数据进行对比分析，对不同运动员同属性数据进行对比分析等。

该系统总体上采用用户身份验证的模式，系统功能实现采用模块化的开发方法，把整个系统的工作流程按照阶段分为用户信息、测试信息、数据同步、数据分析、自定义信息等模块。同时，每一部分存在与系统集成的接口，将所有的模块最终集成到国家皮划艇队训练信息集成分析平台上。

系统数据库逻辑结构设计按照系统数据库中各表的命名、内容、字段定义，进行反向工程，自动生成各表的实体图，根据数据库中各表数据在系统中各模块间的作用及相互关系，绘制其逻辑关系。

本系统有关皮划艇专项的技术原理及方法：角度测量，是视频分析时对运动员桨入水角和出水角、满桨角、躯干角等关键角度进行测量的功能。在播放到预分析帧后，用鼠标点击分析器角度测量按钮，启动时间控件，开始以毫秒级单位时间捕捉鼠标在窗体中的坐标值。用鼠标按下选择角顶点，记录其坐标值，显示锚点，选定顶点后，移动鼠标选择测量边，在光标到达指定位置时松开鼠标，再次记录坐标值，2次记录之后，测量边及顶点即确定。继续捕捉鼠标坐标，并动态运算当前鼠标位置和顶点所在的直线与测量边所形成的夹角，同时取较短一边长为半径画半透明扇形，内角即为所测角度，并实时显示运算后的角度值；再次单击鼠标，记录最终坐标并显示角度值，结束角度测量（表2-3-1）。

表2-3-1　女子4人皮划艇80 m测验起航技术数据

桨次	艇位	入水角/（°）	出水角/（°）	入水顺序（相差时长/s）	出水顺序（相差时长/s）	桨频/（桨/min）	水下平均时间/s	回桨平均时间/s	一桨平均时间/s
第1桨	1号位	57.0	32.1	1234（0.30）	1234（0.20）	110	0.28 51.8%	0.26 48.2%	0.54
	2号位	51.1	35.6						
	3号位	60.3	30.9						
	4号位	58.3	28.5						

（续表）

桨次	艇位	入水角/(°)	出水角/(°)	入水顺序（相差时长/s）	出水顺序（相差时长/s）	桨频/(桨/min)	水下平均时间/s	回桨平均时间/s	一桨平均时间/s
第2桨	1号位	43.1	29.8	1234（0.18）	1234（0.16）	105	0.34 58.6%	0.24 42.4%	0.58
	2号位	46.1	33.0						
	3号位	42.4	30.8						
	4号位	49.5	32.9						
第3桨	1号位	43.2	32.9	1234（0.10）	1234（0.02）	112	0.32 59.2%	0.22 40.8%	0.54
	2号位	45.6	35.8						
	3号位	51.2	28.7						
	4号位	63.8	33.1						
第4桨	1号位	47.7	32.3	3214（0.06）	3214（0.04）	115	0.30 57.6%	0.22 42.4%	0.52
	2号位	48.3	32.0						
	3号位	41.9	26.7						
	4号位	51.6	29.7						

国家皮划艇队训练信息集成分析平台的优势在于，符合皮划艇专项特征，网络集成度高，涉及指标全面，操作简单易上手。不足之处在于，在实时信息的获取和进库方面，无法进行现场传输；在静态信息管理方面，无法进行深层次的统计学分析；在心率和心率变异性的研究部分，不具有普适性。

10.Dartfish视频分析系统

瑞士Dartfish视频分析系统是世界先进的运动技术和战术分析系统。其主要功能模块包括视频采集、视频播放、视频分析、视频叠加、动作分解、资料检索、资料共享、视频标记等。它在全世界被广泛地应用于运动训练、竞赛、科研、康复等领域。它改变了以往教练员和运动员之间单纯以语言进行交流和指导的方式，通过视频技术更加直观、快速地向运动员和教练员即时反馈训练和比赛信息。配合计算机和数码摄像设备，无须重新训练，可立即发现技术和战术中存在的问题。使训练和比赛中的关键环节由"不可见"变为"可见"，使技战术指导由"抽象"变为"具体"、由"主观"变为"客观"，使训练经验由"独享"变为"共享"，实现了技战术训练的数字化和精确化。

此外，国内各级别篮球队、排球队、沙滩排球队、手球队、曲棍球队、足球队、垒球队、体操队、游泳队、跳水队等均装备了Dartfish系统，帮助运动队备战奥运会。同时北京市、上海市、浙江省、云南省、江苏省、广东省等各地体育运动队、科研单位、教学单位也采用了该系统，其将与"中国体育"一起不断进取、与时俱进，创造"科技体育"的典范（图 2-3-3～图 2-3-5）。

胫骨角度：32.5°　胫骨角度：35.0°　胫骨角度：57.6°　胫骨角度：66.3°

图 2-3-3　中国短跑运动员邓智舰起跑胫骨角度分析

下踏板距离虽未形成等腰三角形，但符合力学模式

图 2-3-4　中国短跑运动员邓智舰起跑预备姿势角度分析

32.7°
153.7°

邓智舰
后腿膝关节角度：153.7°
上肢前倾角度：32.7°

冠军模型
后腿膝关节角度：140.0°～150.0°
上肢前倾角度：40.0°～50.0°

图 2-3-5　中国短跑运动员邓智舰起跑各关节角度分析

以 Dartfish 软件对蹬地缓冲阶段右脚踩踏到离地的爆发时间、膝关节角度、腾起角

度、左脚提拉与右脚蹬地的夹角四大技术点进行分析汇总（表2-3-2）。

表2-3-2　第十四届全国运动会男子南拳323C+1蹬地阶段分析

姓名	膝关节角度（右）/（°）	腾起角度/（°）	提拉脚（左）与蹬地脚（右）的夹角/（°）	蹬地爆发时间/s
梁××	126.10	72.70	70.60	0.20
周××	123.60	82.80	69.60	0.20
巩××	111.90	76.00	73.40	0.20
尤××	122.30	69.70	75.30	0.16
罗××	122.00	72.60	66.20	0.20
平均值	121.18	74.76	71.02	0.19
标准差	4.86	4.49	3.14	0.02

Dartfish视频分析系统的优势在于，成本低，可直接下载；易于携带，便携性高；操作简单，受众人群广。不足之处在于，误差相对较大，不适合精密性分析；先拍摄后分析，具有滞后性，无法做到实时监控；智能化程度较低，人工耗时长。

（二）速度训练水平的诊断与评价方式

1. 个体态势诊断—雷达分析法

雷达分析法最早出现于经济学领域。雷达分析的前提是建立雷达分析图，然后对各个指标进行态势分析。雷达图是由三个同心圆构成的，各指标被平均分配在与同心圆相交的诸条射线上。雷达图中间的圆代表各指标的标准值，通常取该年度的计划值或同行业平均值。外面的大圆半径为中间圆半径的1.5倍，作为最好状态的标准（称为最优值），里面的小圆半径为中间圆半径的0.5倍，作为最差状态的标准（称为最劣值）。因此，通过雷达分析图，我们可以清晰看出各项评价指标的优劣和态势。有研究进一步将该方法引入体育领域，运用雷达分析法对运动员各速度指标进行态势分析。优势、劣势指标的临界值主要依据钟添发、田麦久等专家构建的优秀运动员竞技能力结构模型理论，该理论提出，"优秀运动员竞技能力各项指标的平均值加（减）一个标准差反映了运动员在该项指标的正常状态数据范围，指标数据高于临界值（$Mean+SD$），则为优势指标，指标数据低于临界值（$Mean-SD$），则为劣势指标"。通过该理论及雷达分析法，教练员可以准确诊断运动员的速度优势，从而为制订个性化的速度素质训练方案提供依据（图2-3-6）。

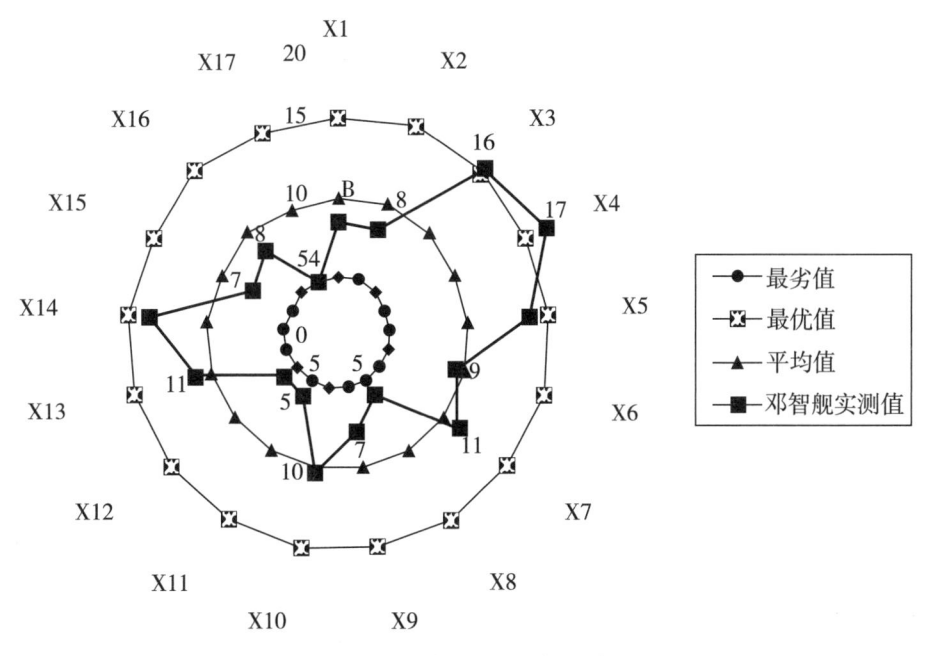

图 2-3-6　中国短跑运动员邓智舰起跑动作分析

2. 差距诊断——目标挑战模型法

目标挑战模型是指运动员某项素质评价指标体系中每项指标最佳值的集合。我国优秀运动员的速度一级指标和各速度单项指标的目标挑战模型是指优秀运动员速度一级指标的最高得分及各速度单项最佳成绩的组合，该模型值反映了一定时间内人们对这些运动员速度素质发展的最高期望。

建立速度目标挑战模型后，诊断每一名运动员各项速度指标与目标挑战模型值差距的大小，即所谓的差距系数。如前所述，目标挑战模型中的指标值是所有运动员中该指标的最好成绩，这里称为最优值，因此若某位运动员某项指标达到最优值（差距系数为0），即该名运动员达到了该项指标的最高水平。如果运动员某项指标未达到最优值，我们可以用差距百分比来描述差距：差距百分比 =（最优值 – 实际值）/ 最优值 ×100%。利用该公式，我们可以得出运动员的速度劣势及与优秀运动员的差距，这对未来调整训练重点有重要意义，对改变运动员在比赛中的定位及比赛战术的应用也有很大帮助。

二、力量训练监控的测评

（一）力量训练水平监控的测量工具

力量训练监控主要包括实验室测量和运动场测量。运动场测量主要运用训练器械通过专项力量训练手段来反映运动员的基础和专项力量水平。实验室测量主要运用仪器进行，常用的测量仪器有测力计、肌力测量仪器、功率测量仪器和系统测量仪器。

1. 测力计

在实验室测量中，测力计主要包括握力计、背力计、腿力计、钢丝绳张力计。目前训练监控中测力计已被淘汰。

2. 肌力测量仪器

如图2-3-7～图2-3-10所示，肌力测量仪器包括CYBEX-6000等动肌力测量系统、AKM/BKM和TKK肌力测量系统，以及KISTLER三维测力平台、专项力量测量仪（赛艇测力仪、自行车专项测力仪）。

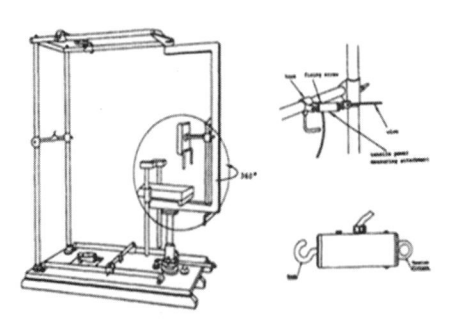

图2-3-7 TKK肌力测量系统

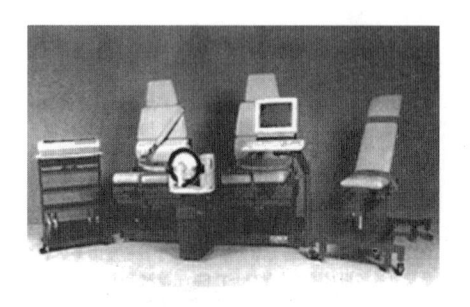

图2-3-8 CYBEX-6000等动肌力测量系统

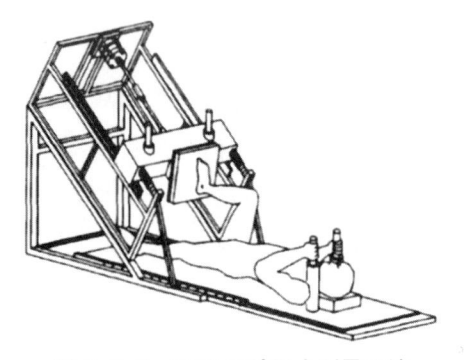

图2-3-9 BKM下肢肌力测量系统

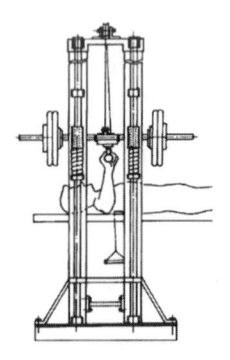

图2-3-10 AKM上肢肌力测量系统

任满迎等（2011）运用BTE Primus系统对体操运动员的肌力进行测试。BTE Primus是一套新型的肌力诊断系统，它独特的链锁配件和4500°/s的动力头可以实现多环节的专项肌力诊断，而且该系统可以实现等长、等速和等张不同模式的测试。

在排球项目中，人们利用KISTLER测力台，通过峰值力矩、平均力矩、峰值功率、平均功率、峰值关节力矩、平均关节力矩、峰值关节功率、平均关节功率、冲量、力的加载率等动力学指标，分析运动员起跳蹬伸阶段的用力情况。起跳动作通过冲量指标反映爆发力，峰值功率指标反映速度力量。在弹性贡献测试中，采用 MYOTEST 功率测试仪测试起跳高度（王骏昇，2018）。

3. 功率测量仪器

测量爆发力功率的仪器主要有 Gyko 力量功率测评仪器、Gymaware 功率测试系统（图 2-3-11，国家队短跨跳训练）、Tendo-Unit 爆发力与速度反馈系统、爆发力测试仪（图 2-3-12）。即时反馈的斯洛伐克产 Tendo-Unit 爆发力与速度反馈系统，通过蓝牙装置将数据实时传输至电脑中 Tendo Power Analyzer 4.0 软件端。

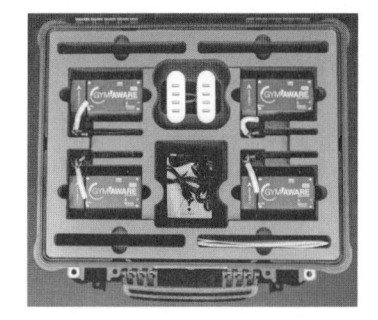

图 2-3-11　Gymaware 功率测试系统

采用皮划艇桨式功率计（Kayak Paddle Power Meter）

图 2-3-12　爆发力测试仪

（Macdermid et al.，2020）或系绳测试（Tethered Test）（Messias et al.，2018）等方法测试激流回旋运动员的峰值桨力、划桨时间、功率、冲量等力学参数。

4. 系统测量仪器

系统测量仪器主要有 Keiser 科技助力力量训练和 DESMOTEC 数字化离心训练系统（图 2-3-13）。

图 2-3-13　DESMOTEC 数字化离心训练系统

肖毅（2009）通过在现有的力量训练器材上加装位移传感器，研发了带减速制动装置的智能化超等长重量训练与诊断分析系统，监测运动员训练过程中的力量、功率等参数，并对这些参数进行综合诊断分析，再将分析的结果实时反馈给使用者，为实时监控力量训练过程和科学评价训练效果提供了依据。

（二）力量训练水平的诊断与评价方式

1. 力量训练水平的诊断方式

（1）总体态势诊断及分析

总体态势诊断旨在揭示影响运动员力量素质水平的关键性指标，为教练员从宏观上合理分配各训练内容、科学制订训练策略提供重要指导。总体态势的诊断方法是帕雷托分析法，该方法的核心思想是确定影响事物的众多因素之间的主次和优劣顺序，识别其中的关键因素。其步骤是，首先将各指标的量值累加，然后计算累加后各指标量值占总量值的百分比，一般以70%以上为标准，构成此70%的各指标被界定为关键因素。由于各指标评分的高低与指标值的优劣存在对应关系，故使用运动员的各指标得分替代指标量值，进行帕雷托分析。以男子体操项目为例，该项目对运动员的上肢力量要求较高，且涉及拉引、支撑、压臂起肩等多种类型，评价指标为5个，而躯干与下肢力量的评价方式相对单一，指标各为2个，故不少研究对体操运动员的上肢力量进行了总体态势诊断。从图2-3-14可见，11岁组，A1、A3、A2是相对关键性指标，上肢拉引力量、快速屈伸与推撑力量是决定其上肢力量水平的主要因素；12岁组，A4、A1、A3是相对关键性指标，着重加强上肢支撑、推撑、快速拉引力量和身体综合控制能

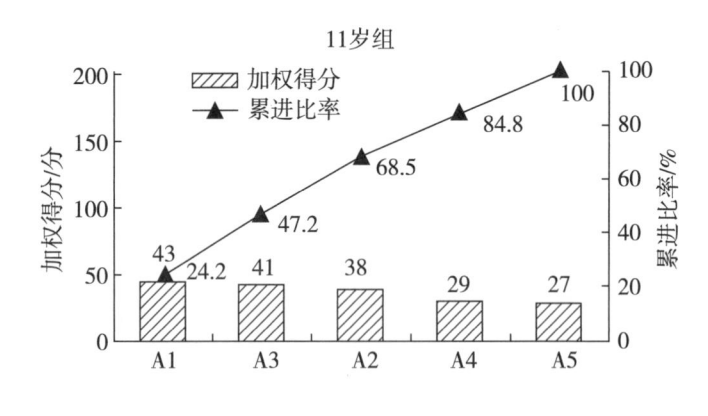

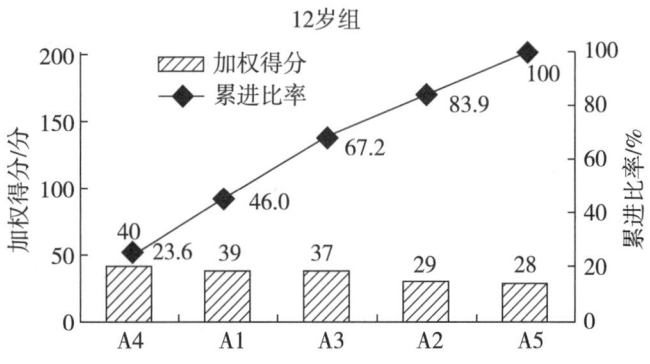

图 2-3-14　11～12岁优秀男子体操运动员上肢力量总体态势诊断帕雷托分析

注：A1：30s 摆动引体向上 / 个；A2：5m 徒手爬绳 /s；A3：30s 双臂屈伸（11岁组）/ 个，低双杠连续推倒立（12岁组）/ 个；A4：吊环控倒立 /s；A5：吊环俯撑压十字 / 个。

力是提高其上肢力量水平的关键环节。

（2）个体态势诊断及分析

个体态势诊断主要是通过建立雷达分析图，对某一指标进行态势判断。雷达图由3个同心圆构成，中间的圆代表各指标标准值，通常取同一水平运动员的平均值，内侧圆的半径为中间圆半径的1/2，作为最差状态的标准，称为最劣值。外侧圆的半径为中间圆半径的1.5倍，作为最好状态的标准，称为最优值。每个指标相应的标准值、最优值、最劣值被标记在代表该指标的射线上。采用雷达图法进行个体力量素质态势诊断，可以在微观层面确定每名运动员力量素质的优势指标与劣势指标，以便有针对性地采取不同训练措施，提高训练的质量与效益（图2-3-15）。

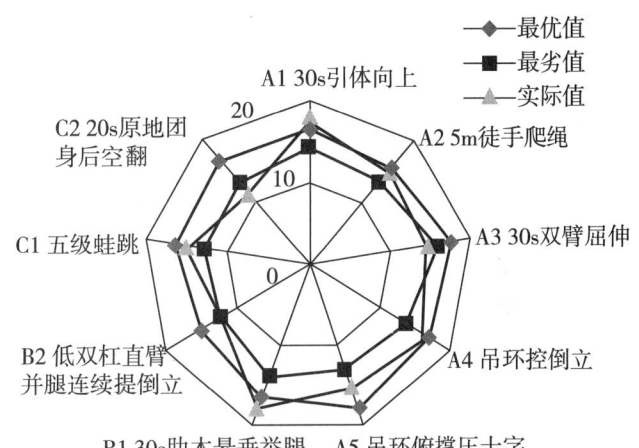

（3）差距诊断—目标挑战模型法

该方法在速度素质诊断中已详细说明，此处不再赘述。

图 2-3-15　力量素质态势诊断雷达图

2. 力量训练水平的评价方式

目前对力量训练的评定主要有分数评价和等级评价两种方法。

（1）跳高项目

徐细根（1992）根据正态分布的原理，以各力量素质指标的平均数为基础、以标准差为单位，制定出我国优秀男子背越式跳高运动员的评分标准（表2-3-3）。

表 2-3-3　我国优秀男子背越式跳高运动员评分标准

标准分数	进入回归方程的测验项目				跳高成绩 /m
	半蹲 /kg	立定跳远 /m	助跑摸高 /m	原地纵跳 /m	
10	225	2.68	3.34	0.71	2.02
12	228	2.70	3.35	0.72	2.03
14	231	2.72	3.36	0.73	2.04
16	234	2.74	3.37	0.74	2.05
18	237	2.76	3.38	0.75	2.06
20	240	2.78	3.39	0.76	2.07
22	243	2.80	3.40	0.77	2.08

（续表）

标准分数	进入回归方程的测验项目				跳高成绩 /m
	半蹲 /kg	立定跳远 /m	助跑摸高 /m	原地纵跳 /m	
24	246	2.82	3.41	0.78	2.09
26	249	2.84	3.42	0.79	2.10
28	252	2.86	3.43	0.80	2.11
30	256	2.88	3.44	0.81	2.12
32	259	2.90	3.45	0.82	2.13
34	261	2.92	3.46	0.83	2.14
36	264	2.94	3.47	0.81	2.15
38	267	2.96	3.48	0.85	2.16
40	270	2.98	3.49	0.86	2.17
42	273	3.00	3.50	0.87	2.18
44	276	3.02	3.51	0.88	2.19
46	279	3.04	3.52	0.89	2.20

力量素质综合发展水平的评定：采用多项指标所得标准分数［即 T 标准分数 $=50+\frac{(x-\bar{x})\times 10}{s}$］的平均数表示力量素质综合发展水平。计算公式为 $\bar{A}_n=\frac{A_1+A_2+A_3+A_4}{4}$，按正态分布原理，取样本的20%为高水平，50%为必需水平，30%为低水平。

力量素质发展均衡程度的评定：计算公式为 $B_n=A_{max}-A_{min}$，规定样本的20%为均衡，50%为基本均衡，30%为不均衡。

力量素质综合发展水平与运动成绩相适应程度的评定方法：计算公式为 $C=\bar{A}_n-Y_z$，Y_z 为专项成绩的标准分数，规定样本的20%为适应，50%为基本适应，30%为不适应。

（2）速度滑冰项目

陈超等（2013）研究采用标准 T 分法，对我国优秀青年女子速滑短距离500m运动员的7项力量素质进行定量评价，制订10分制的定量评价表（表2-3-4）。

表2-3-4　力量素质指标定量评价表

分值	卧推 /kg	负重深蹲 /kg	30m 滑跑 /s	立定跳远 /cm	后抛实心球 /m	30s 无氧功 /W	单腿平衡 /s
10	66	98	4"7	240	11.3	496	81
9	61	91	5"0	234	10.4	486	76
8	55	85	5"2	228	9.5	475	71
7	50	76	5"5	221	8.7	465	65

（续表）

分值	卧推/kg	负重深蹲/kg	30m滑跑/s	立定跳远/cm	后抛实心球/m	30s无氧功/W	单腿平衡/s
6	45	69	5"7	215	7.8	454	60
5	39	62	6"0	209	6.9	444	55
4	34	55	6"2	202	6.0	433	50
3	29	48	6"5	196	5.1	423	44
2	23	41	6"7	190	5.2	412	39
1	18	35	7"0	183	3.3	402	34

采用测试评价指标所得的标准分数的平均数来表示力量素质综合水平，根据正态分布基本原理，以平均数为基准值，标准差为离散距离，确定力量素质综合发展水平评价等级。将中间70%的运动员划分为必需水平，高于必需水平的15%的运动员划分为高水平，剩余15%的运动员划分为低水平（表2-3-5）。

表2-3-5 力量素质指标定量评价

标准数	评定等级
>7.41	高水平
3.41～7.41	必需水平
<3.41	低水平

采用苏联克列耶尔提出的方法，评定速滑运动员力量素质的均衡发展程度。具体评价方法：依照运动员力量素质定量评价标准，将标准分数最高与最低的力量素质相减所得差值作为该运动员力量素质均衡发展程度的标准分数（表2-3-6）。

表2-3-6 力量素质均衡发展评价

标准数	均衡等级
<1.62	均衡
1.62～4.19	基本均衡
>4.19	不均衡

（3）体操项目

郑湘平等（2020）采用灰色关联分析确定体操运动员力量素质各指标权重，运用评分评价法和等级评价法，建立我国10～11岁女子体操运动员力量素质的单项指标的评分评价标准和等级评价标准（表2-3-7和表2-3-8）。

表 2-3-7 我国 10～11 岁女子体操运动员力量素质单项指标评分标准

分值	A1/s	A2/个	A3/个	A4/个	B1/个	B2/个	C1/个	C2/m	C3/m
0	22.01	16	10	5	18	2	6	8.09	0.20
1	20.64	17	10	6	19	2	6	8.22	0.22
2	19.55	18	11	7	19	2	7	8.35	0.24
3	18.61	18	11	8	20	3	7	8.48	0.26
4	17.78	19	12	8	20	3	7	8.62	0.26
5	17.01	19	13	9	21	4	8	8.76	0.27
6	16.31	20	13	10	21	4	8	8.91	0.30
7	15.65	20	14	11	21	5	8	9.06	0.32
8	15.04	21	15	12	22	6	9	9.22	0.33
9	14.45	21	16	13	22	7	9	9.38	0.33
10	13.89	22	16	14	23	8	10	9.55	0.34
11	13.36	23	17	15	24	9	10	9.72	0.35
12	12.84	24	18	16	24	10	11	9.91	0.35
13	12.35	24	19	17	25	11	11	10.11	0.37
14	11.87	25	20	18	26	12	12	10.31	0.38
15	11.41	26	21	20	26	13	12	10.54	0.39
16	10.96	27	22	21	27	15	13	10.78	0.41
17	10.53	28	23	23	28	16	14	11.04	0.41
18	10.10	29	24	25	29	18	15	11.34	0.43
19	9.69	30	26	27	30	20	16	11.69	0.44
20	9.29	32	28	29	31	22	17	12.12	0.45

表 2-3-8 我国 10～11 岁女子体操运动员力量素质单项指标等级标准

部位	指标	下等（10.0%以下）	中下等（10.0%～25.0%）	中等（25.1%～75.0%）	中上等（75.1%～90.0%）	上等（90.0%以上）
A 上肢力量	A1：4m 爬绳 /s	> 19.55	19.55～17.00	17.01～11.40	11.41～10.10	< 10.10
	A2：30s 引体向上 / 个	< 18.00	18.00～18.99	19.00～25.99	26.00～29.00	> 29.00
	A3：60s 直臂引体悬垂引拉成倒悬垂 / 个	< 11.00	11.00～12.99	13.00～20.99	21.00～24.00	> 24.00
	A4：60s 平衡木横木分腿慢起手倒立 / 个	< 7.00	7.00～8.99	9.00～19.99	20.00～25.00	> 25.00
B 躯干力量	B1：30s 肋木悬垂收腹举腿 / 个	< 19.00	19.00～20.99	21.00～25.99	26.00～29.00	> 29.00

（续表）

部位	指标	下等 （10.0% 以下）	中下等 （10.0%～ 25.0%）	中等 （25.1%～ 75.0%）	中上等 （75.1%～ 90.0%）	上等 （90.0% 以上）
B 躯干 力量	B2：40s 连续屈伸上摆倒立 / 个	< 2.00	2.00～3.99	4.00～12.99	13.00～18.00	> 18.00
C 下肢 力量	C1：15s 连续后空翻 / 个	< 7.00	7.00～7.99	8.00～11.99	12.00～15.00	> 15.00
	C2：五级蛙跳 /m	< 8.35	8.35～8.75	8.76～10.53	10.54～11.34	> 11.34
	C3：原地单脚纵跳 /m	< 0.28	0.28～0.31	0.32～0.38	0.39～0.43	> 0.43
	总分	< 10.41	10.71～11.91	11.2～14.48	14.49～16.11	> 16.11

（4）排球项目

王骏昇和钟秉枢（2018）按照雷达分析法，以平均值 ± 标准差建立女子排球运动员弹跳力诊断的标准，通过专家访谈和数据分析，以平均值 ±1 个标准差确定了 4 个高度指标计算诊断标准的区间（表 2-3-9）。

表 2-3-9　女子排球运动员弹跳力诊断的标准（n=20）

贡献因素	贡献率	优	良	中	差
弹性贡献 /%	9.66 ± 3.01	> 12.67	≤ 12.67 和 > 9.66	≤ 9.66 和 ≥ 6.65	< 6.65
摆臂贡献 /%	15.03 ± 3.37	> 18.40	≤ 18.40 和 > 15.03	≤ 15.03 和 ≥ 11.66	< 11.66
助跑贡献 /%	7.25 ± 2.71	> 9.96	≤ 9.96 和 > 7.25	≤ 7.25 和 ≥ 4.54	< 4.54

三、耐力训练监控的测评

（一）耐力训练水平监控的测量工具

1. 便携式生化测试仪

耐力训练监控的生化指标繁多，如血乳酸、血红蛋白、尿蛋白、尿胆原等，这些生化指标的测试结果能直接反映训练强度与负荷量，为教练员制订科学训练计划提供反馈。先前的生化测试仪过为沉重，往往不具备室外测试的条件，限制了监控结果的实时性。随着科学技术的不断进步，运动生化测试仪也发生了根本性变化，从手工计算过渡到计算机自动计算，智能化仪器设备也趋于小型化，采集血样的量不断减少。先进的仪器设备减少了科研人员的工作量，使训练监控更加快速、便捷，同时也为教练员提供了更多耐力运动训练监控的机会。教练员通过简单培训即可单独操作该类监控设备，快速获取运动员耐力训练过程的数据，及时监控运动员的机能状态，科学地调整耐力训练计划。

便携式生化测试仪具有较多优势。第一，仪器体积小，与成年男子的手掌差不多大，方便科研人员和教练员使用，也适用于运动员的自我训练监控。第二，仪器构造简单，操作步骤较少，部分仪器甚至没有开机键，只有显示屏和试纸条卡槽，插入试纸条即可使用。第三，一般使用试纸条测试，方便教练员和运动员使用，如图 2-3-16 所示。从经济性角度而言，使用该仪器测试仅需 1 滴指尖末梢血，便可在 30 s 内得出结果，为科研人员和教练员缩短了反馈时间。因此，便携式生化测试仪在运动训练监控领域得到了较为广泛的使用。

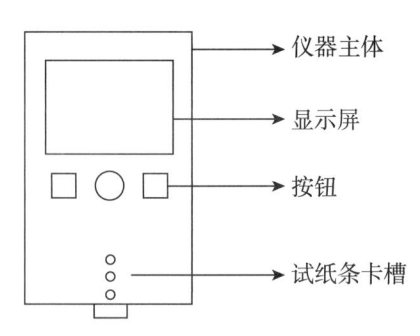

图 2-3-16　便携式生化测试仪面板

2. 智能心率监测背心

在耐力训练中，心率是重要的监测指标，通过监测心率，教练员可以了解运动员的实时机能状态及对训练负荷的反应。目前，智能心率监测背心得益于其精度高、对皮肤的刺激性小而被广泛使用，逐渐成为运动心率监控的主流设备。智能心率监测背心以智能心率监测系统为核心，以弹性纺织背心为基础。国外的智能心率监测背心研发较早，发展较为成熟，取得较多阶段性的研究进展，产品被广泛应用于耐力训练领域。代表性的研究成果包括：美国 VivoMetrics 公司研发的生命衫（LifeShirt），其是全球首个可以无创、连续和可移动地获取人体生理参数的监测系统，面料为棉和莱卡，可监测 30 余个心肺生理参数，并通过网络上传至 VivoMetrics 服务器进行分析，但舒适性欠佳。此后，加拿大 Hexoskin 公司首批推出智能运动服饰，该公司与加拿大航天局合作监控宇航员的健康状况，并对宇航员的训练效果进行诊断，产品续航效果较好。Hexoskin 智能运动背心侧部为"Brainpack"蓝牙装置，可以连接数据分析系统，面料使用 73% 锦纶和 27% 氨纶混纺面料，提高了产品的舒适性。Polar Team Pro 智能背心（芬兰）公司始建于 1977 年，该公司主要与 NBA 合作。Polar 官方给出的心率胸带的误差范围是"±1 或 1%（取较大值）"。经测试，可以说 Polar 公司的产品是目前为止最为精准的心率便携监测设备之一。

3. 跑步机闭环控制平台

采用运动员实时心率信号进行生理信息反馈，从而调节跑步机速度，帮助运动员合理控制耐力训练强度与疲劳程度，达到科学训练的目的。已知在运动员跑步运动过程中通常存在个体差异，如肌肉耐力、心肺功能、跑步技能等。为解决一系列的差异化影响，达到个性化识别运动状态与控制运动强度的目标，不少研究提出"标定测试跑"的方式，即先获取运动员的个性化生理指标数据。这需要每一位运动员通过一次完整的递增负荷式跑步力竭实验，标定个人身体运动能力，获取标准安静心率与力竭时最大心率，为后续日常耐力训练强度控制提供基础数据。获取个性化生理指标后，根据公式与适宜强度区间 71.99%～78.28% 储备心率（heart rate reserve，HRR）计算目标心率区间，在运动员在跑步机上运动时进行识别，并通过智能硬件设备自动调节跑步机运动速度以追踪目标区间，在保持最佳运动强度的同时，避免过度疲劳的出现。

跑步运动过程中，使用单片机存储目标心率区间，由可穿戴式心率传感器实时获取心率信号，对比单片机中存储的数据，并通过脉宽调制（pulse width modulation，PWM）控制跑步机电机的转动速率，改变运动员跑步速度。在此闭环控制跑步运动中，运动员的实测心率值与跑步机的速度变化呈反向交替并趋于稳定。开始阶段，单片机给定跑步机一个较高的初始速度，使运动员心率逐渐向目标区间上升。每隔 1min 进行一次实时心率监控，若心率值超过目标区间，单片机调节跑步机速度下降 1 档，促进心率回落至目标区间，反之亦然，如此往复，运动者跑步速度与心率均会逐渐趋于稳定（图 2-3-17 和图 2-3-18）。

图 2-3-17　Arduino 处理器平台　　　　图 2-3-18　指夹式心率传感器

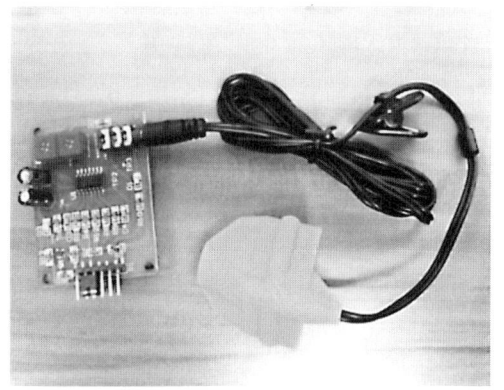

（二）耐力训练水平的诊断与评价方式

该部分主要包括总体态势诊断及分析、个体态势诊断及分析和差距诊断—目标挑战模型法，上述方法已在速度、力量训练监控测评中详细论述，此处不再赘述。

四、体能训练的数字化监控

（一）力量训练的数字化监控

力量训练/抗阻训练是体能训练重要内容之一，传统阻力训练强度主要是基于个体一次最大重复次数（1RM）百分比，即采用百分比力量训练法（percentage based training，PBT；traditional percentage training，TPT）。Nevin J（2019）认为这种训练有其明显的局限性：耗时、灵活性与实时性低、忽略个体状态波动等。

1.基于速度的力量训练监控

Banyard H G 等（2017）发现随着大数据技术在体育中的日益普及，近年来，一种基于个体负荷—速度曲线，实时测量运动员一定负荷下重复完成动作的速度，并根据个体每日波动下的移动负载状态和能力来调整负荷的监控与训练方法，即基于速度的力量训练（velocity based training，VBT；velocity based resistance training，VBRT），在国外得到普遍认可。Mann 等（2010）指出，VBRT 方法被视为一种"自动调节"形式，教练员可以根据训练目的，跨不同负荷区间在特定速度区域内进行力量训练，从而比传统的百分比力量训练法（TPT）更高效、更精准。Diekhoff T 等（2010）、Jovanovic M 等（2014）、Mann JB 等（2011）和 Sanchez–Medina L 等（2015）的研究共同证明，VBT 作为监控手段，用于力量训练中监测运动速度，可以更精确和客观地量化力量训练的强度，基于速度的力量训练衍生出"速度损失（velocity loss，VL）""速度截止（velocity cutoff，VC）""最小速度阈值（minimum velocity threshold，MVT）"等，进一步完善了力量训练的监控体系。随着 VBT 仪器越来越多，技术不断提升，其可靠性也得到了王泽众等（2019）、Appleby BB 等（2020）和 Orange ST 等（2019）国内外学者证实，Banyard 等（2017）总结了联合使用或单独使用测力板（force plate，FP）技术、旋转编码器、线性位移传感器（LPT）、加速度计（PUSH Band）等测量速度、力和功率的技术示例。

2.快速收缩复合训练监控

快速收缩复合训练已被许多研究证明对下肢爆发力训练有效，使用带有压力传感器的跳跃垫是监控快速收缩复合训练效果的数字化手段。许多需要快速爆发力的运动项目，运动过程中脚触地的时间非常短，Ardinale M 等（2011）发现，运用智能跳跃垫可以实时监控快速收缩复合练习训练时运动员从跳箱落地的触地时间，以评估其动作效果。闫琪等（2018）应用 Newton 纵跳垫对女子跳台跳水运动员进行跳深训练触地时间的实时监控，结果显示运动员经过 4 周的训练后，触地时间与第 1 周相比有了明显变化。

3.飞轮离心训练监控

飞轮训练器是目前离心力量训练中实现可视化数字监控的主要手段。目前已有大量数据表明，与传统的抗阻训练计划相比，采用飞轮离心装置的抗阻训练能够改善最大力量和相关力量指标。Maroto-Izquierdo 等（2014）研究表明运动员在进行飞轮离心负荷训练时采用高负荷（1RM 值的 70%～90%）时功率增加，训练后运动员垂直纵跳显著提高，同时也证明了这种训练模式对力量适应具有有效性，且在反向动作跳跃中增益大于传统阻力训练。李瑞英等（2021）通过综合相关研究表明，飞轮离心超负荷训练可以使肌肉质量增长 5%～13%，最大主动收缩提高 11%～39%，1 次重复最大力量提高 12%～25%（1RM），肌肉力量提高 10%～33%，跳跃能力提高 6%～15%，跑步速度提高 2%～10%。尽管在离心训练的初始阶段，离心超负荷训练（eccentric overload training, EOT）与高幅度的肌肉损伤和炎症反应有关，但这些过程在训练后不久就会出现明显减弱，表明这对肌肉没有反作用。

（二）速度训练的数字化监控

许多竞赛项目在竞赛规则的约束下，竞技本质是不同形式的竞速，大数据技术为不同速度能力的测试与训练监控提供了新的手段。①反应式动作速度训练监控。Mitroffs R 等（2013）研究显示，应用视觉频闪观察训练可以有效提高冰球运动员的动作速度。Hülsdünker T 等（2019）对 10 名德国顶级羽毛球运动员进行为期 4 周的训练，发现视觉频闪观察训练在提高运动员视觉运动能力方面可能比传统的视觉运动训练更有效，频闪观察训练后产生了更好的训练表现。Appelbaum 等（2011）通过频闪训练运动员的眼睛间歇性地执行休息，减少视觉输入和多余的反馈，进而提高动作反应速度。②神经反应速度监控。Arzò-Vargas P J 等（2017）用 Fitlight Trainer 反应灯系统对跆拳道运动员的快速踢腿动作进行了精确的测试和训练，结果显示运动员的神经反应速度能力提高。

（三）耐力训练的数字化监控

不同的运动项目能力代谢特点不同，专项耐力表现形式也不同。①周期性运动项目。闫琪等（2018）认为，周期性运动项目可以通过监控运动员的完成距离、速度和过程中的心率及其衍生指标训练冲量（training impulse, TRIMP）、运动后过量氧耗（excess post-exercise oxygen consumption, EPOC），综合评价运动员的能量代谢、训练表现及训练效果。②非周期性练习方式。主要通过个人或团队心率监控设备，监测运动员的心率及其衍生指标，有效地帮助教练员在运动员训练过程中及时掌握训练强度、了解训练效果，根据不同训练目的将心率控制在目标心率区间，有效实现对训练过程的实时调控，提高训练的针对性与有效性。③对抗类项目。对于格斗类和球类等对抗项目，其耐力的主要形式是高强度间歇无氧耐力，心率及其衍生指标也是这些项目运动员耐力训练数字化监控的重点。

第四节　主要运动素质训练监控的应用

如前所述，在运动训练研究领域中，对主要运动素质训练监控的研究十分普遍，并取得了丰硕成果。同时，在运动训练实践中，速度、力量和耐力素质的监控也有较为广泛的运用。因此，本节通过案例进一步讲解主要运动素质训练监控的具体操作方法，为运动实践和未来相关研究提供参考。

一、速度训练监控的应用

（一）速度训练监控在体能主导类速度性项目中的应用

案例一　短距离游泳蹲踞式出发反应速度训练手段的设计与效果实验研究

1. 监控目的

在短距离游泳项目中，蹲踞式出发技术居于主导地位，出发作为游泳比赛的首要环节，不仅在战术形式上占据领先地位，也会在心理上占得先机。反应速度训练是影响短距离游泳蹲踞式出发的关键因素，研究发现，人体的反应速度主要取决于先天遗传因素，而后期的运动训练对人体的反应速度最高可提升26%，这为后期进行反应速度训练创造了前提条件。基于此，本研究以短距离游泳蹲踞式出发技术为基础，进行反应速度训练的相关研究。

2. 监控对象

本案例选取16名游泳二级运动员为实验对象，随机分配为实验组与对照组，每组8人。专业游泳运动员有系统的训练经验和固定的训练时间，具备一定的训练基础，技术动作标准，有利于提高实验结果的准确性。

3. 监控方法

（1）声反应测试

声反应指对声信号刺激做出简单反应的速度，是从接受声信号刺激到完成动作指令的过程，目的是了解短距离游泳运动员对声信号刺激的敏感程度。声反应测试以声反应时为基础，运用EP2004型心理实验台和EPT202-5反应时装置的配套设备进行测试，该配套设备的计时精度为1/1000s，计时范围在0～9999.99s，是声反应测试的专业设备。测试时，受试者长按测试按钮，待仪器发出声反应指令"滴"声后，受试者快速做出反应松开按钮，为避免受试者形成规律反应，指令时间间隔为无规律发令，以黄灯亮起为结束标志。每位受试者均进行5组测试，每组10次，中间间隔2min，该仪器会自动记录测试数据，每组测试结束后，仪器会显示该组的平均成绩。

（2）出发反应时测试

游泳运动的出发反应时指运动员对出发信号做出反应并以最快速度蹬离出发台所需的时间，即运动员对出发信号的反应速度时和完成蹬离出发台动作的动作速度时的总和。本案例采用数智体育AT-8无线半自动计时设备进行测试，系统计时精度为1/1000s，反应速度小于1/1000s，该设备通过数字感应自动测得出发反应时，极大地降低了测试误差，有利于提升测试结果的准确性。测试时，受试者按顺序依次进行，每位受试者测试次数为5次。受试者在出发台采用蹲踞式出发准备姿势，待出发指令发出后，迅速完成出发动作。在此过程中，自动计时设备会自动记录出发反应时，待全部受试者测试完成后，对测得数据进行整理与分析得出测试结果。

（3）运动时与运动完成时测试

本研究的运动时与运动完成时是指手拉出发台到后脚离开出发台再到身体完全进入水中的两个时间过程，通过对比实验前后的时间差异掌握运动员的动作反应过程。对运动时与运动完成时的测试，运用索尼PC330E型、拍摄频率25帧/秒的摄像机拍摄蹲踞式出发的全过程，通过对测试后的视频进行动作分解，截取运动员在出发动作过程中手拉出发台身体开始制动的前一帧到前脚离开出发台的最后一帧作为运动时，前脚离开出发台最后一帧到身体完全进入水中的最后一帧作为运动完成时，记录分析两个阶段的时间总和，即运动时与运动完成时全过程（图2-4-1）。

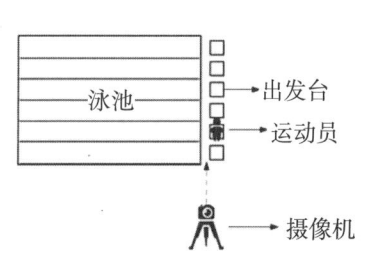

图2-4-1 运动时与运动完成时测试方法

4.监控结果

实验组与对照组在实验前经独立样本 t 检验声反应、出发反应时、运动时与运动完成时均无明显差异。实验后对实验组与对照组进行独立样本 t 检验，两组声反应的 P 值为 0.179，不存在显著差异，但实验组的平均成绩小于对照组，表明实验组的测试效果更加显著；而实验后两组在出发反应时、运动时与运动完成时上测得的 P 值均小于 0.01，说明实验后实验组与对照组在这两项测试指标上均存在显著差异。对比实验前后各项测试结果，实验前后实验组和对照组在声反应、出发反应时、运动时与运动完成时上测得的 P 值均具有显著差异，但实验组在三项测试指标上平均成绩的下降幅度均大于对照组，实验组的测试结果明显优于对照组。

5. 结论与建议

综合短距离游泳、蹲踞式出发、反应速度训练的相关原理，首次提出以听觉刺激、听觉—视觉刺激、听觉—注意力、听觉—身体协调性、听觉—运动感知五种类别为出发点，选取 7 种相对应的短距离游泳蹲踞式出发反应速度训练手段。

实验研究表明，实验组与对照组经过训练均能提高短距离游泳蹲踞式出发的反应速度，但实验组设计并选取的训练手段和训练效果更加显著，对短距离游泳蹲踞式出发反应速度的提升幅度更大，更具实践意义。

在实验组所选取的五种训练类别中，听觉刺激、听觉—注意力及其相对应训练手段发挥主导作用，以神经系统的反射弧为基础，充分激发神经系统的兴奋性，开展针对性的反应速度训练，是提高短距离游泳蹲踞式出发反应速度的主要途径。

（二）速度训练监控在技能主导类隔网对抗性项目中的应用

案例二 优秀青少年网球运动员击球动作速度与专项速度素质的相关性研究

1. 监控目的

本案例通过测试运动员的最大击球动作速度和专项速度素质，分析其相关性，选取适合青少年网球运动员专项速度素质提高的训练方法，从而为青少年网球运动员的速度素质训练提供依据和参考。

2. 监控对象

选取 28 名优秀青少年运动员为研究对象，其中，男子进入全国性比赛前 8 名的运动员 8 人（以下简称男子甲组），进入省内比赛前 8 名的运动员 9 人（以下简称男子乙组）；女子进入全国性比赛前 8 名的运动员 6 人（以下简称女子甲组），进入省内比赛前 8 名的运动员 5 人（以下简称女子乙组）。

3. 监控方法

测量法：根据以上调查结果，选取两轮问卷同意率均大于80%的10项指标作为测试内容，进行摄像实测。对测量数据运用SPSS 11.0 For Windows社会科学统计软件进行统计学处理。

摄像法：测试采用三维直接线性变换（direct linear transformation，DLT）测量。用两台松下数码摄像机，对运动员进行定点拍摄。拍摄28名运动员平击发球、正手平击球、反手平击球的完整技术，每人每项技术拍摄3次，选取各项技术完成最好的一次进行比较分析。快门速度1/1000s，拍摄频率为180帧/秒，两台摄像机均在进行每一项测试之前开机，拍摄期间不停机。在进行测试前对击球位置的运动空间进行三维框架拍摄。拍摄完毕后，使用爱捷71运动录像分析系统，对所摄录像带进行数字化处理和三维空间坐标转换。选用松井秀治人体模型，按照人体模型关节点采集数据。分析出28名运动员平击发球拍头最大线速度Y_1，正手击球拍头最大线速度Y_2，反手击球拍头最大线速度Y_3。

4. 监控结果

（1）青少年网球运动员发球动作速度与专项基础速度素质相关性分析

平击发球不带旋转，球拍触球时，拍面正对球，没有使球旋转的侧向摩擦力。发球试验是专门安排的，因此试验结果可以反映研究对象的最大发球力量和球速。在球拍触球的瞬间，球向前的速度达到最大，球拍挥动的速度也达到最大，所以本文用球拍触球瞬间球拍顶点的速度代表运动员发球时最快动作速度。发球的预挥拍动作是向后拉球拍，扭转身体，球拍尽量拉向体后，前臂与地面平行。这一预挥拍动作，转肩扭腰髋，预拉长了胸大肌、三角肌、肱二头肌、肱三头肌、腹直肌、腹内斜肌、股四头肌等肌群，使球拍可挥动的距离达到最大。在击球时上述被拉长的肌肉开始收缩，力量传到前臂，同时前臂的旋内肌群和手腕屈肌收缩，使球拍的速度达到最大值。

X_1和X_2代表仰卧起坐左肘够右膝与右肘够左膝。身体仰卧，双手抱头，膝关节弯曲，两脚掌着地固定。运动时上体抬起、旋转，用肘关节接触异侧的膝关节。这两项素质的运动方式主要是在腹直肌、腹内斜肌、腹外斜肌和胸大肌主动收缩下完成的。发球过程中，从球抛至最高点，身体成背弓到身体向上、向前发力，以及击球后上体向前、向下的随势运动，都是腹前侧肌肉爆发式收缩带动躯干向上向前扭转、胸大肌收缩带动肩部下压。从研究结果来看，运动员完成发球挥拍动作的速度与快速仰卧起坐左肘够右膝和右肘够左膝的相关性系数分别是−0.498和−0.576，相关性显著。

X_3和X_4代表左、右向侧卧起。身体侧卧，双手抱头，膝关节弯曲，脚部固定，运动时主要靠腹外斜肌爆发式收缩，使上体向左、右侧抬起。网球的发球（右手握拍）过程中，当球被抛起至最高点时，抛球手臂保持上举的最高姿位，持拍侧肘与肩平或略高于肩，肘关节屈约为90°，躯干向后倾斜，膝关节屈曲达到最大，躯干向击球反方向扭转，形成左肩高、右肩低的背弓、侧弓姿位。躯干扭转幅度越大，对腹内斜肌和腹外斜肌等转体肌群的拉伸幅度越大，引起牵张反射并储存弹性势能，从而增加躯干向击球方向扭转时的速度和力量。右侧的腹外斜肌收缩，左侧的腹外斜肌被拉开。击球时，左侧的腹外斜肌收缩，右侧放松。Y_1与X_3、X_4的相关性显著，说明左、右向侧卧起腹外斜肌的运动方式与此时发球的肌肉收缩方式相似。

X_6代表俯卧两头起。身体俯卧在垫上，双手抱头，两腿合并伸直，运动时头部向上仰，上体和两腿向上抬起，运动方式主要是背部伸肌肉群和臀部肌肉的收缩发力。发球动作形成背弓时，背部肌肉的收缩方式与这项素质练习的肌肉发力方式相似。

X_8代表原地摸高，是下肢肌肉爆发收缩向上的运动。X_9代表立定跳远，是下肢肌肉爆发收缩使身体向前的运动方式。这两项素质与平击发球具有强相关性，说明发球过程中下肢向前、向上爆发力的重要性。发球动作成背弓时，身体下蹲，重心达到最低，膝关节屈曲最大。向上挥拍阶段，下肢主要关节（踝、膝、髋）快速、用力向上蹬伸，髋轴在下肢力量的作用下向前旋转，躯干在髋关节处伸展，增大躯干背弓弧度。下肢蹬地发力是挥拍击球力量的基础。

X_{10}指原地上手抛球，其与发球的相关性系数达到0.8~1.0。国外优秀网球运动员都有着与网球发球技术相似的上手抛球技术。网球发球的爆发用力姿态与投掷项目的用力前姿态类似，目的都在于预先调整身体姿态，使爆发用力的肌肉工作距离延长，爆发用力中的主要工作肌群预先拉长，增加肌肉中的弹性能量存贮。上手抛球动作是下肢屈曲，上体向后仰，双手持球于头上。发力时下肢用力蹬地，尤其是踝关节和脚趾加入最后用力，自然蹬离地面。腹部肌肉爆发收缩，躯干背弓释放，胸肌爆发用力，肩轴在躯干转动的基础上加速向前转动。肩关节肌肉爆发用力向前快速拉动上臂，在上臂接近垂直部位前，肘关节周围肌肉爆发收缩，拉动前臂快速旋内、向前运动。在肘关节完成最大加速的瞬间，腕关节快速前屈，最后将球向前抛出。整个发力过程力量自下向上传到上肢，发力方式与网球发球的动作结构基本相同。

从发球最大动作速度与其他专项基础动作速度素质的相关性分析结果可以看出，Y_1与X_1、X_2、X_3、X_4、X_6呈显著负相关，说明X_1、X_2、X_3、X_4、X_6的值越小，Y_1的值就越大，这几项基础动作速度越快，Y_1的速度也越快。Y_1与X_8、X_9、X_{10}呈显著正相关，说明这几项值越大，Y_1的值也越大。

研究中还发现，X_1、X_2和X_5负重转体的相关性显著，这三项素质都是在腰腹回旋肌群收缩作用下完成的身体蜷曲和旋转，三项素质的快慢与腰腹回旋肌群爆发性收缩能力的好坏有着密切的关系。X_1、X_2、X_3和X_4动作速度素质与X_8、X_9动作速度素质的相关性显著也说明在下肢向前、向上爆发时腰腹肌群参与到运动中来。此外，X_{10}与前八项素质的相关性显著说明上手抛球是在下肢、上体肌肉共同作用下完成的，并不只是靠上肢肌肉收缩将球抛出的。

（2）青少年网球运动员正反手击球动作速度与专项基础速度素质相关性分析

当今网坛主流的打法为综合性打法，底线的攻球技术成为首要，也是最重要的技术。优秀的网球运动员需掌握扎实的正反手击球，并具有相当强的攻击能力。正反手击球技术包括转体拉拍、降低重心、蹬地转体、挥拍击球、随势挥拍。正反手抽球试验也是专门安排的，因此，试验的结果可以反映选手正反手抽球的最大动作速度。从分析结果看出，网球的正反手击球动作速度除了与X_1、X_2、X_8、X_9、X_{10}的相关性显著以外，还与X_5负重转体的相关性显著。正反手抽球技术与发球用力方式的不同在于，发球的蹬地发力的方向是向上、向前，挥拍方向从下向上再向前，击球后上体随势向下，而正反手抽球时，下肢向上、向前蹬地转髋，使上体绕垂直轴旋转，挥拍方向向前。快速负重转体主要是在腹外斜肌、腹内斜肌等回旋肌群的收缩下，上体绕身体垂直轴在水平面上完成旋转。网球正反手击球上体发力完成旋转的动作方式和发力动用的肌肉群与快速负重转体相似。测试结果中，正反手击球动作速度与快速负重转体强相关性证明了这一点。

正反手击球动作速度与X_8、X_9的相关性密切也证明正反手击球动作的快慢与下肢爆发力有着直接的关系，正反手击球也是在下肢肌肉的爆发式发力作用下完成的击球动作，下肢肌肉的爆发力也是正反手击球的力量源泉。

（3）青少年网球运动员不同组别间各项速度素质的比较分析

将测试对象男子甲组与乙组、女子甲组与乙组的各项速度素质进行独立样本的非参数检验，分析其差异性。

从检验结果来看，男子甲组与乙组在Y_1、Y_2、Y_3上都存在明显差异，男子甲组在平击发球、正反手击球的动作速度上均较男子乙组快。存在差异性的素质还有X_1、X_2、X_6、X_8、X_9、X_{10}，男子甲组这些动作速度均快于男子乙组，表明男子甲组的专项速度素质要好于男子乙组。由于这些基础速度素质与平击发球、正反手抽球的相关性密切，导致两组选手在Y_1、Y_2、Y_3上产生了差异性。但男子甲组和男子乙组在X_3、X_4、X_5、X_7上的差异性不显著。女子甲组与乙组除了X_6素质差异显著外，其他素质差异性不显著。由于网球专项速度素质与专项基础速度素质相关性显著，基础速度素质影响专项素质，而女子甲组与女子乙组的专项基础速度素质不存在差异性也是其专项速度素质差异性不显著的原因。

5. 结论与建议

①本文所筛选的多项专项速度素质指标：仰卧起坐左肘够右膝，仰卧起坐右肘够左

膝，左、右向侧卧起，俯卧两头起，负重转体，立定跳远，原地摸高，原地上手抛球，与平击发球、正反手击球动作速度的相关性显著。

②不同水平男子青少年网球运动员在专项击球动作速度和专项基础动作速度上都存在明显的差异性，男子甲组选手专项动作速度和专项速度素质明显优于男子乙组。两组女子运动员之间击球动作速度与专项速度素质差异性不显著。

③网球运动员专项速度素质是影响击球动作速度的重要因素，所以提高网球运动员击球动作速度的主要途径是提高运动员专项速度素质。

二、力量训练监控的应用

（一）力量训练监控在体能主导类力量性项目中的应用

案例一 青少年女子旋转推铅球运动员专项体能和技术的诊断与评价——基于典型个案的研究

1. 监控目的

解决旋转推铅球技术专项体能和技术训练效果难以在训练现场实时监控的现实问题，提高其专项体能和技术训练效益和质量，进而促进其专项成绩的提高。

2. 监控对象

本研究的监控对象为徐可，女，15岁，上海市第二体育运动学校铅球运动员，身高1.78m，体重75kg，训练年限4年，采用旋转推铅球技术，最好专项成绩为12.4m。

3. 监控方法

（1）表面肌电测试

运用表面肌电技术，对筛选出的22块肌肉进行测试，以了解被测肌肉中主要用力肌肉、肌肉的用力顺序及肌肉的用力范围。

结合理论筛选和教练员意见，本次实验选取了22块肌肉：右臂肱二头肌、右臂肱三头肌、右臂三角肌前束、右侧胸大肌、右侧腹外斜肌、右侧背阔肌中部、右侧背阔肌下部、右侧股二头肌、右侧股直肌、右侧股内侧肌、右侧股外侧肌、右侧腓肠肌外侧、右侧腓肠肌内侧、左臂肱三头肌、左侧腹外斜肌、左侧背阔肌中部、左侧股二头肌、左侧股直肌、左侧股外侧肌、左侧股内侧肌、左侧腓肠肌外侧、左侧腓肠肌内侧。

首先使用刮毛器去除需要粘贴电极片的皮肤表面的体毛，确定相对应的皮肤表面清洁干净后，用酒精消毒片对皮肤进行擦拭，以防止汗液对测试数据产生影响；待酒精完全挥发之后，将电极按照肌纤维的走向粘贴于皮肤表面，再在肌肉末端与电极片距离至少2厘米处贴上零电极，电极片和零电极粘贴好后用自粘绷带对其进行固定，待全部电极粘贴完毕，连接计算机，运用软件对未连接上系统的电极进行调试，直至所有电极调试至正常使用状态。

投掷技术的测试：每周周一至周五进行投掷测试，每次投掷5次，投掷时间间隔3min，选取投掷最好的一次成绩作为有效数据，共进行6周的测试，采集30组有效数据。专项体能指标的测试：共用3天进行测试，每次测试2个体能训练手段，每个指标分别测试3次，测试间隔3min，每个指标取最好的一次测试数据进行分析。

（2）红外三维运动捕捉测试

运用红外三维运动捕捉技术，对受测对象的动作参数进行数据的采集。

采集三维运动学数据的设备为美国Vicon Vero2.2镜头系统，使用12台美国Vicon Vero2.2红外摄像机环绕铅球投掷圈对铅球运动员进行定点拍摄，拍摄频率为100Hz，机高2.3m，使用生命科学采集分析软件Nexus 2.6.1进行三维运动技术分析。

本案例对实投场地的划分：利用记号笔在铅球场地投掷圈的X轴、Y轴及原点标记后，运用Nexus 2.6.1软件将现场投掷圈坐标轴与软件当中坐标轴进行同步标定。

本案例首先将完整旋转推铅球过程划分为4个阶段：双支撑起转阶段、第一次旋转阶段、第二次旋转阶段、最后用力阶段。然后基于投掷场地和投掷过程的划分，选取以下6个参数：第一次旋转双脚落地后右脚与X轴正方向产生的夹角；第一次旋转双脚落地后右脚与Y轴正方向产生的夹角；第二次旋转双脚落地后左脚与X轴正方向产生的夹角；第二次旋转双脚落地后左脚与Y轴正方向产生的夹角；第一次旋转双脚产生的距离——两脚间距1；第二次旋转双脚产生的距离——两脚间距2。

4. 监控结果

①与投掷时的肌肉用力特征相吻合的专项体能诊断指标是抗阻转体、抗阻斜坡旋转、杠铃轮摆、抗阻180°旋转和负重转髋跳。

②抗阻180°旋转对投掷成绩的影响较为显著（$P<0.05$）；负重转髋跳对投掷成绩的影响极为显著（$P<0.01$）。

③投掷过程中，运动员在第二次旋转双脚落地后左脚与X轴正方向产生的夹角、第二次旋转落地后左脚与Y轴正方向产生的夹角、第二次旋转落地后的双脚间距对投掷成绩的影响均具有显著性（$P<0.05$）。

④在投掷过程中的第二次旋转双脚落地后，左脚与X轴正方向产生的夹角和左脚与Y轴正方向的夹角与投掷成绩呈中度负相关（$-0.7<R<-0.3$），第二次旋转落地后的双脚间距与投掷成绩呈中度正相关（$0.3<R<0.7$）。

⑤制定出青少年女子旋转推铅球专项体能和技术的评价标准。

5. 结论及建议

①采用抗阻180°旋转和负重转髋跳两项专项体能诊断指标，可以实时和阶段性地诊断青少年女子旋转推铅球运动员专项体能的训练状况。以该两项专项体能诊断指标建立的评价标准，能够对青少年女子旋转推铅球运动员的专项体能发展状况进行实时评价。

②第二次旋转落地后左脚与 X 轴、Y 轴正方向的夹角和第二次旋转落地后的双脚间距三个指标，可以作为在训练现场对青少年女子旋转推铅球运动员进行技术诊断的指标，通过确定运动员最后用力阶段双脚落地时的坐标（范围），能够对旋转推铅球运动员的技术进行评价。

（二）力量训练监控在技能主导类表现难美性项目中的应用

案例二　我国自由式滑雪空中技巧体能训练监控的应用研究

1. 监控目的

本案例对备战 2010 年温哥华冬奥会自由式滑雪空中技巧运动员体能训练过程的监控进行了分析，旨在总结我国空中技巧体能训练监控的经验，了解和把握备战 2014 年索契冬奥会空中技巧运动员的体能状况，为备战 2014 年索契冬奥会空中技巧运动员的体能训练提供参考。

2. 监控对象

以自由式滑雪空中技巧体能训练监控结构、方法、指标和国家自由式滑雪空中技巧队一线运动员为研究对象。

3. 监控方法

①训练过程中各项身体素质指标的测试；②人体激光扫描系统的形态测试；③Bodypod 身体成分测试；④利用 METITUR 平衡能力测试系统对平衡能力测试；⑤无氧功率、最大摄氧量的测试。

4. 监控结果

自由式滑雪空中技巧力量监控指标体系的建立：评价指标的确定必须依据一定的对象和目标，因此，制定评价指标的第一步就是确定评价对象，即确定评价谁的问题。在确定评价对象后，还必须明确评价的目标。评价目标是建立评价体系要解决的主要问题，没有评价目标就没有建立评价体系的依据，就无法设计评价指标，不同的评价目标对评价体系有不同的要求。评价的目标是根据实践中所需要解决的问题确定的，这样，通过评价将会对空中技巧专项体能训练产生较大的促进作用。

空中技巧专项体能监控的有效指标筛选步骤包括：①初选指标的确定，得到理论逻辑分析的支持；②初选指标经过有关专家的经验筛选（第1轮筛选）；③对初选敲定指标（专家筛选结果指标）的测量结果进行第2轮统计筛选（常用逐步回归分析或主成分分析方法）。

自由式滑雪空中技巧运动员专项体能训练的诊断与评价包括身体素质、身体机能、身体形态三个方面，从这三个方面确立了一级体能训练监控指标体系，再通过专家评定和统计优化确立二级体能训练监控指标体系（表2-4-1）。

表2-4-1 自由式滑雪空中技巧二级体能训练监控指标体系

训练学监控指标		身体机能监控指标	形态学与肌肉力生物力学监控指标
有氧能力	12min跑		
快速力量	实心球侧、后抛		
最大力量	负重蹲起、卧推	最大摄氧量、无氧功、	
核心力量	20次两头起	平衡能力、血红蛋白、	肌肉比重和体脂含量；髋、
灵敏协调	伊利诺斯（Illinois）灵	血尿素氮（BUN）、血	膝及踝屈伸等速力矩值；躯
平衡力量	敏跑	清肌酸激酶（CK）、血	干屈伸及扭转等速力矩值
反应力量	举铃下蹲	清睾酮、皮质醇	
离心收缩	跳深高		
缓冲能力及稳定能力	单脚三级跳远		

训练学诊断与评价指标的应用分析：此处重点论述该案例中关于力量监控的应用。如图2-4-2所示，从5月训练学测试指标看，女运动员各项指标的成绩相对较低，其中举铃下蹲、后/左/右抛球、跪起、蹲起、灵敏跑成绩较差，说明女运动员身体的柔韧性、核心稳定性力量、快速下蹲时身体的稳定性、控制能力较低；上肢及核心区快速用力能力较差；大腿后侧肌群力量薄弱；下肢最大力量较低；身体的灵活性较差。从11月的测试指标看，通过6个月有针对性和实效性的训练，各项指标的成绩都有了较大的提高，其中5月测试成绩较差的指标值有了明显提高，但左、右单脚跳成绩仍较低，说明女运动员在下一阶段体能训练中需要进一步加强单腿支撑缓冲能力及爆发性用力能力的训练。

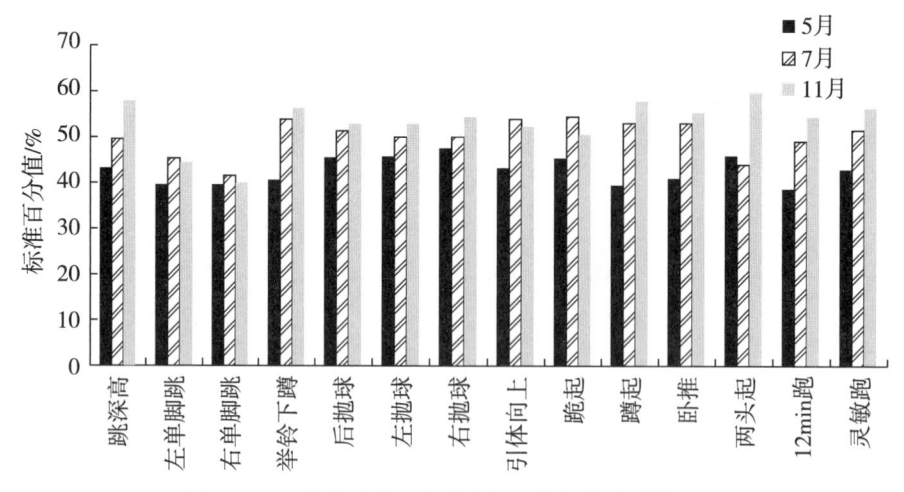

图 2-4-2　女运动员 3 次体能测试指标平均成绩对比

如图 2-4-3 所示，从男运动员身体素质测试平均成绩对比图分析，5 月时跳深高、左/右单脚跳、12min 跑、蹲起、举铃下蹲、卧推及跪起的成绩相对较低，说明男运动员有氧代谢能力、下肢反应力量和爆发力量、下肢伸肌肌群力量、大腿后群力量和身体的灵活性、柔韧性、核心稳定性力量相对较弱。从 11 月各测试指标的平均成绩来看，除左、右单脚跳的成绩提高不明显外，其他各指标的成绩都有明显提高，说明下一阶段体能训练的重点是发展男运动员下肢肌肉对牵拉冲击力的承受能力及爆发性力量。

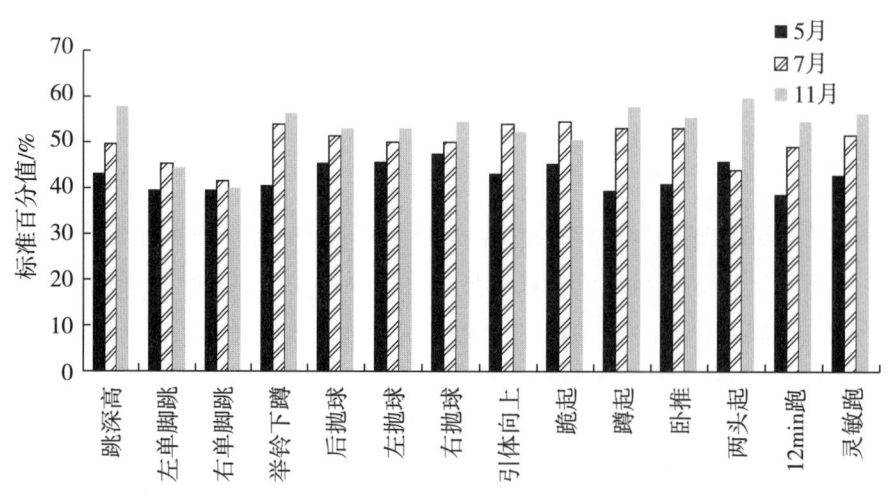

图 2-4-3　男运动员 3 次身体素质测试各指标平均成绩对比

5. 结论与建议

通过对自由式滑雪空中技巧运动员体能训练监控的应用，突出了体能训练的针对性、实效性和个案性，使不同运动员的体能水平都显著提高，为运动员在冬奥会取得优异成绩、预防运动损伤起到了重要的支持和保障作用，实现了对专项体能训练过程的优化控制，达到了提高专项体能训练的科学化水平的目的。

三、耐力训练监控的应用

（一）耐力训练监控在体能主导类耐力性项目中的应用

案例一 石家庄市青少年划艇运动员力量与有氧耐力训练效果监控研究

1. 监控目的

本案例拟通过对划艇运动员不同训练阶段的有氧能力相关指标进行测试，分析运动员不同训练阶段的有氧能力训练的效果。

2. 监控对象

以石家庄市青少年划艇运动员力量与有氧能力训练效果为研究对象。利用在石家庄市水上体育运动中心跟队实习的机会对石家庄市水上体育运动中心参加2013年全国皮划艇2000m青年锦标赛和河北省青少年赛皮划艇锦标赛的5名划艇运动员进行跟踪研究。运动员身高为（182.16±1.60）cm，体重为（76.80±4.49）kg，年龄为（17.50±0.54）岁，训练年限为（1.83±0.40）年。

3. 监控方法

（1）最大摄氧量测试方法

利用美国PHYSIO-DYE公司生产的运动心肺测试系统，规格型号为MOX2的测试仪器和功率自行车在河北师范大学体育学院实验室对运动员的最大摄氧量进行测试，从而评定运动员的有氧能力。实验负荷设计为：受试者在功率自行车上进行递增负荷运动，起始负荷为100W，每3min增加50W，直至力竭。最大摄氧量的判断标准为：第一，受试者的呼吸熵大于或者接近1.15；第二，受试者的心率在每分钟180次以上；第三，最大摄氧量平台不再增加；第四，受试者运动结束后测定血乳酸值大于8mmol/L。受试者只要满足以上三项指标即可判断为最大摄氧量。

（2）2000m测功仪成绩测试方法

利用美国产的CONCEPT-2风轮式划艇专用测功仪及芬兰产S610型POLAR心率表对运动员进行测试。在训练安排上，首先是在测试前一天尽可能不安排大负荷强度和大运动量的训练，晚上充分休息。测试前，要求运动员在测功仪上做10min的准备活动，然后要求运动员戴好心率表，进行2000m测功仪测试，要求运动员按照水上2000m比赛的要求从高速起航过渡到途中划，最后加速冲刺，以取得最好成绩为目的，记录时间。

4. 监控结果

运动员不同训练阶段最大摄氧量的监测结果与分析：划艇运动是以有氧能力为基础的竞赛项目，有氧能力在划艇运动中起着关键性的作用，有氧能力好的运动员可以在途中划阶段表现出更高的竞技水平，有氧能力差的运动员则可能会影响最终的比赛成绩。Bumpa认为有氧耐力在皮划艇运动素质中起主导作用，尹小光、王卫、张小虎认为有氧能力是运动员取得最佳运动成绩的基础。相关研究还表明，有氧能力与划艇运动成绩密切相关，在划艇运动中，良好的有氧能力是运动员在途中划阶段保持正确技术动作的重要因素，有氧能力的好坏直接决定着运动员的比赛成绩。因此，有氧能力训练是整个训练过程中的重要组成部分，在训练安排过程中始终坚持以有氧耐力训练为基础，在发展有氧耐力的同时逐步提升运动员的专项竞技能力。有氧耐力训练的目的是提高运动员机体吸收、输送和利用氧的能力，促进机体的新陈代谢。在评价有氧耐力指标的选择上，主要采用最大摄氧量来反映运动员的有氧能力。

不少学者认为，最大摄氧量是反映人体有氧耐力的重要指标之一，最大摄氧量的好坏决定了运动员有氧能力的高低，因此，最大摄氧量可以评价运动员阶段性有氧训练效果。影响最大摄氧量的因素有很多，主要包括运动员的年龄、性别、肌纤维类型、遗传、训练等。有研究指出，最大摄氧量受遗传因素的影响较大，在短时间内训练增长不大，因此，对最大摄氧量进行监控没有实际意义。但是国外学者戴维斯对耐力性项目运动员系统训练进行研究，结果表明，运动员的最大摄氧量可以提高25%，得出通过系统的有氧训练，运动员的最大摄氧量在一定限度上是可以提高的。这是因为，训练可以引起骨骼肌和心肌细胞中线粒体数量的增多，有利于肌细胞对氧的摄取，促使最大摄氧量增加。利用最大摄氧量来评价运动员阶段性有氧训练效果已经在体能类耐力项目中被广泛应用（图2-4-4）。

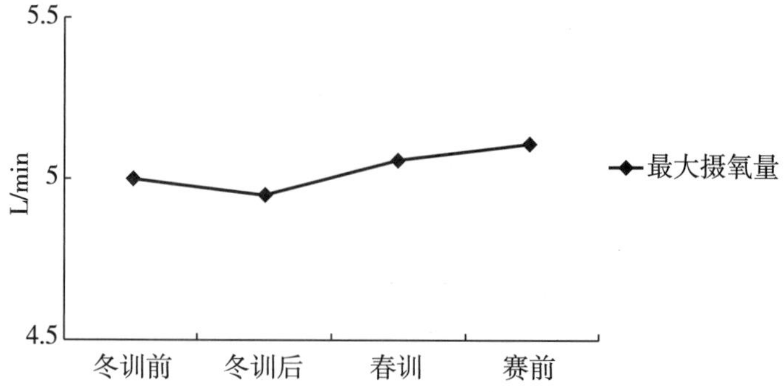

图2-4-4 运动员不同训练阶段最大摄氧量变化趋势

运动员不同训练阶段2000m测功仪成绩的监测结果与分析：皮划艇属于水上运动项目，受气候、环境、地域等因素的影响很大，因此，在皮划艇训练过程中，对训练的方法手段提出了很高的要求。特别是对北方地区的专业队来说，在北方冬季为结冰期，不利于运动员在水上进行训练，只能以陆上训练代替水上训练，而在训练过程中又不能彻底放弃运动员的专项技术练习，如何更好地在冬季发展运动员的专项能力成为一个亟须解决的问题。科研人员经过不断研究，发明了皮划艇测功仪，这标志着一种新的训练方法诞生了。测功仪训练可以发展运动员的专项能力，还可以在冬季代替水上训练。皮划艇测功仪作为一种训练手段已经被广泛应用于皮划艇训练中。而2000m测功仪成绩可以很好地反映皮划艇运动员的专项能力（表2-4-2）。

表2-4-2 运动员不同训练阶段2000m测功仪成绩（min:s）及心率（次/分）的监测结果

指标	冬训前	冬训后	春训后	赛前
2000 m测功仪成绩	7:15±0:06	6:50±0:08	6:36±0:14	6:32±0:06
平均心率	185.3±3.45	183.1±3.13	182.5±2.42	182.8±2.63

运动员在冬训前、冬训后、春训期间和比赛前4个时间点进行2000m测功仪成绩及心率测试。在整个训练周期中，通过运动员不同训练阶段2000m测功仪成绩及心率的变化趋势（图2-4-5）可以发现，运动员2000m测功仪成绩呈逐步上升的趋势，表明运动员的2000m测功仪成绩在不断提高。特别是在冬训阶段，测功仪训练作为代替水上训练发展运动员有氧能力的一种主要手段，运动员的2000m测功仪成绩提高幅度很大，这表明冬训阶段大运动量训练提高了运动员的专项能力。在春训阶段和赛前阶段，2000m测功仪成绩均有所提高，可能是由于随着大训练量的减小，身体机能处于相对较高的水平，表明运动员机能状态良好。整个训练周期中对运动员2000m测功仪成绩进行测试时发现，运动员的2000m成绩不同阶段都有不同幅度的增长，而运动员平均心率在每次测试中变化不大，甚至有所下降。这说明运动员在整个训练周期中运动能力提高，心肺功能增强，表明有氧训练具有一定的效果。

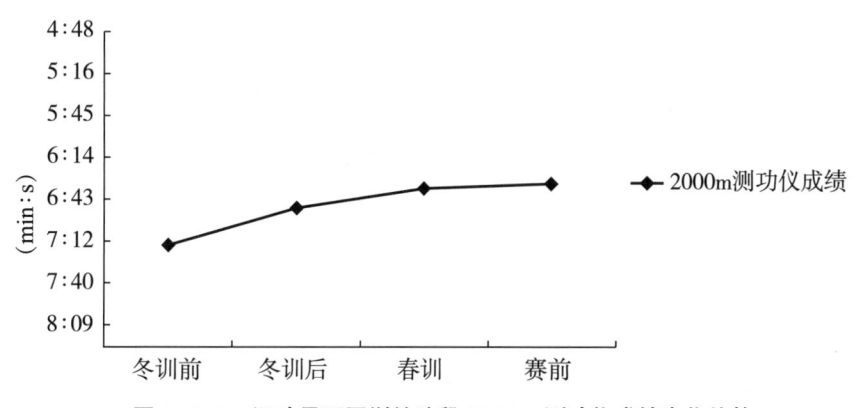

图2-4-5 运动员不同训练阶段2000m测功仪成绩变化趋势

5. 结论与建议

最大摄氧量在冬训阶段有所下降，可能是因为运动员在冬训阶段大训练量的积累，使身体状态出现了疲劳。在春训阶段和赛前阶段最大摄氧量均有所提高，但是增长幅度不大，可能是因为在这两个阶段运动员身体机能得到恢复，水上发展有氧能力的比例增加，使最大摄氧量提高，表明有氧耐力训练安排比较合理，有氧训练具有一定的效果。

2000m测功仪成绩在整个训练周期中出现不同程度的增长，而运动员在每次测试过程中的平均心率没有明显的变化，表明运动员的运动能力增强了，有氧耐力训练具有一定的效果。

（二）耐力训练监控在技能主导类同场对抗性项目中的应用

案例二　女子手球运动员无氧耐力的监控与评定

1. 监控目的

手球项目是无氧代谢和有氧代谢混合供能的运动项目。手球运动是一项集激烈的对抗性、动作的衔接性和密切的配合性于一体的球类运动，在对抗中有很多全力高速度、高爆发力的相持或冲撞阶段，时间可由几秒至几十秒不等，运动员基本上处于无氧代谢状态，因此，具有高水平的无氧代谢供能能力是优秀手球运动员的重要机能条件。本研究旨在通过测试女子手球运动员的无氧代谢能力，分析训练和比赛中如何通过提高女子手球运动员的速度耐力，提高运动员的攻防转换速度和快速跑动能力。

2. 监控对象

上海女子手球队运动员12人，均为女性。其中，国家级运动健将7名，一级运动员5名。专项训练年限4～10年；年龄为（20.3±2.5）岁；身高为（176.8±3.2）cm；体重为（67.8±4.6）kg。

3. 监控方法

实验分三个阶段。

第一阶段：在跟踪测试生化指标的基础上，选取12名运动员（中锋、边锋、左右后卫和守门员各2～3人）使用功率自行车测试安静及运动后血乳酸。采用瑞典产MONAK 839E功率自行车，负荷为体重×9.8×0.09（kg）。测试前让受试者做5～10 min的一般准备活动，准备活动要达到出汗为止，当心率恢复至100次/分时，可开始进行测试。在正式测试开始时，迅速由零阻力加到预定阻力，受试者以本人最快的速度蹬车，坚持到30 s结束。测试安静、运动后 3、5、7 min 指尖血乳酸。总结计算运动员的无氧代谢能力。

第二阶段：在运动训练中，通过遥测心率仪和血乳酸测试运动员实践中无氧功，以确定运动员的速度耐力水平。

第三阶段：2005 年 5—6 月，在实验室和训练结合后测得的无氧功指数吻合的情况下，通过纵向比较，由教练员通过耐乳酸训练和最大乳酸训练提高运动员的速度耐力。

4. 监控结果

无氧功率是代表运动员机体无氧代谢能力的主要指标。30s 最大能力持续运动的测试能清晰地表明运动员的绝对力量、速度耐力和耐力力量水平。运动时最大做功的功率越大，表明肢体在短时间内产生高机械功率的能力越强，即爆发力越大；无氧功率下降率越低，血乳酸增值越高，表明肌肉维持高功率的耐力越强，即速度耐力越强。

实验室无氧功测试：糖酵解代谢能力的测定一般通过 30～90s 的最大能力持续运动实验来完成。基本评价标准：运动时最大做功的功率越大，表明肢体在短时间内产生高机械功率的能力越强，即爆发力越大；运动时平均功率越大，血乳酸值越高，表明糖酵解代谢供能能力越强，即速度耐力越强。表 2-4-3 和图 2-4-6 反映了运动员的无氧供能水平。与苏全生研究的女子手球运动员无氧能力相比，无氧功峰值（539W）和均值（415W）都明显低于国家队运动员的无氧功峰值（639.1W）和均值（472.1W），但其疲劳下降度（39.2）稍低于国家队运动员（44.6）。这反映出上海队运动员无氧耐力水平较低，提示教练在训练时要加强乳酸耐受能力训练，这也和比赛中运动员快攻能力和全场攻防能力都表现不足相吻合。

表 2-4-3　本研究女子手球运动员 30 s 无氧功测试各指标统计

序号	位置	P_{max}/W	$P_{max-time}$/s	AP/W	PD/%	速度 /rpm	$C_{max-time}$/s
1	守门员	539.5	10	398	37.8	103	14
2	底线	489.0	25	389	21.0	132	15
3	边锋	553.0	16	414	39.4	94	13
4	底线	565.0	17	412	25.8	113	14
5	边锋	560.0	12	420	43.2	121	15
6	中锋	562.0	8	423	42.0	95	8
7	守门员	583.0	11	435	35.0	119	8
8	中锋	521.0	16	411	40.6	125	12
9	边锋	565.0	17	452	31.5	112	17
10	底线	435.0	8	381	66.7	95	7

（续表）

序号	位置	P_{max}/W	$P_{max-time}$/s	AP/W	PD/%	速度/rpm	$C_{max-time}$/s
11	中锋	578.0	13	434	44.8	128	12
12	守门员	532.0	19	400	33.0	108	17

注：P_{max}：峰值功率；$P_{max-time}$：峰值功率出现时间；AP：平均功率；PD：功率衰减率；$C_{max-time}$：最大踏频出现时间。

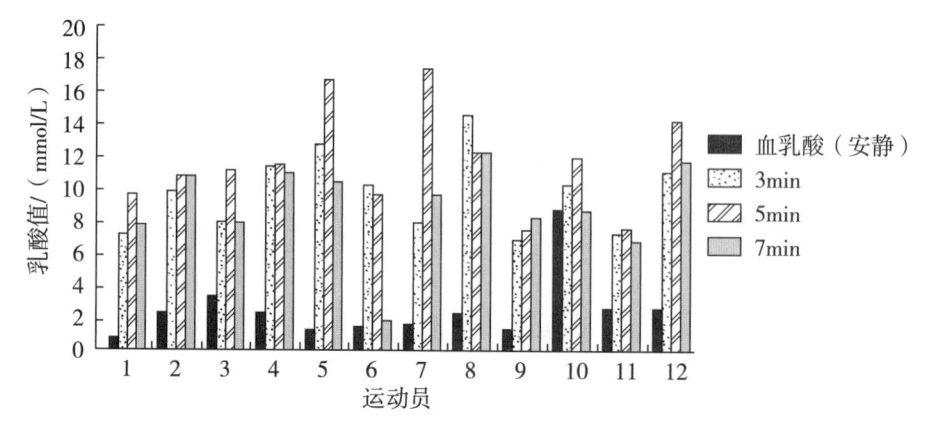

图 2-4-6　12 名运动员实验室无氧功测试乳酸值直方图

据各数值均值和标准差分档，然后针对个人场上位置分析其特点，具体如下。

①手球项目对守门员的要求很高，因为手球场地较小，攻防转换速度快，守门员需要长时间保持紧张状态以不断做出瞬间动作，本实验中 7 号守门员（主力）的无氧功峰值高，下降率较低，运动后 5min 乳酸达到 18.2mmol/L，为另两位替补守门员的无氧耐力训练也提供了参照依据。

②底线是手球场上最特殊的位置，无论进攻还是防守都要背对球门，凭借球感、意识、经验在最短的时间内遏制对方进攻或者帮助本方破门得分。底线是全场最累的位置，需根据不同的场上变化做出相应的调整，积极配合外围或者边锋甚至守门员发起的作战号令，因此，对无氧能力要求也较高。本实验中 3 名底线运动员，4 号峰值功率、平均功率最大，且功率下降速率较低，提示无氧耐力水平较高，但他到最大功率的时间为 17s，说明启动不够快。2 号和 10 号底线最大功率和平均功率都较差，因此功率下降速率低的指标忽略不计，两人的爆发力和无氧耐力均较差。

③边锋运动员在场上活动范围小，射门角度局限。本实验中 9 号边锋运动员峰值功率、平均功率较大，功率下降速率较低，到最大功率时间也较长，说明启动不够快。3 号和 5 号边锋运动员峰值功率尚可，但平均功率和功率下降速率值较差，说明无氧耐力较差；且 3 号到最大功率的时间较长，提示该运动员启动速度较慢。

④6号和11号2名中锋运动员峰值功率、平均功率较大,功率下降速度较慢,运动后血乳酸值低,说明耐受乳酸能力较差。这和平时场上表现出的攻守很不平衡,能攻但不善于防守,原地等防多、上顶主动攻击少或上顶后连续防守差,控制防守区域小相符合。

由图2-4-7可以得出结论,无氧功和心率的相关系数为0.746,两者呈正相关,我们可以通过心率来控制运动员的最大乳酸训练和耐乳酸训练,以达到峰值心率为评价标准,同时监测运动后心率以监控其恢复状态。

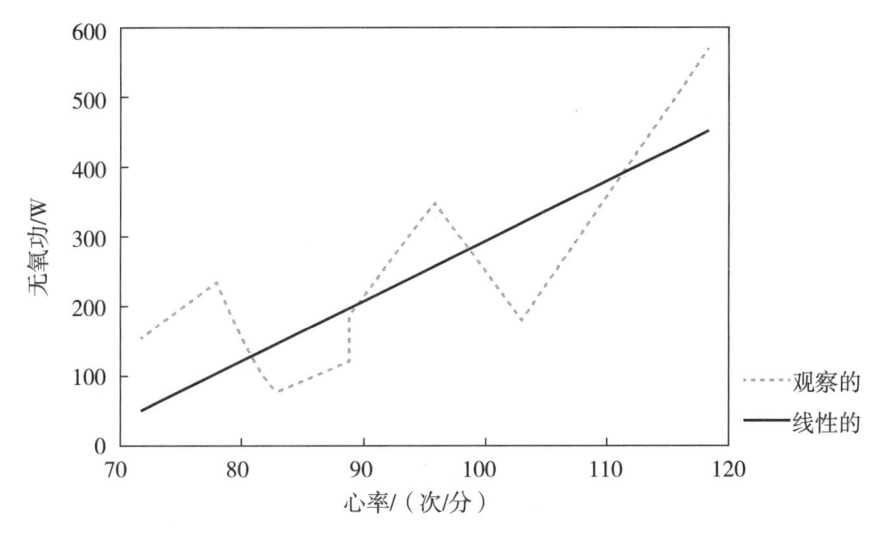

图2-4-7 无氧功和心率的相关性曲线图

5. 运动训练中监测和提高乳酸耐受能力

结合手球专项特点,根据国家体育总局手球项目运动员身体素质测验要求,本研究选用运动员测试20m×6的折返跑,测定心率及安静和运动后3、5、7min的血乳酸,以模仿实际比赛中手球运动员的无氧耐力状况和作为速度耐力专项训练后成绩的衡量标准。根据表2-4-4中列出的心率和血乳酸值,运动员在运动后3min乳酸达到最高值,而运动后即刻的心率最高,为160次/分。结合无氧功测试指标和分析,对血乳酸测试指标低于均值且结合实验室测试无氧功率下降率及恢复速率较慢者,建议教练予以乳酸耐受能力训练以提高脚下移动速率;对血乳酸测试指标低于均值且最大功率低于均值者,建议予以最大乳酸训练以提高快速灵敏能力。例如,大量采用3对3、4对4的高强度攻防练习以不断提高血乳酸堆积的起始点是促进、发展糖酵解能力的较好训练方法之一。把监控无氧耐力运动后即刻心率的较好标准根据运动员的适应能力,设定在160~180次/分。

表 2-4-4　运动员 20 m×6 折返跑的心率和血乳酸对照一览表

数值	心率/（次/分）			血乳酸/（mmol/L）		
	即刻	运动后 3 min	运动后 5 min	运动后 3 min	运动后 5 min	运动后 7 min
最高值	160	108	97	14.2	10.4	8.4
最低值	137	98	92	4.0	10.0	4.0
$\bar{X} \pm SD$	151.0 ± 13.38	105.0 ± 4.23	94.0 ± 1.52	10.8 ± 3.21	8.0 ± 2.03	6.9 ± 1.42

经过近3个月的速度耐力训练后，大部分的运动员跑速和30s折返跑的成绩都有提高，有的运动员20m×6折返跑的成绩甚至提高了1s。

6. 结论与建议

在以往的球类项目研究中，关于手球运动员无氧代谢能力的研究很少。本案例根据运动员各自无氧代谢的特点进行分析，并结合手球实际情况进行个性化无氧耐力训练，把无氧功和心率联系起来以控制训练的强度，为教练员进行专项素质训练提供指导，从而提高运动员在比赛中的身体素质。经过一系列的对抗力量、急速启动能力、往返能力等专项素质能力的训练，运动员整体实力明显增强。专项能力的提高首先表现在防守上，在中华人民共和国第十届运动会的整个7场比赛中，上海队平均防守成功率57%，比2004年全国锦标赛提高了2%，特别是对防守强队安徽队的比赛，双方防守成功率是54%比53%，进攻成功率为47%比46%，上海队比安徽队高出了1%，这在近两年的比赛中是个突破。在比赛中我们还看到，运动员们保持高速奔跑的时间延长、速度耐力提高，这与重视速度和无氧耐力的训练有密切关系。

第五节　对体能训练监控的思考

虽然目前已有不少研究对体能训练监控的部分问题进行了探讨和攻关，但该领域仍存在一些关键难题，这可能是影响我国运动员竞技表现的关键要素，亦是未来相关研究的要点。同时，人工智能、机器学习等技术的不断涌现，可以为解决体能训练监控的诸多难题提供新的思路。

一、对速度训练水平监控的反思

（一）对位移速度监控的反思

目前，对于位移速度的测量已有较为成熟的手段，但是，测量所得的数据并不能直接应用于训练计划的调控,比如,在短跑或者游泳等速度类项目中,使用激光、雷达、惯性传感器(IMU)等设备对运动员速度进行监测已不成问题,但是基于得出的数据,该增加还是减少训练负荷,还是凭借教练员的经验来把控,尚无定论。也就是说,在位移速度训练监控领域,对于监测研究的发展已经超前于对于控制的发展。或者说,监测所得的速度类数据需要与运动员其他方面能力的数据、状态等综合考虑。

(二)对动作速度监控的反思

动作速度本身就寓于技术动作当中,这种技术动作可能是一套连续的动作,也可能是重复的周期性动作。对动作速度的监控需要考虑其他因素的影响,在一次连续的动作中,比如在铅球项目中,出手的动作速度应与出手速度、出手角度甚至两脚站位进行综合分析。而在连续的周期性动作中,则需要考虑神经和身体的疲劳对动作速度的影响。

(三)对反应速度监控的反思

目前,运动员反应速度监控在短跑、跨栏跑等周期性运动项目的起跑中应用较为成熟,但是,对于篮球、足球等非周期性项目而言,不仅需要较快的简单反应速度,当面对各种复杂情境时,还需要复杂反应速度。复杂反应能力较低无疑成为限制运动员竞技表现的重要因素之一。现有设备仅能简单地判定周期性运动项目运动员的反应速度,尚不能满足非周期性项目的监控需求。

由于反应速度快慢更多涉及人体神经系统的能力,而单纯对神经反应的时间进行测量较难或不适用于训练监控,所以当前测量反应时的方法中往往还涉及动作时,有研究表明,反应时和动作速度呈低度负相关关系,说明反应速度和动作速度测量不能互相替代。故在反应速度测量的方案中增加动作速度的测量指标,可以更客观准确地评价身体素质水平。

运动员的起跑反应时在监测系统中是运动员蹬力达到系统设定的压力阈值所需时间,并不单纯是从运动员听到枪声到开始做起跑动作之前神经传导的实际反应时间,还包含运动员蹬踏起跑器,并使其蹬踏力量达到系统预设的压力阈值所需时间。监测系统所设定的压力阈值是一个固定值,但运动员的后蹬能力是一个变化值,由于运动员的能力存在个体差异,因此不同级别的运动员在反应动作时上具有显著差异,后蹬力量大、爆发力强的运动员反应动作时相对较短。对于短跑这项运动来说,后蹬力量大、爆发力强是运动员取得优异成绩的重要因素。但后蹬力量大、爆发力强也意味着在起跑时刻,运动员会更快地达到系统所设定的压力阈值,起跑反应时会缩短。在田径竞赛规则中,起跑反应时限 100 ms 是一个固定值,后蹬力量大造成起跑反应时缩短,爆发力强的运动员更容易因起跑反应时超限而犯规。

二、对耐力训练水平监控的反思

（一）可穿戴监控设备应用场景局限，准确性有待提高

近年来，智能心率监测背心等可穿戴设备已被运用于运动员耐力训练水平监控，大大提高了耐力训练水平监控的实时性，但是，这种监控往往仅用于课题研究，在专项训练现场运用较少。此外，穿戴监控设备主要监控的是心率，虽也可反馈耐力训练水平的情况，但其具有可操作和欺骗性，远没有采集运动员生理生化指标进行分析精准，也不如肌电图和心电图的数据可靠、直观及实时的监测把控性高。

（二）监控指标过多依赖于生理生化指标，监控效率有限

当前国内对于耐力训练水平的监控还依靠于心率、血乳酸等生理生化指标的生物学监控，这些指标虽可准确判断运动员机体对耐力训练的反应和适应程度，以及反映耐力训练水平的变化，但存在一定的延时性，且由于运动员存在个体差异，不能在训练现场及时调整训练负荷。因此，开发与可穿戴设备一体化的耐力训练监测系统势在必行。

（三）研究对象多聚焦于体能主导类项目，对于其他项群研究关注不够

耐力训练水平监控研究多为体能主导类中的耐力性项目（中长距离走、跑），而技能主导类（体操）和技心能主导类（台球、射箭）项目极少。我们认为，耐力素质在不同的竞技项目中有着不同的作用，无论哪类项目，对耐力水平提高的需求应是相同的。对于持续时间较长的长距离项目，耐力训练水平监控有助于提高专项竞技能力；而对于持续时间较短、技术性高的运动项目，耐力训练水平监控有助于训练时适应和承受不断加大的训练负荷，提高训练质量和效果，更好地适应专项项目发展的需要。因此，未来除需加强体能主导类中的耐力性项目监控以外，还应跟进对技能主导类和技心能主导类项目专项耐力训练水平监控的研究。

三、对体能数字化监控的反思

（一）体能训练的数字化相对落后

随着卫星定位、人工智能、视频识别、云计算等高科技技术的发展，运动员多维度训练数据的采集、管理、综合分析和应用将越来越便捷，将逐步实现对运动员长期训练负荷适应、竞技状态、运动损伤风险等的预测和监控，同时将速度训练、力量训练、耐

力训练设备与数字化跑道、数字化球场等进行"联网",形成综合的数字化训练系统。这将是力量训练监控发展的趋势。

(二)体能训练监测系统的应用面较窄

由于体能训练的数字化监控设备价格昂贵,速度训练、力量训练和耐力训练的监测系统只在国家队、科研机构配备使用,各省、市级运动队教练员对运动员力量训练的监控仍然处于"主观经验"阶段,没有先进的设备和定量的指标辅助教练员制订体能训练计划。

(三)专项体能监控设备亟待研制

目前,一般力量监测设备较齐全,但专项力量监测设备相对较少,尤其是非周期性运动项目专项力量监测设备研发相当滞后,能用于专项力量监控实践的设备亟待研制。在耐力训练水平监测方面,对于一般耐力的监测系统相对完善,监测指标和监测设备能够满足研究需要,但是,专项耐力监测系统相对较少,监测指标有待完善,监测设备开发不足,尤其是可穿戴设备比较紧缺。

讨论与思考

1. 如何实现专项体能训练的数字化监控?
2. 怎样构建功能性体能训练监控体系?
3. 如何开发和研制集训练学和生物学于一体的可穿戴体能训练监控体系?

推荐阅读

1. 苑廷刚,陈骐,王国杰,等.科技助力国家田径队智能化训练场馆建设需求和功能设计研究[J].北京体育大学学报,2020,43(7):105-115。

2. Secomb J L, Nimphius S, Farley O R, et al.Relationships between lower-body muscle structure, lower-body strength, explosiveness and eccentric leg stiffness in adolescent athletes [J].J Sports Sci Med, 2015, 14(4):691-697.

3. 苑廷刚,王国杰,郑富强,等.我国优秀女子铅球运动员竞技能力状态的综合监测和研究[J].北京体育大学学报,2017(9):96-104.

4. 郑湘平,肖紫仪,聂应军.中国10~11岁优秀女子体操运动员力量素质训练水平评价与诊断研究[J].成都体育学院学报,2020,46(1):7.

5. 王耀东,杨卓,刘树明,等.中国自由式滑雪U型场地运动员体能训练年度计划制定的诊断及评价研究[J].北京体育大学学报,2019(3):12.

6.高平,段兴亮,周梅,等.我国优秀皮划艇激流回旋运动员体能诊断与训练对策研究[J].武汉体育学院学报,2021,55(1):95-100.

7.Weakley J J S, Till K, Read D B, et al.Jump training in rugby union players : barbell or hexagonal bar？[J].J Strength Cond Res, 2021, 35(3): 754-761.

8.Macdermid P W, Pearce T, Foskett A.The use of a running power-meter for performance analysis in five-a-side football[J].Gait Posture, 2021, 83: 35-43.

9.彭秋艳,苏炳添,章碧玉,等.优秀短跑运动员苏炳添阻力跑和助力跑训练研究[J].体育科学,2021,41(12):62-68.

第三章 运动技能训练监控

运动技能训练监控的过程是一个综合的科学研究过程，有其自身内在的规律。研究人员必须在熟悉项目特点、拥有测量手段、掌握力学原理的情况下才能够进行科学的运动技能诊断，发现运动技能中存在的问题，找到制约运动成绩提高的"症结"所在，实事求是、因人而异地制订科学的技能训练方案，最终促进运动员动作技能的改进与提高。同时，运动技能训练监控可以揭示运动技能的生物力学原理，为建立具体项目的专家技能诊断系统提供基础素材。

第一节 运动技能训练监控概述

本节重点从运动技能训练监控的释义、运动技能训练监控的作用和运动技能训练监控的分类3个方面对运动技能训练监控进行概述。

一、运动技能训练监控的释义

运动技能训练监控是将运动生物力学、运动医学等学科的理论和方法应用于训练过程中，以运动员的技术动作为控制对象，以科研人员为施控者，运用综合的方法和手段，对运动技能训练过程进行测量和评价，并将测评结果及时反馈给教练员，教练员根据测评结果调整训练计划，从而最大限度地提高运动技能训练效果的过程。

二、运动技能训练监控的作用

使用运动技能训练监控方法对各运动项目运动员的专项运动技能进行定性和定量诊断，对教练员解析运动员的运动技术特点、改进运动员的关键技能、加快运动技术创新、调整重大比赛的赛前技能状态和预防运动损伤都有重要作用和积极意义。

1. 解析运动员的运动技术特点

技术规范不仅是一种理想的动作模式,也是将许多优秀运动员的共同特征集中起来的最有代表性的描述。在一个特定的时间中,某一名运动员不可能同时具备所有技术规范。因此,技术规范只能为运动技能训练提供一些准则,为训练指明基本方向,而不能深入每名运动员的技术细节中去。德国运动训练学家曼·葛欧瑟曾指出,"每个人的技术动作与理想的动作模式都有偏差,这是正常的,因为每个人都有自己的个性和特点。技能训练的目的在于使运动员近似地达到理想动作模式,同时还要保持个人的风格和特点。"我国学者也曾指出,在技能训练中,除必须按技术规范进行的练习外,还应注重培养运动员的个人特点。因此,系统解析运动员的个体技术特点,是有针对性地进行专项化技术训练的关键,对运动员专项能力培养、运动信心提升有重要意义。

2. 改进运动员的关键技能

在各专项运动技能训练中,采用监测设备对技能训练情况进行测量与评价。例如,在乒乓球项目中,使用高速摄像、运动生物力学分析系统(ariel performance anulysis system,APAS)等,对优秀运动员训练中的基本技术动作进行测试与诊断,得到乒乓球进攻过程中手臂关节的坐标、位移、速度、角速度等力学参数,可为教练员调控乒乓球运动员的技能训练提供微观的科学参考依据。在田径项目中,使用视频图像快速分析反馈和专项力量训练仪器,可诊断出优秀女子铅球运动员的出手速度和出手角度同世界级优秀女子铅球运动员之间的差距,并在训练中提出改善我国女子铅球运动员出手速度和出手角度的方案,进而提高专项运动能力。对手枪运动员在射击过程中持枪臂主要肌群进行表面肌电测试,得出各主要肌群在据枪、瞄准和击发过程中的用力特征,可对手枪运动员技术的一致性和稳定性进行监测和诊断,为提高运动员的技能训练质量提供监控依据。

3. 加快运动技术创新

运动技术创新是运动技能发展的重要形式,具有巨大的实践价值。如果说运动技术的渐进式发展是在较长的历史进程中完成的,体现着运动技术发展的连续性,那么,以创新为核心的跃迁式发展则更富有阶段性特征,即在某个特定历史时期,运动技能的整体水平得以跃迁式大幅度提高。新技能的出现或使某个项目的对抗更趋激烈,或使某个项目比赛中的难度增加,变得更加绚丽多彩。此外,运动技能创新往往会引起整个运动技能体系的震荡,破坏原有的运动技能结构,建立新的运动技能模型,使运动技能在较短的时期内得到长足的发展。需要注意的是,若想对运动技能完成创新,首先要明确运动员现有的技能特征，充分了解运动员的技能发展规律。这就需要使用运动解析设备对运动员现有的专项技能进行全面监测、诊断和分析，并对新技能的训练效果进行实时反馈。

4.调整重大比赛的赛前技能状态

对于竞赛经验较少的青少年运动员而言，其运动技能受比赛环境影响很大，他们往往由于紧张、焦虑等心理因素，而无法发挥正常的技能水平。所以，运用高速摄像或动作捕捉系统、测力平台等设备对重大比赛前运动员的运动技能进行监控尤为重要，这不仅可以更深入地了解运动员赛前的技能变化规律，制订更为合理有效且区别于日常训练的技能训练方案，还可以逐渐克服心理因素对运动技能的不良影响，对获取更高的比赛成绩具有重要作用。

5.预防运动损伤

竞技体育中，由于专项运动技术不规范经常会造成运动损伤，而运动技能训练监控的一个重要任务就是要预防运动损伤，这一任务甚至比提高运动成绩更加重要。例如，网球、棒球运动员由于不恰当的击球技术（如在偏离打击中心的位置击球、握拍过紧等）会造成腕部、肘部损伤；跨栏运动员和跑步运动员由于技术不当会引起股后肌群撕裂；体操运动员由于跳马推手技术不当会造成落地时的踝膝关节损伤、头颈部损伤等。因此，对运动员运动技能进行诊断和分析，对原有的错误技术动作加以改进，可以有效避免运动损伤的发生。

三、运动技能训练监控的分类

运动技能训练监控，可分为基于监控手段、基于分析层次、基于监控重点3类（图3-1-1）。

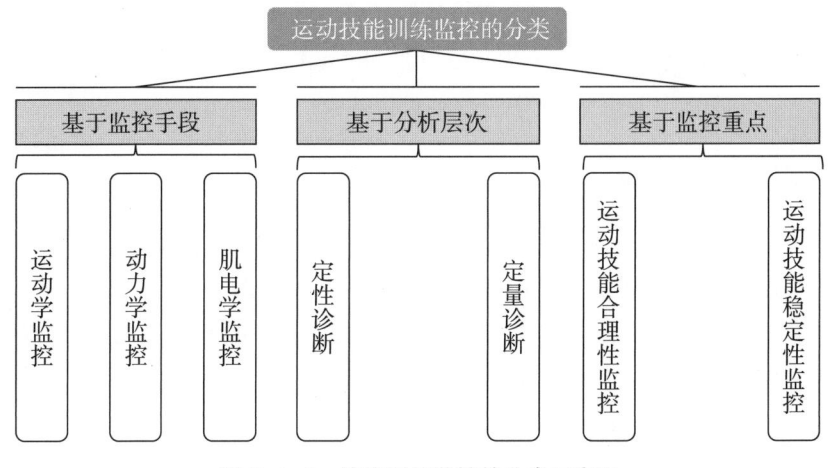

图 3-1-1　技能训练监控的分类示意图

（一）基于监控手段分类

1. 运动学监控

运动学是揭示人体运动特征的科学，从空间和时间的角度来研究运动，不考虑引起运动的作用力。运动学的变量包括线（角）位移、线（角）速度、线（角）加速度，其数据来自解剖学标志点的坐标，包括身体各环节的重心、关节转动中心、肢体关节的末端和重要的解剖学突出点，主要描述物体移动的快慢、高低、远近。通过研究线运动学和角运动学，我们可以进一步理解人体运动的快慢和轨迹。

2. 动力学监控

虽然从运动学角度描述运动技能特点十分关键，但是人们若想完全理解某一运动技能就必须探究其动力学。力包括内力和外力，内力来自肌肉活动或者肌肉和关节的摩擦力，外力则来自地面或者外加负荷。为了获取上述动力学数据，典型的测量设备有三维测力台、足底压力平台、足底压力鞋垫、各种力传感器等，它们可为教练员和研究者提供更有价值的信息。例如，运动是如何产生的，姿势是如何维持的，同时揭示人体各关节的强弱及合理的发力姿势。

3. 肌电学监控

肌电学的核心领域是研究肌肉的激活特征及其在运动中的运用。目前为止，肌电图是获取运动技能相关肌肉信息的主要技术，典型的肌电学测量设备是多通道无线遥测肌电仪，它可以提供运动技能训练中不同类型肌肉纤维的募集信息，监测肌肉激活的时序及肌肉是否处于疲劳状态。

（二）基于分析层次分类

1. 定性诊断

对运动技能训练的监控仅是用观察者的感觉进行评价，该监控方式就是定性诊断。虽然定性诊断以直接视觉观察或录像为基础，但这并不意味着这种诊断在本质上是无组织、模糊和随意的。实际上，定性诊断需要掌握丰富的生物力学原理并具备系统的知识。教练员在指导训练中经常使用定性监控，通过观察运动员的运动表现并主观描述其力学特征，对错误动作进行反馈并及时纠正。

2. 定量诊断

定量诊断建立在 s、m/s、°/s 等数据的基础之上，可对运动技能进行量化评估。由于对运动技能的定量诊断需要专用的设备仪器，因此该方法的运用仅局限于优秀运动员，且由专业的运动生物力学工作者完成。其中通过影像解析可以测定位置和时间信息，此类数据可以进一步推算诸如位移、速度、加速度等运动学参数。速度测量设备可以对瞬时速度进行快速捕捉，加速度计可以计算某一技术动作引起的能量消耗，测力平台和力传感器可以测量外力。随着运动成绩的提高，错误动作与标准动作的差距逐渐缩小，运动技能存在的问题也更难以发觉，这就更需要对运动技能进行定量监控，对细微问题进行深入调查。

（三）基于监控重点分类

1. 运动技能合理性监控

运动技能遵循一定的生物力学规律，合理的运动技能常常可以节省体能，更好地发挥自身优势。如篮球投篮时，适当的屈髋可以增加力的传导效率；足球长传球时，近端关节带动远端关节发力可以提高传球速度和远度。因此，对于运动技能的监控需要综合运动学、动力学、肌电学等方面的信息，全面评估运动技能的合理性，从而提高运动技能的经济性。

2. 运动技能稳定性监控

稳定性对任何运动技能都是十分重要的，运动员常会参加各种不同水平的竞赛，比赛中的观众、裁判员、对手、自身情绪均会对运动技能造成影响，因此运动技能的稳定性成为运动训练监控的重要领域。只有保证运动员有稳定的技能发挥，运动成绩才能有质的提升。

第二节　运动技能训练监控指标体系

虽然运动技能训练监控分为基于监控手段、基于分析层次、基于监控重点三大类，但是在运动训练实践中，对运动员的技能监控主要还是基于分析层次，因此将运动技能监控分为定性监控与定量监控。其中，定性监控主要针对的是技能主导类表现难美性项群，定量监控主要针对的是体能主导类速度性项群、体能主导类速度力量性项群、技能主导类同场对抗性项群、技战能主导类隔网对抗性项群、技能主导类表现准确性项群等

（表 3-2-1）。

表 3-2-1　技能训练监控的指标体系

监控性质	运动项群
定性监控	技能主导类表现难美性项群（如艺术体操、竞技健美操和蹦床等）
定量监控	体能主导类速度性项群（如短跑、110m 栏等）
	体能主导类快速力量性项群（如跳远、跳高等）
	技战能主导类同场对抗性项群（如手球、足球、篮球、曲棍球等）
	技战能主导类隔网对抗性项群（如乒乓球等）
	技心能主导类表现准确性项群（如射击、高尔夫等）

一、定性监控指标体系

运动员技能定性监控的运动项目主要包括竞技健美操、蹦床、艺术体操等（图 3-2-1），这些运动项目的专项运动技能监控主要采用教练员或裁判员打分的形式进行监测和评价。

图 3-2-1　整体技能评定指标体系

二、定量监控指标体系

运动员技能定量监控的运动项目主要包括短跑、110m 栏、跳远、跳高、手球、足球、篮球、曲棍球、乒乓球、射击、高尔夫等。

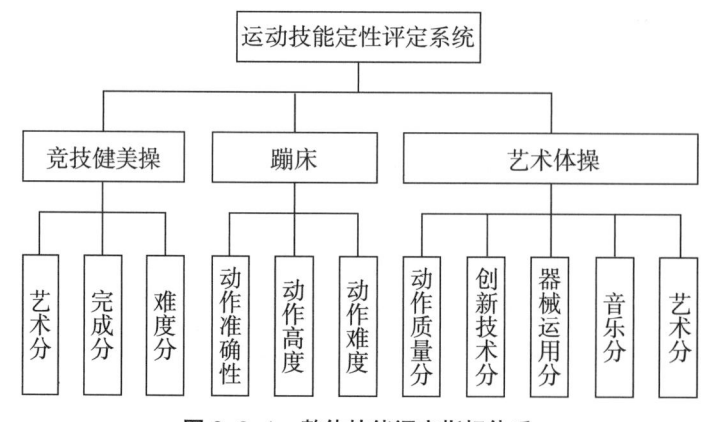

1.整体技能评定指标体系

整体技能评定指标体系如图 3-2-2 所示。

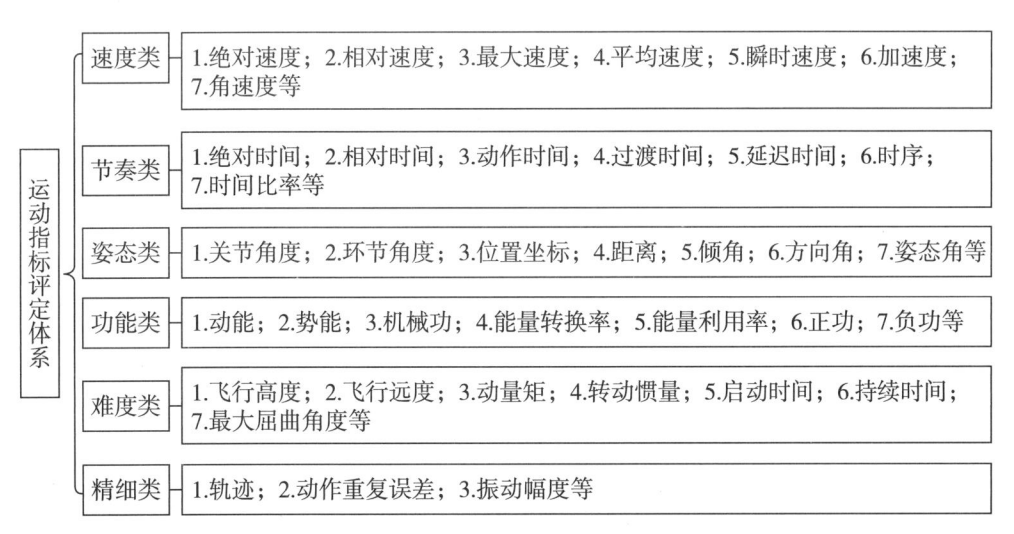

```
                  ┌─ 速度类 ── 1.绝对速度；2.相对速度；3.最大速度；4.平均速度；5.瞬时速度；6.加速度；
                  │            7.角速度等
                  │
                  ├─ 节奏类 ── 1.绝对时间；2.相对时间；3.动作时间；4.过渡时间；5.延迟时间；6.时序；
运动指标            │            7.时间比率等
评定体系     ─────┤
                  ├─ 姿态类 ── 1.关节角度；2.环节角度；3.位置坐标；4.距离；5.倾角；6.方向角；7.姿态角等
                  │
                  ├─ 功能类 ── 1.动能；2.势能；3.机械功；4.能量转换率；5.能量利用率；6.正功；7.负功等
                  │
                  ├─ 难度类 ── 1.飞行高度；2.飞行远度；3.动量矩；4.转动惯量；5.启动时间；6.持续时间；
                  │            7.最大屈曲角度等
                  │
                  └─ 精细类 ── 1.轨迹；2.动作重复误差；3.振动幅度等
```

图 3-2-2 整体技能评定指标体系

2. 跑步运动员技能评定指标体系

跑步运动员技能评定指标体系如图 3-2-3 所示。

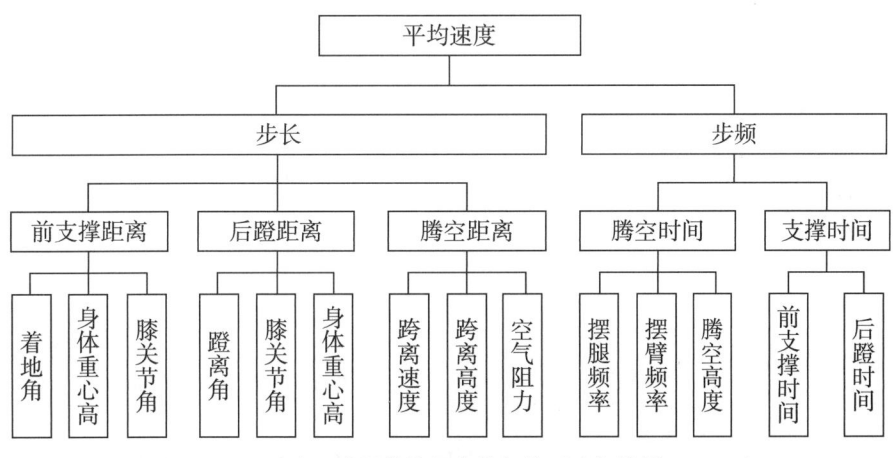

```
                        平均速度
            ┌──────────────┴──────────────┐
           步长                          步频
     ┌──────┼──────┐              ┌──────┴──────┐
  前支撑  后蹬   腾空            腾空时间      支撑时间
  距离    距离   距离         ┌─────┼─────┐    ┌────┴────┐
┌──┼──┐ ┌──┼──┐ ┌──┼──┐    摆腿  摆臂  腾空   前支撑   后蹬
着 身 膝 蹬 膝 身 跨 跨 空    频率  频率  高度   时间     时间
地 体 关 离 关 体 离 离 气
角 重 节 角 节 重 速 高 阻
   心 角    角 心 度 度 力
   高       高
```

图 3-2-3 跑步运动员技能评定指标体系（赵焕彬，2007）

3. 110m 栏运动员技能评定指标体系

110m 栏运动员技能评定指标体系如图 3-2-4 所示。

```
              110m 栏运动员技能评定指标体系
    ┌─────────────────┬─────────────────┐
 起跨距离    起跨角度    下栏着地距离    着地角

 躯干前倾角    重心升高值    摆动腿下栏着地支撑时间
```

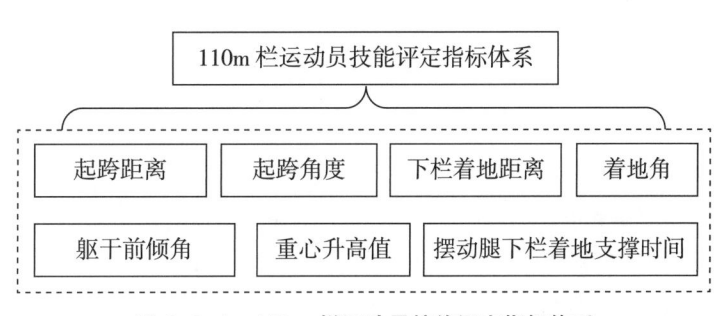

图 3-2-4 110m 栏运动员技能评定指标体系

4. 跳远运动员技能评价评分表

跳运动员技能评价评分如表 3-2-2 所示。

表 3-2-2 跳远运动员技能评价评分

技术指标	均值	分数 5	4	3	2	1	0
倒 1 步蹬离角 /(°)	55.54	±1.43	±2.86	±4.29	±5.27	±7.14	>7.14，<−7.14
倒 1 步着地时刻支撑腿髋角 /(°)	127.25	±2.53	±5.07	±7.60	±10.13	±12.67	>12.67
倒 1 步蹬离时刻支撑腿髋角 /(°)	214.25	±3.35	±6.70	±10.04	±13.38	±16.73	>16.73
倒 1 步着地时刻支撑腿膝角 /(°)	140.75	±1.67	±3.34	±5.01	±6.68	±8.35	>8.35，<−8.35
倒 1 步最大缓冲时刻支撑腿膝角 /(°)	125.03	±1.34	±2.68	±4.01	±5.35	±6.69	>6.69，<−6.69
倒 1 步步长 /m	2.21	±0.034	±0.068	±0.102	±0.136	±0.17	>0.17，<0.17
倒 2 步步长 /m	2.37	10.03	±0.05	±0.08	±0.10	±0.13	>0.13，<−0.13
倒 1 步步频 /(step/s)	4.42	±0.07	±0.14	±0.21	±0.27	±0.34	>0.34，<−0.34
倒 1 步支撑时间 /s	0.14	0.14	—	—	0.16	—	>0.16
倒 2 步步频 /(step/s)	4.16	±0.06	±0.11	±0.16	±0.23	±0.28	>0.28，<−0.28
倒 3 步身体重心水平速度 /(m/s)	10.28	±0.07	±0.15	±0.22	±0.30	±0.37	>0.37，<−0.37
倒 1 步着地角 /(°)	73.62	±2.00	±4.01	±6.01	±8.02	±10.02	>10.02，<−10.02
倒 2 步身体重心水平速度 /(m/s)	10.15	±0.09	±0.18	±0.26	±0.35	±0.44	>0.44，<−0.44
倒 1 步身体重心水平速度 /(m/s)	9.92	±0.06	±0.12	±0.19	±0.25	±0.31	>0.31，<−0.31
最大缓冲时刻起跳腿膝角 /(°)	143.12	±1.45	±3.00	±4.35	±5.80	±7.25	>7.25，<−7.25
着板时刻起跳腿髋角 /(°)	136.85	±1.72	±3.43	±5.15	−6.86	±8.58	>8.58<−8.58
腾起时刻身体重心腾起角 /(°)	20.12	±0.77	±1.54	±2.32	±3.10	±3.87	>3.87，<−3.87
起跳腿蹬离角 /(°)	74.62	±3.26	±6.52	±9.77	±13.03	±16.29	>16.29，<−16.29
着板时刻起跳腿膝角 /(°)	155.78	±2.15	±4.30	±6.45	±8.60	±10.75	>10.75，<−10.75
腾起时刻起跳腿膝角 /(°)	172.42	±1.06	±2.12	±3.19	±4.25	±5.31	>5.31，<−5.31

（续表）

技术指标	均值	分数 5	4	3	2	1	0
腾起时刻身体重心垂直速度/（m/s）	3.76	±0.09	±0.17	±0.26	±0.34	±0.43	>0.43，<-0.43
最大缓冲至腾起时刻膝关节蹬伸角速度/（rad/s）	612.83	±11.27	±22.54	±33.82	±45.09	±56.36	>56.36，<-56.36
起跳过程摆动腿角速度/（rad/s）	736.95	±13.89	±27.79	±41.68	±55.58	±69.47	>69.47，<-69.47
着板至最大缓冲时刻膝关节缓冲角速度/（rad/s）	456.41	±2.40	±4.79	±7.19	±9.58	±11.98	>11.98，<-11.98
起跳腿着板角/（°）	65.62	±1.02	±2.04	±3.05	±4.07	±5.09	>5.09，<-5.09
起跳腿最大缓冲时刻身体重心水平速度/（m/s）	9.33	±0.06	±0.13	±0.19	±0.26	±0.32	>0.32，<-0.32
腾起时刻身体重心水平速度/（m/s）	9.24	±0.14	±0.28	±0.40	±0.54	±0.67	>0.67，<-0.67
着板时刻身体重心水平速度/（m/s）	9.58	±0.10	±0.20	±0.29	±0.39	±0.49	>0.49，<-0.49
起跳腿蹬伸时间/s	0.048	0.04	—	—	0.06	—	>0.06
起跳腿缓冲时间/s	0.071	0.06	—	—	0.08	—	>0.08

引自：靳强．跳远运动员技术训练的运动学监控研究［D］．北京：北京体育大学，2015．

5.跳高运动员技能评定指标体系

跳高运动员技能评定指标体系如图3-2-5所示。

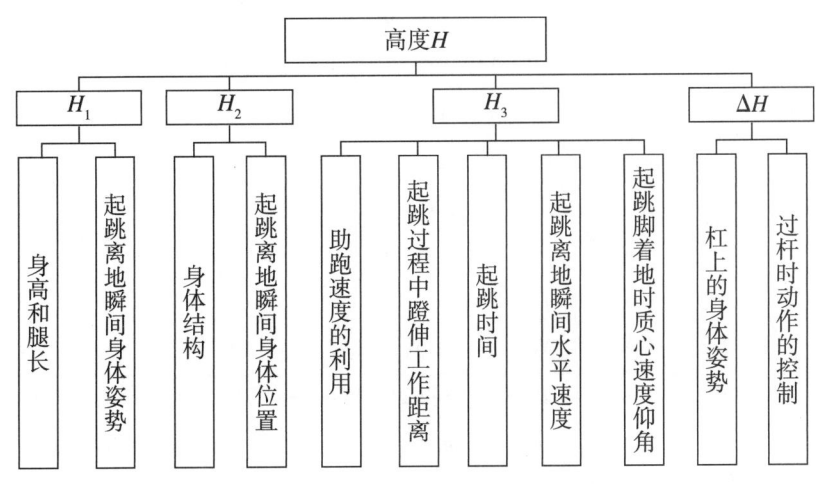

图3-2-5 跳高运动员技能评定指标体系

6.手球运动中的防守技能指标和进攻技能指标

（1）防守技能指标

手球运动中的防守技能指标如表3-2-3所示。

表3-2-3 手球运动中的防守技能指标

指标	预判	落点	追赶与威慑	位置	拦网	标记枢纽	改变对手	反拦网	移动	倾斜	拦截	交流	摆脱防守	防守协作	摆传或防守性撤退	视觉控制	滑动
预判	—	0	3	3	0	3	1	2	2	2	3	0	3	0	0	1	0
落点	0	—	3	3	3	3	3	3	3	3	3	2	3	3	3	3	3
追赶与威慑	3	3	—	0	0	0	0	0	—	0	3	3	3	0	0	0	0
位置	3	3	3	—	3	3	3	3	3	3	3	2	3	3	3	3	3
拦网	0	0	0	0	—	0	0	0	0	0	0	0	0	3	0	0	0
标记枢纽	3	3	2	3	0	—	3	2	3	3	3	3	0	0	0	3	3
改变对手	0	3	0	3	0	2	—	2	3	0	0	3	2	3	0	3	0
反拦网	0	3	0	3	0	3	3	—	2	1	0	3	2	2	0	3	3
移动	3	3	3	3	3	3	3	3	—	3	3	3	3	3	3	3	3
倾斜	3	3	0	3	1	2	2	1	3	—	0	3	1	3	0	0	3
拦截	3	3	3	3	0	1	0	0	3	1	—	3	3	2	1	0	3
交流	3	3	3	3	3	3	3	3	3	3	3	—	3	3	3	3	3
摆脱防守	3	3	3	3	1	0	1	2	3	0	3	3	—	2	0	3	2
防守协作	1	3	0	3	1	3	3	0	3	3	3	0	3	—	0	0	0
摆传或防守性撤退	0	3	1	3	1	0	0	0	3	0	2	3	0	2	—	3	0
视觉控制	3	3	3	3	3	3	3	3	3	3	3	3	3	3	3	—	3
滑动	0	3	0	3	0	2	0	0	3	2	0	3	1	0	0	3	—

引自：Aróstica Villa O，Hurtado Rodriguez J，Sebrango Rodriguez C R. Indicadores parouel controly evaluación de la prepración técnico-táctica en el balonmano［J］. Revista de Ciencias del Deporte，2016，12（1）：65-67.

（2）进攻技能指标

手球运动中的进攻技能指标如表 3-2-4 所示。

表 3-2-4　手球运动中的进攻技能指标

指标	连续突破	防守	进攻支持	进攻广度与深度	闪开对手的监视	假动作	罚球	横传	打开	交换	偶数进攻	单数进攻	传球和接（发）球	间隔进攻	联系同线球员	一线与二线的联系	进攻移动	画面的主导地位	落点	视觉控制	位置
连续突破	—	0	2	3	0	1	3	0	0	0	2	3	3	3	3	2	3	2	3	3	3
防守	0	—	1	2	3	3	3	2	0	0	0	0	3	0	0	0	3	0	3	3	3
进攻支持	2	1	—	1	0	0	0	0	0	0	0	0	3	0	0	0	0	0	0	0	0
进攻广度与深度	3	2	0	—	0	3	3	3	3	3	3	3	3	3	3	3	3	2	3	3	3
闪开对手的监视	1	1	3	2	—	3	1	3	1	1	0	0	2	0	1	1	3	0	3	3	3
假动作	1	1	0	3	0	—	0	0	0	3	3	3	2	2	0	2	3	0	3	3	3
罚球	3	3	3	3	3	3	—	3	3	3	3	3	3	3	3	3	3	3	3	3	3
横传	0	1	0	3	0	3	3	—	0	0	2	2	3	2	3	3	3	0	3	3	3
打开	0	0	0	3	1	0	3	0	—	0	0	0	0	1	0	2	3	0	3	3	3
交换	0	0	0	3	1	3	3	0	0	—	0	0	0	1	0	2	3	0	3	3	3
偶数进攻	2	0	0	3	0	3	3	2	0	0	—	0	3	0	3	3	3	0	3	3	3
单数进攻	3	0	0	3	0	3	3	2	0	0	0	—	3	0	3	3	3	0	3	3	3
传球和接（发）球	3	3	3	3	2	3	3	3	0	0	0	0	—	3	3	3	3	3	3	3	3
间隔进攻	3	0	0	3	0	2	3	2	0	0	0	0	3	—	3	3	3	0	3	3	3
联系同线球员	3	0	3	3	1	2	3	3	0	0	3	3	3	3	—	0	3	2	3	3	3
一线与二线的联系	2	1	3	3	1	0	3	2	2	0	3	3	3	3	3	—	3	2	3	3	3
进攻移动	3	3	3	3	2	3	3	3	3	3	3	3	3	3	3	3	—	3	3	—	3	3
画面的主导地位	2	0	2	2	1	1	3	0	0	0	0	0	0	0	2	2	3	—	3	3	3

（续表）

指标	连续突破	进攻防守	进攻支持	进攻广度与深度	闪开对手的监视	假动作	罚球	横传	打开	交换	偶数进攻	单数进攻	传球和接（发）球	间隔进攻	联系同线球员	一线与二线的联系	进攻移动	画面的主导地位	落点	视觉控制	位置
落点	3	3	3	3	3	3	3	3	3	3	3	3	3	3	3	3	3	3	—	3	3
视觉控制	3	3	3	3	3	3	3	3	3	3	3	3	3	3	3	3	3	3	3	—	3
位置	3	3	3	3	3	3	3	3	3	3	3	3	3	3	3	3	3	3	3	3	—

7. 足球运动员技能评定指标体系

足球运动员技能评定指标体系具体内容如表 3-2-5～表 3-2-8 所示。

表 3-2-5 足球守门员的技能评定指标体系

编号	指标	编号	指标
B1101	接地滚球（直腿）	B4101	单手肩上掷球（远度）
B1102	接地滚球（跪撑）	B4102	单手肩上掷球（准度）
B12	接平空球	B4201	侧身勾手掷球（远度）
B13	接高空球	B4202	侧身勾手掷球（准度）
B14	扑接侧面地滚球	B4301	抱踢空中球（远度）
B15	扑接平空球	B4302	抱踢空中球（准度）
B16	扑接单刀球	B4401	抱踢地面反弹球（远度）
B21	单手托球	B4402	抱踢地面反弹球（准度）
B22	双手托球	B4501	踢定位球（远度）
B31	单拳击球	B4502	踢定位球（准度）
B32	双拳击球		

表 3-2-6 足球各位置球员的技能评定指标体系

位置	技能	分析内容	指标
后卫	进攻	能否将球准确地传出后防线，对对手罚球区的威胁性	传球的成功率与数量、在对方罚球区的射门与头球数量、活动范围
	防守	空中对抗的能力、抢断能力、阅读比赛能力、防守施压	拦截、铲截、头球、防守区域、任意球失球的位置与数量

(续表)

位置	技能	分析内容	指标
前卫	进攻	进攻的组织者，运球跑动寻找机会发动进攻能力，助攻、传中、射门和突破能力	传球的次数与成功率、助攻、门框内射门、突破、传中、对抗、得分、活动区域
前卫	防守	运动员是否回防，是否能起到重要的防守作用，是否缺乏自我控制和纪律性	对抗中成功与失败的次数、拦截的次数、防守覆盖的区域、造成任意球的位置与数量、防守呼应
前锋	进攻	主要得分运动员，是否具有较强的地面球与空中球的控制能力、射门得分及传中能力，制造空间、拉开宽度，一对一对抗能力，运球及抢点能力	传球次数及成功率、助攻、门框内射门、运球、传球、一对一对抗、得分、活动区域
前锋	防守	是否回抢、对抗与破坏对方组织进攻	一对一对抗中成功与失败的次数，防守覆盖的区域

表 3-2-7　足球比赛局部技术分析内容与指标体系一览表

位置	技能	分析内容	指标
后卫	进攻	防线前移，与中场衔接的质量、空中球的威胁程度	运动员活动覆盖范围，与前卫、前锋传球的成功率，进攻中一对一对抗的次数，射门与中场衔接：中场向前进攻中与前锋紧密配合，有向前纵深穿插能力，创造空间的能力、射门、由守转攻的能力，创造机会的能力
后卫	防守	区域防守水平和盯人防守的效果，与守门员和中场运动员的合作、对抗的质量，对空间压缩、阵形深度、广度的控制	对抗的数量与成功率、防守空间、任意球的次数与位置、点球、造越位成功率
前卫	进攻	在进攻中与前锋的配合能力，有向前纵深穿插能力，创造空间、射门、由守转攻的能力，创造机会的能力	传球覆盖的区域，与后卫、前锋传球的成功率，助攻的次数、关键性传球次数、射门效率、对抗的成败次数
前卫	防守	中场范围的区域与盯人防守效果，回防、协同防守、对抗压缩空间的能力	对抗输赢次数、对方半场的抢断球次数、防守覆盖的区域、任意球的数量及位置
前锋	进攻	与前卫运动员配合的质量，无球跑动、创造空间、射门能力，获得任意球的能力、对抗能力、创造机会能力，运球、射门效率	与后卫、前卫传球的成功率、助攻次数，关键性传球、传中、对抗的成败次数，成功的突破、反越位、获得任意球的次数
前锋	防守	协助防守，破坏对手组织进攻	对抗成败的次数、对方半场的抢断次数、防守覆盖的区域

表 3-2-8　整体技战术分析内容与指标体系一览表

分类	分析内容	指标
阵型	424、433、451、352 阵型基本的位置安排及变化	进攻与防守的区域、位置分工

（续表）

分类	分析内容	指标
队形	运动员的站位及距离	进攻与防守时的队形
打法	直接打法、控制球打法、反击	进攻的速度、进攻行为的次数、控球时间
防守方式	造越位、区域盯人、人盯人、全队协防	对方越位次数、主要防守区域、不同区域对抗成败的数量、抢截与任意球的次数
进攻方式	机会的创造、进攻的路线、传球运动员和进攻运动员的跑位方式	得分、射门、传中、角球、任意球、进入进攻三区的次数，最后一传、边路与中路的突破、射门之前的配合方式、进入进攻三区的次数，传球的模式、进攻覆盖的区域

8. 篮球运动员技能评定指标体系

篮球运动员体能和基本技术评分一览表如表3-2-9所示。

表3-2-9　篮球运动员体能和基本技术评分一览表

位置百分	3200m计时跑	1min屈腿仰卧起坐	三级蛙跳	半场三角跑	单脚弹跳摸高	双脚弹跳摸高	变距折返跑	梯形滑步	菱形运球变向	外线接球突破	外线接球投篮	内线接球投篮	内线接球突破	身体素质总分	基本技术总分	全能总分
100	12:07	70	7.6	9.4	78	70	1:31.1	15.7	22.1	15.2	20	30	16.4	554	374	874
99	12:22	68	7.44	9.5	76	68	1:32.4	16.1	22.2	15.8				550	330	867
98	12:23	65	7.40		74	66	1:32.6	16.4	22.3					549	328	850
97	12:24		7.38	9.6										535	326	840
96	12:25						1:33	16.5	22.5	16.1	19	28	18.3	529	324	825
95	12:26	63	7.36	9.7	72	62								521	316	814
94	12:28		7.32				1:34.2	16.6	22.7					508	315	812
93	12:33		7.30											508	314	811
92	12:34		7.18				1:34.9	16.7	22.8	16.2		26	19	502	313	752
91	12:35													501	311	748
90	12:38	61	7.14	9.8	70	60	1:35.2	16.8	22.9		18			478	310	742
89	12:41													477	309	740
88	12:47		7.06				1:35.6	16.9	23	16.3			19.8	476	308	727
87	12:49													455	306	700
86	12:50		7.00				1:36.1	17.1	23.2					453	303	690
85	12:51	59		9.9	68	58								451	302	688

（续表）

位置百分	3200m计时跑	1min屈腿仰卧起坐	三级蛙跳	半场三角跑	单脚弹跳摸高	双脚弹跳摸高	变距折返跑	梯形滑步	菱形运球变向	外线接球突破	外线接球投篮	内线接球投篮	内线接球突破	身体素质总分	基本技术总分	全能总分
84	12:59		6.69				1:36.2	17.3	23.3	16.5	17	25	20.1	446	301	686
83	13:01													435	298	684
82	13:05		6.94				1:36.8	17.4	23.4					434	292	633
81	13:06													432	291	675
80	13:07	57	6.92	10	66	56	1:36.9	17.5	23.5	16.7			20.3	430	290	667
79	13:08													424	278	658
78	13:09		6.9				1.37	17.6	23.6					422	277	656
77	13:10													420	275	645
76	13:15		6.88				1:37.1	17.7	23.7	16.8	16	24	20.4	419	274	635
75	13:17	56		10.1										410	272	634
74	13:18		6.86				1:37.6	17.8	23.8					400	268	630
73	13:19												20.6	399	266	628
72	13:24		6.84				1:37.7	17.9	23.9	16.9				398	264	610
71	13:25													397	263	615
70	13:26	54	6.82		63	64	1:37.8	18	24				20.7	394	358	612
69	13:27													392	255	607
68	13:28		6.8				1:38	18.1	24.1					386	252	602
67	13:29													381	250	601
66	13:30		6.78				1:38.4		34.2			33	20.8	373	248	600
65	13:31	53		10.2	62									367	247	599
64	13:32		6.76				1:38.6		24.3	17.1	15			361	246	598
63	13:33							18.2						355	240	597
62	13:35		6.74				1:38.7		24.4				20.9	351	236	596
61	13:36													348	235	595
60	13:37	52	6.72				1.38.8	18.3	24.5	17.2				347	234	594

9. 曲棍球运动员技能评定指标体系

曲棍球技术指标统计汇总表如表3-2-10所示。

表 3-2-10　曲棍球技术指标统计汇总表

序号	指标		次数	合计	比例 /%
1	传球	主动失误	1373	2027	67.7
		被动失误	654		32.3
2	接球	主动失误	699	1210	57.6
		被动失误	511		42.4
3	后卫挑高球	成功	113	443	25.5
		失败	330		74.5
4	带球摆脱	各队合计平均	49.3	394	12.5
5	抢断	各队合计平均	136.8	1094	12.5
6	射门	成功	59	184	32.1
		失败	125		67.9
7	造短角球	各队合计平均	1	160	12.5
8	短角球进攻	成功	1		7.7
		一打		13	
		失败	12		92.3
		成功	33		28.0
		拉射		118	
		失败	85		72.0
		成功	0		0
		配合		30	
		失败	30		100.0

10. 乒乓球运动员技能评定指标体系

乒乓球技能状态三级指标权重汇总表如表 3-2-11 所示。

表 3-2-11　乒乓球技能状态三级指标权重汇总表

一级指标	二级指标	二级指标权重 /%	三级指标	三级指标权重 /%	分值权重 /%
手功	击球力量	12	近件发力 中台发力	6.89 5.11	21
	手感	9	九区落点 上台命中率	4.48 4.42	
脚功	移动速度	10	两点移动 全台不定点	4.97 5.03	19
	步伐	9	滑步 交叉步	5.05 3.95	
眼功	判断旋转	8	接发球 摩擦球	3.94 4.06	14
	击球点	6	预判断 击球瞬间	1.98 2.02	
脑功	控制落点	8	落点变化 节奏调整	4.94 3.06	16
	调节	8	情绪调节 注意力控制	3.41 4.59	
战术	主动进攻	7	发抢段 相持主动	3.90 3.10	13
	被动防守	6	接发球段 相持被动	3.41 2.59	
经验	稳定性	8	进攻命中率 无畏失误率	4.96 3.04	17
	心理素质	9	比分领先 比分落后	4.56 3.44	

11. 射击运动员技能评定指标体系

手枪射击技术分析如图 3-2-6 所示。

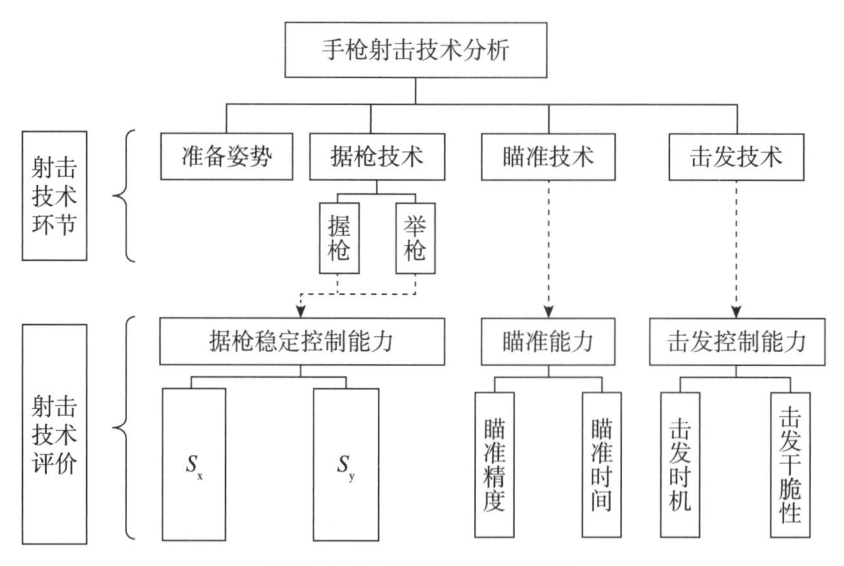

图 3-2-6　手枪射击技术分析

12. 高尔夫运动员技能评定指标体系

高尔夫 1 号木杆击球效果公因子指标结构如图 3-2-7 所示。

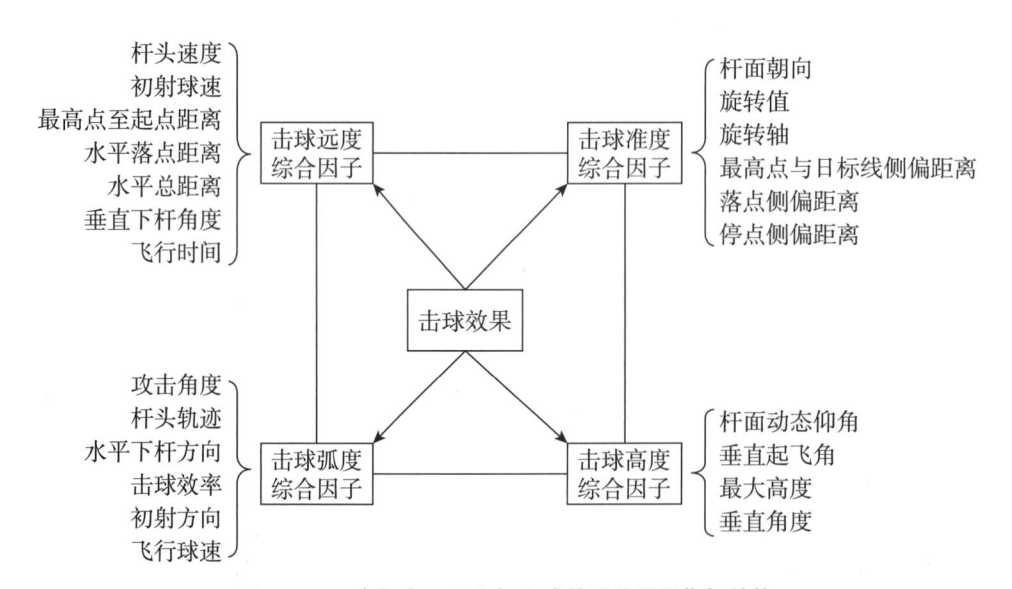

图 3-2-7　高尔夫 1 号木杆击球效果公因子指标结构

第三节　运动技能训练监控的测评

运动技能训练监控的发展主要以测量技术的进步为标志，伴随着现代科学技术革命，测量技术不断进步，运动技能监控也逐步形成了运动学、动力学和肌电测量三大测试系统。近年来，计算机技术的飞速发展为"运动技能训练监控"的研究提供了良好的硬件环境。"数字视频处理技术""数字图像处理技术""多刚体动力学""最优化计算方法"等相关理论的日趋完善，促进了运动技能训练监控测评方法的发展。

一、运动技能训练水平监控的测量工具

（一）运动学测试系统

1.运动捕捉系统

运动技术速度快的运动学诊断须使用运动捕捉系统，其可有效使运动技术速度"慢"下来，并把教练员和运动员肉眼无法辨别的动作技术看清楚，为快速动作定量诊断奠定基础。目前，运动捕捉系统可大致分为机械电动式、电磁式、声学式、光学式和惯性测量单元5类。

目前较为常用且精度较高的运动捕捉系统为光学运动捕捉系统。光学运动捕捉系统主要包括红外光点运动捕捉系统（marker-based motion capture system）和无光点运动捕捉系统（markerless motion capture system）。其中，红外光点运动捕捉系统是公认的人类运动分析"金标准"，该方法通常会在受试者各环节相应的骨性标志点上粘贴反光标志（Marker）球，使用高速红外摄像机捕捉附着在皮肤上的 Marker 球的运动轨迹，估计骨、关节的三维（3D）运动学。同时也可将运动学结果与测力台采集结果相结合，计算人体环节动力学。然而，最近的一些研究指出了红外光点运动捕捉系统的一些缺陷。首先，该系统所得参数均是基于反光 Marker 球的空间位置，而不同测试人员对 Marker 球粘贴位置的判断存在差异，且皮肤与骨骼间也会出现相对运动，使该系统对 Marker 球运动轨迹的捕捉有一定误差，可能影响最终的运动学结果。其次，红外光点运动捕捉系统必须在严格的实验室环境下使用，这就决定了该系统无法应用于大型运动场地和真实比赛场景。

基于此，无光点捕捉系统应运而生，该系统可克服红外光点运动捕捉系统的应用障碍，并具有一定的发展前景。该系统应用卷积神经网络方法，通过使用大量的已标定好的训练数据进行深度学习训练，生成估算人体姿势的神经网络模型，建立关节点在人体外轮廓的位置概率分布图，使模型能够识别不同运动中人体的关节点，自动读取关节点像素坐标。无光点捕捉系统利用强大的算法和自动计算优势，消除了多种人工处理步骤和标记技术所固有的错误源。最近的研究表明，在对人体的跟踪中，该系统使用的光流跟踪技术，减少了运动造成的影像模糊、背景干扰等因素对捕捉结果的影响。另外，无光点捕捉技术提高了研究间的可重复性，且其结果不受受试者衣物材质、宽松

程度的影响。

该系统目前有两种模式，分别为普通录像机模式和工业录像机模式。普通录像机模式使用普通录像机独立拍摄，相机之间没有硬件连接，利用关键动作同步、自动识别二维像素坐标数据，可以应用于复杂的实际比赛和临床环境。工业录像机模式使用硬件同步的工业录像机进行同步拍摄，可以应用于相对简单的实验室环境和训练环境。上述两种模式都可以使用多种方法对录像机完成标定，方便不同的数据采集场景，将关节点的二维像素坐标合成实际三维坐标。该系统还具有适用于大空间采集环境的空间拼接功能。该功能是在采集到关节点三维坐标数据之后，利用模型驱动的计算功能，自动计算人体运动的运动学和动力学参数。

在准确性方面，已有不少研究比较了无光点运动捕捉系统与传统运动捕捉技术采集结果的差异。Kanko 等发现在步行过程中，两个系统之间的运动学具有相似性。Ito 等的研究也发现，两个系统在采集深蹲和向前跳跃时的矢状面运动学一致。此外，Tang 等的研究报告显示，无光点运动捕捉系统与传统运动捕捉技术采集到的关节力矩峰值和功率不存在差异。最近的研究也进一步验证，两种光学捕捉系统计算出的踝关节、膝关节角度和力矩波形相似。

可穿戴运动捕捉系统是目前最新的运动捕捉设备。与传统的光学系统相比，该设备成本较低且较为便携，所以在运动技术评估领域有较好的发展前景。基于惯性测量单元（inertial measurement unit，IMU）的可穿戴运动捕捉系统利用微型加速度计、陀螺仪和磁力计分别在 3 个正交平面中评估人体线性加速度、角速度和人体相对于地球磁极的方向。此外，当 IMU 放置在刚体节段时，来自每个 IMU 的传感器信息可用于确定该刚体节段相对于相邻身体节段的运动方向，从而计算出节段之间的关节角度。Noraxon MyoMotion 系统（Noraxon USA Inc，Scottsdale，AZ，USA）是目前国内外常用的可穿戴运动捕捉系统。

2. 影像学技术

由于动作捕捉系统仅能采集宏观的运动学数据，但微观数据在运动技术的评定中也扮演着重要角色，因此核磁共振成像（MRI）、超声等用于观察软组织结构的影像方式为无创获取人体内部参数提供了可能。Higuchi 等通过开放性 MRI 测量了膝关节屈曲过程中，内侧髌股韧带的动态变化。但不少研究指出，动态 MRI 的时空分辨率达不到运动生物力学分析的需求，超声技术仍是目前动态活动中量化肌肉、肌腱和韧带变化的主要手段，在鉴别病理性肌腱异常方面也有一定的应用价值。

目前，研究人员已开发两种超声追踪方法，用于测量动态运动过程中的软组织应变，分别为肌-腱连接追踪法和弹性超声散斑追踪法。肌-腱连接追踪法通过结合肌腱连接点及解剖标志点的位置变化量化肌肉与肌腱的长度。例如，跟腱的长度变化可以通过追踪跟骨附着点和比目鱼肌与跟腱连接点的位置变化进行计算。在弹性超声散斑追踪法中，B超或射频超声图像中的散斑图案会随组织结构的细微变化而发生改变，从而计算出肌腱的应变。然而，在一些技术动作中，组织长度变化会超过超声换能器的采集范围，不少研究将超声技术与光学捕捉结合，从而解决了这一问题。Lichtwar和Wilson在超声换能器上粘贴反光Marker球，并使用红外摄像机同步拍摄，将超声图像上的组织位移结合反光Marker球的位置变化，计算出了小腿三头肌的动态长度。Farris等也应用该方法捕捉了跑步过程中跟腱长度变化，发现穿高鞋跟跑鞋跑步时，其跟腱张力明显小于赤脚跑步时。

在计算软组织长度变化时，需要明确其零载荷长度，但先前一直没有无创评估软组织零载荷长度的技术，以往研究通常将动态活动下的韧带或肌腱长度视为零载荷长度进行计算，这导致计算结果存在一定的不准确性。近几年出现的横波弹性成像技术解决了这一难题，实现了对韧带或肌腱零载荷长度的无创评估。其机理是横波传播速度与组织应力有关，因此当关节运动时，这一技术可用于观察韧带或肌腱的载荷变化情况，最终得到软组织无负载时的长度数据。

然而，超声技术也有一定的缺点，如在二维超声图像中获取三维软组织形变的准确性不佳，由组织膨胀、旋转或扭转引起的软组织应变可能被忽略等。此外，超声探头往往需要与超声车连接，限制了受试者的运动范围。同时，在动态活动中，超声换能器需要始终附着在被监测组织上，可能会改变受试者的动作技术模式，因此测量的可靠性仍有争议。

3. 视频分析系统

刘宝民（2019）提出，Dartfish视频分析软件是目前世界上最先进、应用最广泛的专业运动视频分析系统，现在广泛应用于体育训练、竞赛、教学、科研、运动康复等领域。Dartfish视频分析软件可为训练和比赛提供帮助，它可以使训练和比赛中的关键环节由"不可见"变为"可见"，使技术指导由"抽象"变为"具体"，由"主观"变为"客观"。它可以改变以往教练员和运动员之间单纯以语言进行指导的方式，能更加直观、快速地向教练员和运动员反馈训练和比赛信息。

冷欣指出，视频全景图技术是目前运动员、教练员及科研人员应用较为广泛的运动技战术分析工具，它能够为使用者提供直观的数据，将视频全景图技术与体育科学研究相结合，是便捷和行之有效的分析手段之一（图3-3-1）。

视频全景合成技术	运动参数测量技术	全景同步比较技术	前景处理平拉技术
对画面进行有效截取和提取,对视频背景进行融合和固化,对运动画面进行拼接合成,构建运动场景的全局背景,在背景图上展现出运动员动态技术轨迹和运动技术特征	定量分析运动员的步长、时间、距离、角度等关键运动学参数,为教练员、运动员及科研人员掌握实时的运动情况提供数据支持和技术保障	该技术不仅可以实现不同运动员的技术动作同步比较,还可以将同一运动员多次的运动视频画面进行技术对比,找出取得更优成绩的关键	将图像的时间序列进行平拉,对视频全景进行前景处理,使被遮挡的图像在一定空间中进行有序排列,得到完整的展示效果

图 3-3-1 视频分析系统简介

(二) 动力学测试系统

1. 平衡能力测试系统和三维测力系统

平衡能力测试系统借助平衡测力台,由压力传感器与微机两个部件组成。测力台反映研究对象重心移动范围,传感信号输入主机处理后,得到人体重心、压力重心、面积、轨迹等指标参数,以及研究对象的动摇类型与面积、单位面积轨迹、动摇中心的偏移等指标参数。研究方法主要涉及一个周期运动后对研究对象的闭眼-单脚站立测试、静态睁眼-双足站立测试、身体最大限度活动幅度测试等。

体育动作的原动力依靠运动中腿部的蹬伸和手臂的摆动,通过力的传递作用于运动中的人体,引起人体整体的运动。三维测力系统主要采集 X、Y、Z 轴方向受力的数据。测试指标主要包括力、力矩、扭矩、冲量、力角和作用点位置。通过对这些指标数据进行精确计算,并根据指标数据绘制相应的曲线图,能够直观呈现人体整个运动过程。

2. 足底压力系统

三维测力系统无法采集详细的足底分区数据,而足底压力平台可有效弥补这一缺陷。足底压力平台是一个刚性嵌入式平台,常放置于平坦的地面,其内部压力传感器的位置与支撑表面平行,可获得静态姿势、行走、跑步、跳跃等动作的足底压力数据,如图 3-3-2(a)所示。由于足底压力平台嵌于地板内,并需要与计算机连接,所以该设备通常安装在实验室。目前足底压力平台包括两种长度:0.5m 和 2m。0.5m 足底压力平台通常用于静态姿势解析,2m 足底压力平台则主要分析动态运动。然而,由于足底压力平台的采集面积极为有限,在大幅度运动中受试者需确保足部准确落于足底压力平台的采集范围内,这可能会改变运动员原有的动作技术模式,影响最终的力学数据。

经研究员不断改进，目前已出现鞋内足底压力系统，它可测量足部与鞋底之间的压力参数。鞋内足底压力系统因其灵活性、机动性、简单性，以及对不同材料、特征鞋型的适用性而受到多数教练员和康复师的青睐，如图3-3-2（b）所示。其优点主要在于受试者在实验中可以自由运用技术动作，不受足底压力平台尺寸的限制。因此，鞋内足底压力系统更适合监控快速、高强度的运动技术动作。然而，该系统也有一定的局限性，将足底压力鞋垫插入鞋中时，传感器的敏感度可能会因汗水、碰撞而受到影响，无法得到准确的监控数据。Mulder和Alfieri发现，在跑步步态中，不适当的插入位置可能导致鞋垫结构破裂，引起足底接触区的不适。此外，与足底压力平台上千个压力传感器相比，鞋内足底压力评价系统的传感器数量有限，仅为3～15个，对一些特定的压力环境并不敏感。综上所述，足底压力平台和鞋内足底压力系统均有各自的优缺点。因此，在进行实验之前，依照测试动作、精度要求选择合适的监控设备至关重要。

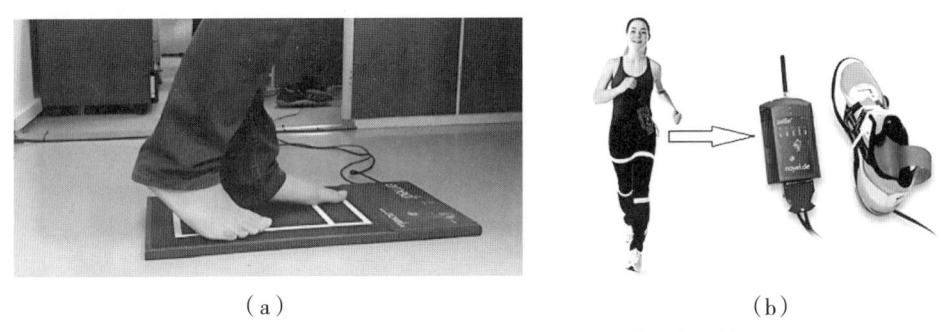

（a）　　　　　　　　　　　（b）

图3-3-2　足底压力平台与鞋内足底压力系统

3.植入式力学传感器

植入式力学传感器为运动技术分析提供了微观力学证据。植入式力学传感器可检测组织因机械负载或变形而引起的电信号（电压、电阻或电容）变化，得到动态活动中人体内肌肉、肌腱、韧带及关节间的受力情况。

在软组织测量中较为成熟的传感器有差分可变磁阻传感器（differential variable reluctance transducer，DVRT）、霍尔效应应变传感器（hall effect strain transducer，HEST）、卡扣传感器等。Beynnon等在受试者局部麻醉的状态下，通过关节镜将HEST固定在受试者的前交叉韧带（anterior cruciate ligament，ACL）中，随后在一定程度的功能性动作中对ACL应变进行了量化。Komi将卡扣传感器附着于受试者的跟腱处，利用卡扣变形时产生的电压输出，记录了受试者在行走、奔跑和跳跃时的跟腱受力。虽然这些传感器对软组织中的微小应变高度敏感，且采样频率满足动态活动中的应变测量，但是植入时的麻醉过程可能会改变肌肉的反应方式，并且高侵入性使得传感器的植入时长和空间都存在限制。经关节置换术植入带有传感器、通信模块及电源装置的智能人工关节假体，可以实时监测关节内力或力矩。以智能膝关节假体为例，Kaufman等通过胫骨假体平台上放置的4个力传感器，测得胫骨的轴向压缩载荷。D'Lima等在不久之后开发了第二代传感器，使用由3个应变仪构成的花环取代测压元件，嵌入胫骨假体内杆，可以测量膝关节屈曲和伸直状态下的正交力，以及围绕正交轴的力矩。智能骨科植入物在髋关节置换术、脊柱融合术后的运动监控方面也具有一定的应用空间。然而，经过几十年的发展，智能植入物在适用人群、通信范围、数据传输速率、尺寸、鲁棒性和成本方面仍面临技术挑战，因此没有被大规模投入研究。

（三）生物学测试系统

表面肌电是将多导电极贴在骨骼肌表面，在运动过程中记录神经肌肉发射的生物电信号。表面肌电的原理是在研究对象肢体运动时，刺激大脑皮层运动中枢的神经元兴奋随即出现一定频率的电脉冲，同时刺激皮肤表面使之出现复杂的生物电波。在实验设计方面，相关研究主要采用运动过程中肌肉所表现出的电变化过程，通过多导表面肌电仪测试系统对实验学生肌肉放电情况进行分析，记录其相关运动肌肉的表面肌电活动状况。

（四）建模分析

植入式传感器能够直接、精确地监测人体运动时的内力，然而需要外科手术才能实现传感器植入。除了传感器校准问题外，受试者还将面临手术感染的风险，存在一定的伦理问题。此外，超声等影像学手段对于应变和应力测量的准确性目前还无法确定，并且在对多个对象同时监控时，超声等影像学方法似乎存在一些弊端。因此，在计算机技术飞速发展的今天，人体力学建模和仿真得到了广泛应用。生物物理模型的建立不但能实现内力、力矩的测量，还能帮助人们更深入地理解运动表现，以及骨、关节、组织之间的协调机制。

1.OpenSim 和 AnyBody 肌肉骨骼模型

目前较为常用的肌肉骨骼模型为 OpenSim 和 AnyBody，该类模型可以基于运动捕捉获取的数据进行进一步运算和模拟，并通过实验所测数据进一步检验模拟结果的准确性。OpenSim 和 AnyBody 目前已经可以创建和分析上肢、下肢、颈椎、腰椎等多个部位的肌肉骨骼结构。由于近年来肌肉骨骼模型的涌现，运动训练研究人员能够在运动训练过程中运动员的神经肌肉兴奋模式、肌肉力量、外部反作用力与运动表现、运动损伤之间建立起定量的因果关系，再辅以高质量的实际监控设备，能够得出准确的建模结果，极大地帮助运动训练研究人员明确运动技术对人体肌肉骨骼受力、形变的影响。这对了解运动员训练状态、预防运动损伤、提升运动表现有很大帮助。

2. 有限元模拟

有限元分析软件的逐步升级使得模型的运算能力更加强大，对体育动作的连续动态非线性运动模拟，可以提高人们对运动过程中机体内部生物力学特征的了解，为监控运动功能、明确损伤机制及制订康复方案提供可靠的依据。

有限元法是一种基于实验数据的数值分析法，随着医学影像技术和生物材料测试技术的发展，该方法可以对细微的结构，如韧带、肌肉等进行精确构建和模拟，使研究人员对于运动训练相关疾病及损伤的了解更为深入。经过分析总结规律，人们最终可以有效制订生理和病理条件下的个体化训练方案。另外，当前运动防护产品行业进入新的发展阶段，利用有限元法可以模拟人体组织在极端情况下的负载响应，为运动损伤防护产品的设计研发提供有效参考。

有限元法为运动训练监控研究开辟了新渠道，从人体外部力学特征分析逐渐深入内部的力学机制探究，在运动表现评估、运动损伤监控及运动装备设计等方面均有所突破。虽然目前有限元法的运用仍然存在一定不足，但是随着计算机硬件的发展、有限元分析软件的升级及各种用于模拟生物材料分析算法的不断更新，有限元法在运动技能训练监控领域的应用将更加高效可靠。未来研究人员若是能搭建具有权威性、标准化、可编辑的三维人体有限元模型，将会节省大量时间和成本。

3. 实时人体生物力学模型

上述模型均需繁杂的后期处理步骤，得出结果所需时间较长，往往时效性较差。实时人体生物力学模型可为运动技能训练监测领域创造独有的发展机会，该模型可在训练期间实时提供生物力学数据。目前，该模型运算所需总时间为6.72ms，完全符合120帧原始视频的实时处理要求。教练员和研究人员可从实时可视化系统中获取人体内生物力学信息，实时了解技术动作导致的体内组织受力和力矩的变化。此外，相关的体内实时数据也可呈现于运动员，使其对技术动作有更精确的自我评价，而不仅仅依赖于教练员的口头反馈。

实时人体生物力学模型具有C/C++应用编程接口（API），编码时主要强调实时运算。使用Autolev（Online Dynamics, Sunnyvale, CA, USA）中的前向运动学模型生成C代码，前向运动学模型的雅各布矩阵由Autolev的符号微分生成，再用Levenberg-Marquardt算法解决非线性优化问题。每一帧的处理结果被视为下一帧的初始猜测，解算器的迭代在指定计算时间后终止，以确保实时性。Autolev还生成了C代码，主要用于计算联合矩。该模型的静态优化问题主要用循环神经网络解决，最后通过正向欧拉法对每一帧进行数值模拟，得出实时训练监测数据。

二、运动技能训练水平的诊断与评价方式

（一）特征值诊断法

特征值诊断法是运动技术诊断的常用方法，通常是根据影响项目运动技术的关键点和实际的训练需要及运动员的个性技术特征，来确定需要诊断的技术内容。一般是从代表运动员个体技术劣势的指标和需要重点监控的技术环节中获取敏感技术指标。这种方法经常被用于优秀运动员的技术细节或关键点的诊断过程，具有很强的针对性（图3-3-3）。

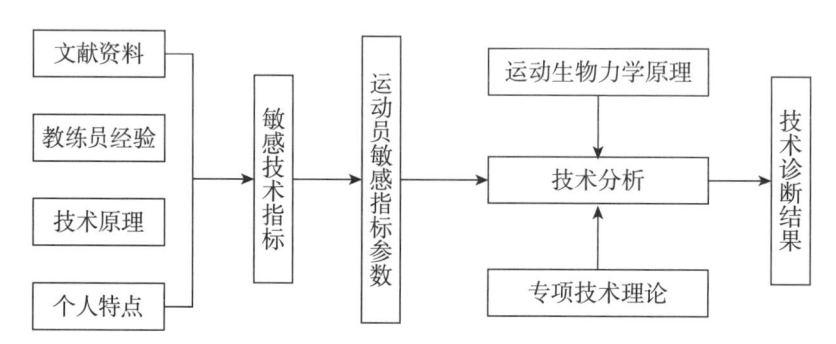

图3-3-3 跳远技术的特征值诊断方法流程

（二）模型诊断法

模型诊断法是一种系统分析和评估的方法，它通过构建模型模拟和分析实际问题，进而进行诊断和决策。在运动技术诊断中，模型诊断法可以帮助科研人员和教练员分析运动员的运动技术，识别技术缺陷，提出改进建议，提高运动员的运动表现，降低运动损伤风险。

模型诊断法在运动技术诊断中的一般步骤为：①确定诊断目标：明确诊断的目的，如提高运动员的某项运动技术，或是预防运动损伤。②数据收集：收集相关的运动数据，包括运动员的生理数据、运动表现数据和训练日志等。③构建模型：根据收集的数据和专业知识，构建一个能够模拟运动员运动过程的运动技术分析模型。④模型验证：通过实验或实际运动表现来验证模型的准确性和可靠性。⑤模拟分析：使用模型进行模拟，分析运动员的运动技术，识别可能存在的问题点。⑥诊断问题：根据模拟结果，诊断运动员运动技术中存在的问题，如动作不标准和力量分布不均等。⑦提出改进方案：基于诊断结果，提出针对性的改进方案，如调整训练计划和改进技术动作等。⑧实施改进：将改进方案应用到实际训练中，观察效果。⑨效果评估：评估改进方案的效果，若效果不明显，则可能需

要回到构建模型阶段进行调整。⑩持续优化：模型诊断是一个迭代过程，需要不断地收集数据、分析、诊断和优化。

（三）人工智能监控

人工智能监控包括运动捕捉系统、数据描述系统、机器学习、深度学习等。

有源标记系统的运动捕捉系统通过摄像机探测标记光线，以三角测量评估3D位置，常用于技术诊断与评估。无源标记系统的运动捕捉系统包括光学相机、红外和超声波传感器、多普勒雷达、射频识别等，用于追踪运动员或物体的移动轨迹并进行3D建模，在智能算法和计算机视觉的帮助下，无标记系统还可以自动追踪事件（如技战术行为、犯规行为等）、颜色（如球场或球衣）、场景（如近景或远景）及比赛类型等数据。

陈奥娜提出，Captury Live是目前最通用的无标记运动捕捉解析系统。Captury Live系统采用光学的方式对动作进行采集，可在无标记的条件下对大量的运动数据进行快速准确解析。国家铁饼队Captury Live系统可对日常的训练进行实时动作采集捕捉与运动数据分析，全面了解运动员的现实状况，并进行针对性的相关训练，以实现高效备战的训练目标。

数据描述系统包括运动模式识别、模型构建等。模式识别是机器识别其环境模式的能力，在训练实践中，表现为对运动员特定动作或群体运动模式的识别。动作识别与分类涉及对已识别案例的进一步解释和标记（如将击球区分为正手或反手），其数据输入通常包括传感数据、视觉数据等。模型建构分为两方面：一是基于运动训练相关理论、概念、知识和经验对所获取的数据进行建模，从而概括运动员行为及其结果之间的关系，如训练决策支持模型及运动员发展模型等；二是由数据驱动进行探索性建模，通常不以相关理论或知识为指导，而是直接挖掘数据间的依赖关系用以指导建模，如技战术评估模型、负荷分类模型、损伤分类与风险评估模型、生物力学模型等。

机器学习是一种自动建立模式分析模型的算法，识别准确度通常在90%以上，如支持向量机以97%的准确度识别击球技术、决策树算法以90.2%的准确度识别传球质量、随机森林以89%～94%的准确度识别动作疲劳等。

深度学习能够自动提取动作特征，包括时间和空间特征、关键点跟踪轨迹特征、深度运动变化特征及人体姿态变化特征。深度学习还可用于群体运动识别，是团队运动技战术模式识别的有效方法。随着大量视觉数据及深度学习方法的应用，可基于多个特征识别技战术模式，如轨迹特征、事件特征、场景特征、时空特征、区域特征等。

第四节 运动技能训练监控的应用

运动技能训练监控的相关研究丰富，这些研究通过技术更新、理论重构等思路解决了一些训练监控中的问题。同时，在运动训练实践中，运动技能训练监控也起着举足轻重的作用。因此，本节通过案例进一步讲解运动技能训练监控的具体操作方法，为运动实践和未来相关研究提供参考。

一、运动技能训练监控在体能主导类速度力量性项目中的应用

案例一 跳远运动员技术训练的运动学监控研究

（一）监控目的

专项技术训练是跳远训练实践的重要内容，也是决定运动员专项竞技能力的最直接、最重要的因素。专项技术的质量和稳定性是体能高效率发挥和经济性运用的前提条件，对专项技术的学习与训练贯穿运动员整个职业生涯。专项技术质量与稳定性的提高需要经历长期重复诊断、调整、训练、再诊断的训练监控过程，也是运动员每一项技术指标都趋向最优化的过程。本节以全国跳跃项群赛、全国田径锦标赛中跳远项目的优秀运动员的技术为研究样本，建立我国优秀男子跳远技术的指标体系及技术特征模型，为个体运动员的训练提供技术诊断与训练监控依据，进而为我国男子跳远技术的训练实践提供参考，丰富跳远项目训练理论。

（二）监控对象

本文以跳远运动员为研究对象，以2014年全国田径锦标赛杭州站、济南站及跳跃项群赛中成绩在7.5m以上的运动员的跳远技术为研究样本，以北京体育大学校田径代表队一级运动员张某峰为技术监控实证分析对象。

（三）监控对象

比赛运动视频采用4台Sony HDR-CX610E高清摄像机进行拍摄，拍摄频率为50Hz，机高1.2m，距离场地15m，主光轴正对助跑方向，现场机位如图3-4-1所示，拍摄范围为运动员助跑最后10m至起跳结束，1号摄像机和2号摄像机分别以 A 点和 B 点为标定点，采用二维拍摄；3号与3'号摄像机以 C 点为标定点，采用三维拍摄。1号、2号、3号摄像机间距为5m。分别使用Peak三维和二维坐标框架先后进行赛前与赛后两次空间坐标采集。根据比赛顺序对运动员的跳次等相关情况进行记录，确保拍摄视频与运

动员相互对应。

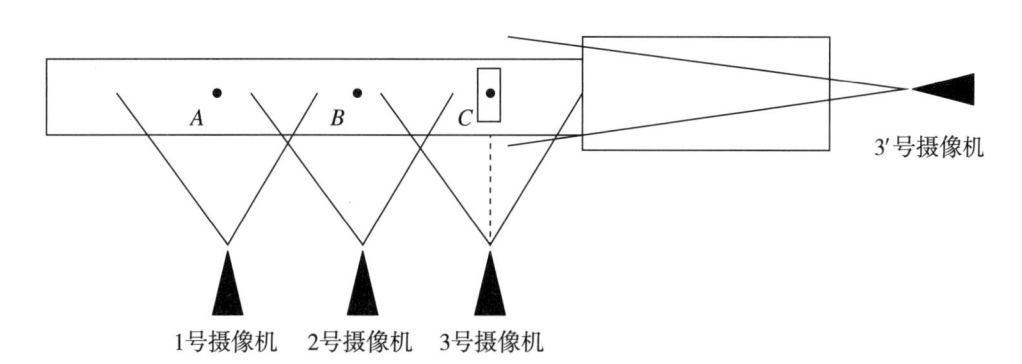

图 3-4-1　比赛现场视频采集机位示意图

本研究根据张某峰的成绩水平，选取 3 次比赛中成绩在 7.5m 以上的 16 名运动员共 114 人次的试跳视频，去除未能完成完整技术的跳次，剩余 102 人次的试跳视频用于提取跳远技术指标参数。使用 Peak Motus 9.0 解析系统对比赛技术视频进行运动技术参数解析，采用日本松井秀治人体模型计算身体重心，解析后的数据采用低通滤波进行平滑，截断频率为 6Hz。将所得的男子跳远各阶段技术的关节角度、身体重心的位移、肢体动作速度、角速度等指标参数进行统计学分析。

（四）监控结果

1. 最后四步助跑敏感技术的监控

从图 3-4-2 可以看出，与优秀运动员相比，张某峰最后四步助跑的速度水平整体上存在较大不足。在倒 4 步和腾起时刻的水平速度最接近优秀运动员的速度水平，而倒 3 步、倒 2 步和倒 1 步均低于优秀运动员。这说明张某峰在板前几步的速度保持能力尚有不足，尽管最后一步上板速度较快稍微弥补了前面的速度损失，但仍未能达到较高的速度水平。

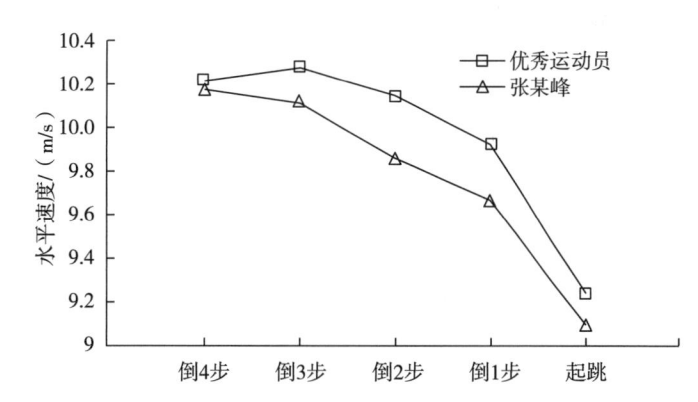

图 3-4-2　张某峰与优秀运动员最后四步助跑及腾起时刻的水平速度对比

2. 起跳阶段敏感技术的监控

由图 3-4-3 可以看出，优秀运动员起跳腿关节在整个起跳过程的缓冲动作不明显，髋角从着板至腾起时刻呈逐渐增大的特征。伸髋肌群的强力收缩使髋角不断增大，重心不断升高。下肢膝关节屈曲幅度较大，在缓冲过程中起主要作用。膝关节通过屈肌群的离心收缩达到缓冲的目的，从最大缓冲时刻可以看出，在起跳时间的47%左右由缓冲转为蹬伸。相比而言，张某峰由起跳转为蹬伸的时间比优秀运动员略长，这样不利于起跳腿发挥爆发力。对于牵张反射来说，由缓冲转为蹬伸的时间比蹬伸力量本身更为重要。此外，他的髋关节在缓冲阶段有小幅度的屈髋缓冲，代偿了下肢的缓冲负荷，说明他伸髋力量和膝关节缓冲支撑力量不足，影响了身体重心的提升，使起跳的缓冲和蹬伸过程出现脱节。膝关节力量不足使最大缓冲时刻的膝关节需要更大的角度空间以完成缓冲，并且造成缓冲时间相对增加，影响了起跳速度（图3-4-4），因此张某峰起跳技术还有待进一步改善。

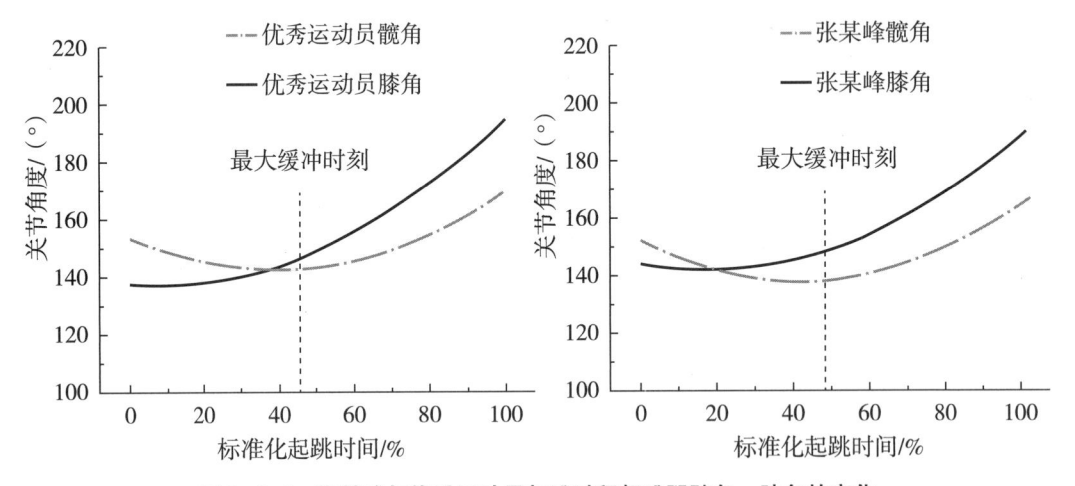

图3-4-3 张某峰与优秀运动员起跳过程起跳腿髋角、膝角的变化

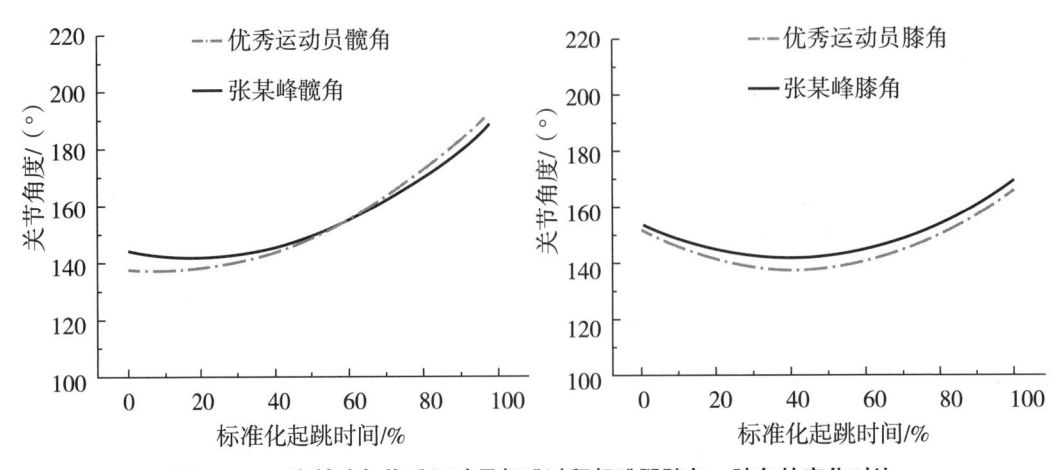

图3-4-4 张某峰与优秀运动员起跳过程起跳腿髋角、膝角的变化对比

（五）结论与建议

张某峰跳远技术的敏感技术指标诊断结果与建议如表3-4-1所示。

表3-4-1　张某峰跳远技术的敏感技术指标诊断结果与建议

敏感技术指标	技术问题	改进建议
最后四步助跑的水平速度变化、最后两步助跑的步频变化、最后三步的步长比身体重心高度的变化趋势	速度保持能力弱，频率与步长变化不匹配，倒2步较短，倒1步过长，身体重心呈逐渐降低模式，需配合较大的蹬伸力量	最后几步的助跑节奏对速度的保持和利用有直接的影响，应加强绝对速度的训练，改善并稳定后程助跑节奏，增强距离感知能力
起跳过程起跳腿膝角的变化、起跳过程垂直速度的变化	膝关节缓冲角度过大，过度缓冲使垂直速度负增长较多	缓冲和蹬伸环节膝关节离心工作能力和爆发力不足，应提高膝关节离心收缩能力，强化伸膝肌群爆发力、臀大肌力量、摆动腿上摆速度、髋膝踝协调稳定的工作能力及蹬摆配合能力
起跳过程起跳腿髋角的变化	髋关节有轻微缓冲	应加强对髋关节技术感知能力和伸髋肌群力量的训练
起跳过程摆动腿角速度的变化	摆动腿速度慢，由缓冲向蹬伸过渡时峰值较低	起跳环节摆动腿速度慢，应强化摆动腿髋部屈肌群快速力量和摆动腿后群肌肉的主动放松能力

二、运动技能训练监控在技能主导类表现难美性项目中的应用

案例二　现代五项运动员马术初级训练监控与技术评价

（一）监控目的

本案例对现代五项运动员马术初级训练阶段进行骑乘训练科学监控和技术评价，辅助教练员进行日常训练安排，促进运动员在短时间集训中快速掌握马术骑乘技术，为马术训练手段的改进和运动水平的提高提供理论支撑和实践依据。

（二）监控对象

以湖北省现代五项队8名青少年运动员为监控对象，对一年内的两期初级集中马术训练监控进行研究。第一期训练从2018年12月至2019年1月，为期5周，第二期训练从2019年11月至2019年12月，为期4周。

(三）监控方法

运用 JVC 高速摄像机，定点拍摄运动员马术训练阶段骑马直线轻快步、跑步、跨障碍训练等技术动作的二维影像。使用 Dartfish 运动分析视频软件进行现场或及时的快速技术说明和训练反馈。运用 APAS 影像解析系统解析技术数据，对训练时运动员－马匹配合整体水平进行评价，探索多关节联动的动作模式，以及动作技术的运动生物力学特征。

（四）监控结果

1. 运动员－马匹配合度

轻快步训练一期和二期的期初和期末的测试显示，各运动员重心和马匹的重心的垂直位移均呈现显著相关，且各期期末相较于期初的相关系数均有增长，表明经过集中的马术训练，运动员在轻快步中与马匹的协调水平得到了提高和巩固。第一期训练，运动员和马匹轻快步的重心垂直位移的平均相关系数为中度相关，但由一期初的（0.57±0.15）提高到了一期末的（0.65±0.15）。第二期训练则由二期初的中度相关（0.68±0.07）提高到了二期末的高度相关（0.76±0.07）。

2. 运动员骑乘动作模式

模式一：膝、髋关节屈时，踝关节背伸；膝、髋关节伸时，踝关节背屈，轻快步骑乘动作模式稳定。轻快步骑行时，踝关节与膝、髋关节角位移负相关，膝关节角位移与髋关节角位移正相关。运动员陈××、徐××、夏××、汤××、涂××等以此模式为主。

模式二：膝、踝关节始终与髋关节同向运动，髋关节屈时，膝关节、踝关节做屈曲的运动；髋关节伸时，膝关节、踝关节做伸的运动。轻快步骑行时，下肢踝关节角位移与膝关节角位移呈正相关，膝关节角位移与髋关节角位移呈正相关，使用此模式的运动员主要是韩××、孙××和徐××。

3. 运动员骑乘技术特征

特征一：轻快步技术动作水平整体上有明显提高，但是关节角度活动范围过大，骑行中躯干前后晃动大。运动员陈××、韩××、孙××、汤××和夏××的躯干核心力量不足。

特征二：骑行时下肢踝关节角度活动幅度过小。运动员徐××、夏××的踝关节柔韧性不足。

特征三：骑行时下肢各关节活动幅度适宜，轻快步骑行时姿势稳定，下肢关节角配合灵活，具有此特征的运动员主要有涂××和徐××。

（五）结论与建议

在运动员－马匹配合度上，训练各期运动员重心和马匹重心的垂直位移均呈现显著相关，相关系数随训练时间增加逐步增大。动作模式上，在轻快步、跑步训练中运动员的下肢关节表现出个性化的动作模式。技术特征上，在轻快步中运动员髋关节活动范围过大，可能导致运动损伤。

三、运动技能训练监控在技能主导类表现准确性项目中的应用

案例三 SCATT激光测试对气步枪运动员瞄扣技术诊断及监控的研究

（一）监控目的

随着世界范围内射击运动的快速发展，射击训练理念和设备也在不断更新。国内一些地区使用俄罗斯产SCATT激光测试系统诊断气步枪运动员瞄扣技术，帮助教练员把握训练重点。

（二）监控对象

以气步枪运动员为研究对象。

（三）监控方法

使用SCATT技术对运动员瞄扣技术进行分析和诊断，并对SCATT系统进行测试和分析，归纳影响气步枪运动员成绩的主要因素。检测指标包括射击成绩（环）、瞄准时间（s）、击发前1s晃动速度（mm/s）、击发前0.25s晃动速度（mm/s）、击发前1s瞄准点与击发点距离（mm）。

（四）监控结果与结论

技术动作的稳定性强调了基本功的重要性，瞄扣技术对于射击运动员而言至关重要。运动员在训练中应做到力量的一致性；踏实做好"完整的一枪"，保证动作的全身协调。此外，应提升运动员对单发的认知，做到瞄准动作和击发的一致性，找到自身枪支晃动规律和稳定期出现的重叠时间。同时，倡导国内教练员引入和学习使用专业训练设备，善于利用科学辅助训练设备帮助运动员有效提高射击水平。

第五节 对运动技能训练监控的思考

运动技术有着不可同一性，因此，运动员的个体差异决定了运动技能训练监控在未来必定是因人制宜的，且更加精细化。同时，高水平运动员运动技术模型的建立将由群体模型向个体模型转变。

运动技能训练监控的测量与分析工具基本都是从国外引进的，售后服务受制于国外厂商，一旦出现问题，研究势必中断，因此，研发适合中国运动训练实践的运动技术监控设备，是今后努力的方向。

只有"监"，没有"控"。目前关于我国技能训练监控的研究几乎都只是对专项运动进行测量和评价，反馈给一线教练员的测评意见过于专业化，对教练员如何根据技术测评意见进行科学调控缺乏实质性的指导和帮助。

在运动技能训练监控中，平时专项技术训练的运动技能监控占大多数，缺少对比赛现场的实时监控，因此，很难完全还原运动员比赛时的运动技术。因而，监控结果在一定程度上缺少真实有效性。

数据采集规范化较差。由于人体的运动形式、场地条件等差异，在一定程度上导致数据信息采集出现偏差，从而影响技术评价的准确性。因此，为了保证资料的可靠性及准确性，为运动员运动技术评价提供准确的可比性数据，应对数据的规范化水平提出一定的要求，这也是运动技术评价未来发展趋势之一。只有数据规范了，评价结果才能更准确，运动技术才能更科学。

运动技术评价所使用的仪器及后续数据处理过程较为复杂，大部分情况下需要一个团队才能测得相关数据，对于运动员运动技术的评价会造成一定的不便。因此，对运动员运动技术评价过程予以简单化处理就显得尤为重要。试想，如果评价过程过于复杂，那么对于一般人来说便难以实现良好的技术评价，对运动员运动技术的评价也就只能借助教练员的相关经验予以定性判定，科学化水平就会大大降低。当运动员运动水平达到较高程度时，教练员难以对运动员的技术优劣作出更为细致的判断，此时，对运动员的运动技术评价便会流于文字述说，难以落地，进而达不到相应效果。因此，简单化也是未来对运动员运动技术评价的主要发展趋势。

讨论与思考

1. 哪类运动项群的项目适合定性监控？哪类运动项群的项目适合定量监控？哪类运动项群的项目既要定性监控，又要定量监控？

2. 如何确定定性监控和定量监控的指标体系？

推荐阅读

1. 田野，王清，冯连世，等.优秀运动员运动训练科学监控与竞技状态调整［J］.体育科学，2008（9）：3-11.

2. 张大超.我国优秀游泳运动员训练过程监控系统研究［J］.中国体育科技，2008（1）：58-74.

3. Higuchi T, Arai Y, Takamiya H, et al.An analysis of the medial patellofemoral ligament length change pattern using open-MRI［J］.Knee Surg Sports Traumatol Arthrosc，2010，18（11）：1470-1475.

4. Ledet E H, Liddle B, Kradinova K, et al.Smart implants in orthopedic surgery, improving patient outcomes: a review［J］.Innov Entrep Health，2018，5：41-51.

5. Delp S L, Anderson F C, Arnold A S, et al.OpenSim: open-source software to create and analyze dynamic simulations of movement［J］.IEEE Trans Biomed Eng，2007，54（11）：1940-1950.

6. Van Den Bogert A J, Geijtenbeek T, Even-Zohar O, et al.A real-time system for biomechanical analysis of human movement and muscle function［J］.Med Biol Eng Comput，2013，51（10）：1069-1077.

7. 陈健，姚颂平.虚拟现实技术在体育运动技术仿真中的应用［J］.体育科学，2006（9）：34-39.

8. 程泓人，江志全，苑廷刚，等.世界级优秀男子跳高运动员关键运动技术研究［J］.中国体育科技，2019，55（9）：52-59.

9. 郅季炘.隔网对抗项目运动员技术等级评定方法的研究——以网球运动为例［J］.西安体育学院学报，2018，35（4）：499-505.

10. 林丽雅，张莉，李农战，等.优秀短距离游泳运动员史润强专项训练监控的研究［J］.中国体育科技，2015，51（2）：71-77.

第四章 心能训练监控

运动员心能训练监控主要为教练员提供关于运动员的人格特征、训练与竞赛中的心理状态、社会心理特点及心理障碍的量化参数，提高教练员工作的把握性和预见性。我国体育科学研究人员通过大量的科学试验，证实了心能训练监控有助于教练员把握不同项目和不同运动员的训练重点。

心能训练监控对训练科学化有着重要的作用。心能训练监控是心理咨询和心理训练的重要基础，是制订训练计划、控制训练过程、检验训练效果的依据之一，是恰当选择比赛战术、成功指挥比赛的重要参数。

第一节 心能训练监控概述

本节重点从心能训练监控的释义、心能训练监控的作用和心能训练监控的分类三个方面对心能训练监控进行概述。

一、心能训练监控的释义

心能训练监控是用心理学的技术与方法，对运动员在运动训练、竞赛等活动中的心理学行为进行比较研究，从而评定运动员的心理状态、心理特点与发展水平，并确定其心理异常的性质和程度。心理诊断是目前运动训练中不可缺少的一个重要组成部分。

二、心能训练监控的作用

高水平运动员与主要竞争对手在技术、体能方面的差距已日渐缩小，得失往往取决于心理能力水平的高低。研究显示，55%的运动员都会受到比赛压力的影响，并产生不利于夺取好成绩的心理活动。因此，心能训练监控是优秀运动员运动训练科学监控的重要组成部分，是运动员身体机能和运动技术评定的保障。心理状态是运动员的训练水平转化为竞技水平的中介变量,心理调控能力也是运动员竞技能力的重要组成部分。

系统化的心理训练与监控能提高运动员难点技术动作的成功率,使运动员集中注意力、消除压力、降低焦虑水平。在中国跳水队备战奥运会的训练过程中,张忠秋等采用表象演练、心理干预程序、生物反馈技术、赛前行为程序、焦点解决短期咨询等方法,对重点参赛运动员进行了系统化的心理训练与监控。经过4周的表象训练,运动员难点技术动作的成功率均提高了20%以上。同时,他们对16名重点队员进行心理干预程序训练后,56.25%的运动员认为比较有效,37.5%的运动员认为非常有效。另外,生物反馈技术的应用也显著提高了运动员集中注意力、消除压力及降低焦虑的心理能力。

三、心能训练监控的分类

心能训练监控的分类示意图如图4-1-1所示。

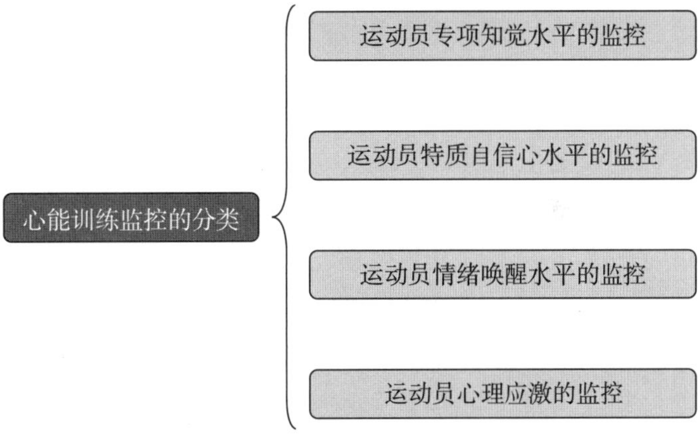

(一)运动员专项知觉水平的监控

专项知觉水平是优秀运动员心能训练水平的一个重

图 4-1-1 心能训练监控分类示意图

要特点,在做出一个正确的专项技战术反应之前,运动员必须根据当时的运动目的和行动条件,从同伴、对手或器械的运行情况中,快速、准确地搜寻有用的信息,这对运动员获得先机乃至获胜至关重要。在过去的研究中,对感知觉的监控主要采用计算机测试、选择软件模拟等方法进行。但近年来,该监控方法受到了专家的质疑,诸如羽毛球这类高策略性的快速球类项目比较注重步法,多数积极的进攻动作主要由身体下部发动,以重心的移动带动技术的发挥。因此,脚步移动快慢在这类项目中更具专项意义。在对运动员专项知觉监控上,现有的大多数手段都缺乏运动情境,所以今后应注重真实运动情境中的运动员专项知觉监控与反馈。

(二)运动员特质自信心水平的监控

考虑到自信与特质的对应关系,目前在实际应用中更注重探讨特质运动自信。依据Vealey的运动自信心理论,运动自信心是个体对其所具有的能力在竞技运动中获取成功的信念和确信程度,包括特质运动自信心和状态运动自信心。同时,基于内隐态度理论,也有专家提出内隐运动自信的概念,并界定内隐运动自信是运动员在对自己能力的认知过程中不能内省的经验痕迹,它潜在地影响着运动员的行为、情感和判断。内隐运动自信目前主要通过判断潜伏反应时、阈上态度启动任务、投射测验和阈下态度启动任务、内隐联想测验等方法进行监控。

（三）运动员情绪唤醒水平的监控

唤醒是人的一种普遍的生理和心理激活状态，是从深度睡眠到极度兴奋的一个连续体。从目前国内外研究资料来看，唤醒的监控方法与对唤醒的理解和成分的划分一致，主要有2种形式，一种采用自制问卷的形式，另一种采用生理指标，如皮肤导电性、心率、脑电反馈等。

（四）运动员心理应激的监控

运动员的应激问题一直是研究的热点。国外运动心理学研究者从竞技环境中的应激源、运动员对应激源的评估、应激反应、应对策略等方面对运动应激问题进行了广泛研究。对许多竞赛环境的实地调查发现，除上述要素外，运动员的自尊心和对成绩的期望，以及比赛中乐趣体验也是应激的影响因素。国内有学者对重大比赛后高水平跳水运动员的心理应激恢复及心理训练技术进行了研究，结果显示，心理应激水平对比赛成绩有明显影响，对运动员心理应激的监控可能是未来运动训练监控领域的研究重点。

第二节　心能训练监控指标体系

运动员心能监控内容主要包括性格特征、注意力水平、专项认知能力、心理技能水平、意志品质、自信心、情绪控制能力、表象能力、思维能力、团队凝聚力等（张忠秋，2013）。主要采用的是心理测试法，如在感知觉的测量上，速度知觉、时间知觉的测量主要运用计算机测试、选择软件模拟的方法进行。另一种常用方法是问卷法，如对情绪状态的测量常用的问卷有赛前情绪量表、心境状态量表和竞赛状态焦虑量表。国外对焦虑状态的测试大都采用量表进行。

根据运动实践对运动员心理监控的需求，以及高水平发挥对心理能力和心理状态的要求，在现有条件的基础上，借鉴已有研究结果，筛选出注意力水平、专项认知水平、心理技能水平、心理及神经疲劳状态、情绪唤醒状态、运动智力、自信心、应激恢复能力、表象能力及意志品质类测试指标体系（图4-2-1）。这些指标体系基本能较全面、系统地对运动员的心理训练水平做出客观监测。但由于运动项目特征的差异性，不同项群对运动员的心理能力要求不同，所以，该系统对某项运动心理监控的准确性和全面性还有待提升（张忠秋，2013）。

第四章 心能训练监控

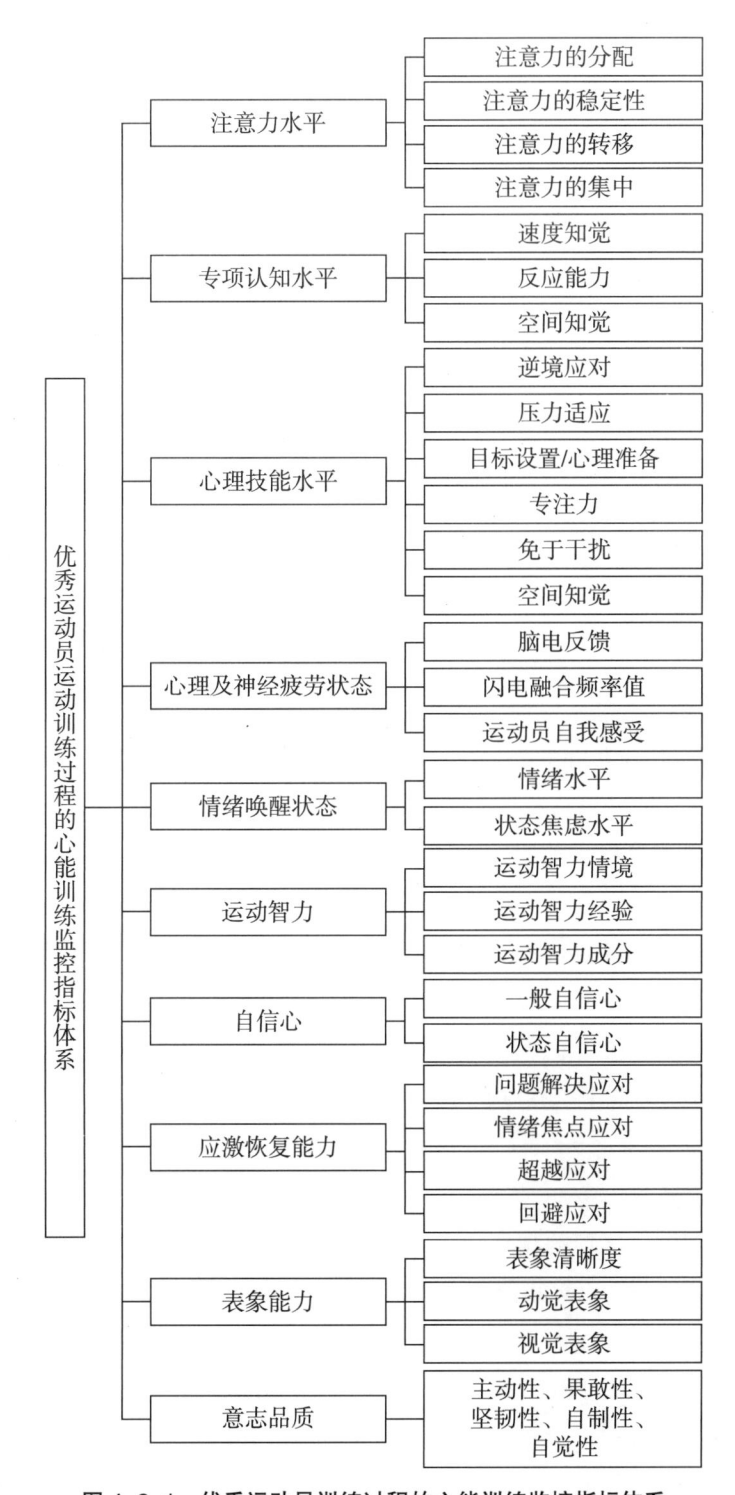

```
优                 ┌─ 注意力水平 ─┬─ 注意力的分配
秀                 │              ├─ 注意力的稳定性
运                 │              ├─ 注意力的转移
动                 │              └─ 注意力的集中
员                 │
运                 ├─ 专项认知水平 ─┬─ 速度知觉
动                 │                ├─ 反应能力
训                 │                └─ 空间知觉
练                 │
过                 ├─ 心理技能水平 ─┬─ 逆境应对
程                 │                ├─ 压力适应
的                 │                ├─ 目标设置/心理准备
心                 │                ├─ 专注力
能                 │                ├─ 免于干扰
训                 │                └─ 空间知觉
练                 │
监                 ├─ 心理及神经疲劳状态 ─┬─ 脑电反馈
控                 │                      ├─ 闪电融合频率值
指                 │                      └─ 运动员自我感受
标                 │
体                 ├─ 情绪唤醒状态 ─┬─ 情绪水平
系                 │                └─ 状态焦虑水平
                   │
                   ├─ 运动智力 ─┬─ 运动智力情境
                   │            ├─ 运动智力经验
                   │            └─ 运动智力成分
                   │
                   ├─ 自信心 ─┬─ 一般自信心
                   │          └─ 状态自信心
                   │
                   ├─ 应激恢复能力 ─┬─ 问题解决应对
                   │                ├─ 情绪焦点应对
                   │                ├─ 超越应对
                   │                └─ 回避应对
                   │
                   ├─ 表象能力 ─┬─ 表象清晰度
                   │            ├─ 动觉表象
                   │            └─ 视觉表象
                   │
                   └─ 意志品质 ── 主动性、果敢性、
                                  坚韧性、自制性、
                                  自觉性
```

图 4-2-1 优秀运动员训练过程的心能训练监控指标体系

第三节 心能训练监控的测评

在优秀运动员的心能训练监控中采用单一指标或单一测评手段是不合理的。目前心能训练监控的评价体系主要包括注意力水平、专项认知水平、心理技能水平、心理及神经疲劳状态、情绪唤醒状态、运动智力、自信心、应激恢复能力、表象能力与意志品质等。心能训练的监控手段主要集中在传统的心理测验、问卷测试和生理指标上。多学科、多角度的心理监测方法，以及智能控制、人机交互、虚拟仿真训练系统等现代化技术将成为运动员心能训练监控的重要手段和干预应用的研究热点。

一、心能训练水平监控的测量工具

（一）心理量表

1. 心境状态量表

心境状态量表（profile of mood states，POMS）的产生可以追溯到1980年前后。此后，有研究者进一步提出心境状态的"冰山模型"（有高活力、低抑郁、焦虑等特征），运动员的心境状态普遍都趋于健康的"冰山模型"。因此，Terry教授以运动员为常模，以POMS为基础，编制了更适用于运动员的Brunel心境量表（Brunel mood scale）。该量表包含的题目更少，更适合运动员并具有本土语言特征。中国学者祝蓓里进一步修订了该问卷。该问卷在中国得到了广泛使用。全表共有40个条目，包括紧张、愤怒、疲劳、抑郁、慌乱、精力和自尊感7个分量表，前5个分量表评分越高，心境干扰程度越大，后2个分量表评分越高，心境干扰程度越小。

2. 运动员心理疲劳问卷

运动员参加训练或比赛的频率极高，当训练和比赛负荷超过机体的承受能力，运动员就会产生暂时的生理、心理功能减退现象，即运动性疲劳，这是训练的正常反应之一。疲劳大体分为肌肉疲劳、内脏疲劳和心理疲劳。疲劳的程度一般可以通过运动者的自我感觉和某些外部表现来判断。Raedeke和Smith（2001）将运动员的心理疲劳划分为情绪/体力耗竭、成就感的降低和对运动的消极评价3方面，并编制了运动员心理疲劳问卷。该问卷共包括15个题目，其内部一致性信度为0.79，分半信度为0.81。

3. 运动竞赛状态焦虑问卷

运动竞赛状态焦虑问卷（the competitive state anxiety inventory-2，CSAI-2）是由美国伊利诺斯大学的心理学者以多维状态焦虑理论为指导编制的一种对运动员具有特殊测定价值的状态焦虑问卷。该问卷包括3个分量表，分别测量认知状态焦虑、躯体状态焦虑和状态自信心，每个量表含有9道测试题，共27道题。以运动员为样本对问卷进行的信效度检测结果表明，该量表有较好的内部一致性和同时效度。

4. 艾森克个性量表（EPQ）

该问卷由艾森克首发，北京大学陈仲庚修订、编译。该问卷有85项，4个分量表。其中，E（内、外向）、N（神经质）、P（精神质或倔强、讲求实际）分量表分别表示艾森克人格理论中的3个维度。L分量表测定受试者的掩饰或社会性，也代表一种稳定的人格特征。

5. 运动自信来源问卷

该量表有9个分量表，包括技能掌握分量表、能力展示分量表、心理/体力准备分量表、身体自我呈现分量表、社会支持分量表、替代经验分量表、环境舒适度分量表、情境优势分量表和教练员领导分量表，共43道测试题，完成本测验一般需要4～6min。

（二）心理测试系统

1. 注意力干扰测试

斯特鲁普效应（Stroop效应），又译作斯特普效应，指字义对字体颜色的干扰效应。一般认为，念字和说出字体颜色是两个不同的认知过程。早在1886年，J.M.Cattell就意识到若让受试者先区分颜色，再区分文字，阅读过程会变得更加复杂，需要更高的专注度。1935年，实验心理学家John Ridley Stroop对认知和推理之间的关系进行了更深入的研究，并创造了"Stroop测试"。Stroop测试主要用于评估运动员对信息进行分类的能力，以及有选择性地对信息做出反应的能力。在神经心理学实践中，Stroop测试是识别注意力不足的常用工具，还可以辅助诊断痴呆症和脑损伤，甚至可以用以分析压力对注意力的影响机制。

2. 反应时测试（RT）

该测试要求运动员在5～10min内，根据屏幕上出现的刺激（声音或视觉信号），按下相应的反应键，机器会自动记录反应时。反应时是指机体从接受刺激到做出反应所需的时间，也就是从刺激到反应之间的时距。刺激引起了感觉器官的活动，经由神经系统传递给大脑，经过加工再从大脑传递给效应器，作用于外界的某种客体，主要反映人体神经与肌肉间的协调性和快速反应能力。

二、心能训练水平的诊断与评价方式

1. 三元心理诊断模型

竞技体育运动中的"三元评价模型"从运动员的心理状态、教练员的心理状态及公众期待3方面入手，评价运动员竞技水平的发挥。其中，运动员、教练员的心理状态对运动员竞技水平的发挥有直接影响，而公众期待对运动员竞技水平的发挥有间接影响，这种间接影响在大型比赛中尤其显著。因此，竞技体育运动对运动员的心理评价需要从以上3方面入手，多管齐下，共同推动运动员竞技能力的高水平发挥。

2. 运动心理层次分析模型

层次分析法（AHP）是美国运筹学家、匹兹堡大学数学家Satty在20世纪70年代中期提出的一种实用型多目标决策分析方法。它将定性和定量指标统一在一个评估的模型中。该方法首先根据待研究的具体心理问题选择一定的影响因素，并且建立适当的等级层次，层次的划分取决于实际情况，且通常包括目标层、准则层、子准则层、方案层等。其次，必须对要解决的运动心理问题进行分析，确定研究目标，将这个目标作为目标层的元素。通常情况下，目标是单一的，也就是说，结构模型最高层应由单一元素构成。再次，找出影响目标层的影响因素，以其作为准则层的要素。目标层对准则层起支配作用，二者呈隶属关系。最后，确定解决心理问题需要的方案或者措施，并将它们作为层次结构模型底部的方案层元素，通常情况下，方案层元素就是我们抉择的对象，因此，该层次是多元素的。在建立层次结构模型后，对不同层次指标的重要性程度进行赋值，通过两两比较的方法构建判断矩阵，经过加权平均等数学运算，确定每个层次指标的重要性，即相对权重。最终根据组合权重和最大权重原则确定解决心理问题的最优方案，并与实际中的实施方案进行对比，达到诊断心理训练水平的目的。

第四节 心能训练监控的应用

目前，国内外的心能训练监控研究取得了较大进展，推动了运动实践中心能监控的应用，解决了先前运动员心能训练监控方面的部分难题。同时，在运动训练实践中，心能训练监控也有着举足轻重的作用。因此，本节通过案例进一步讲解心能训练监控的具体操作方法，为运动实践和未来相关研究提供参考。

一、心能训练监控在技能主导类同场对抗性项目中的应用

案例一 优秀青少年手球运动员赛前心能监控研究

（一）监控目的

探讨优秀青少年手球运动员赛前心理状态，为运动员赛前心理调整、引导运动员树立正确的心理导向、进一步强化团队精神、获得良好运动表现提供理论参考。

（二）监控对象

27名优秀青少年手球运动员，其中男子15名，女子12名，均为江苏省第19届省运会冠亚军选手，年龄为16～17岁。

（三）监控方法

采用POMS量表对各受试者赛前1周的心理状态进行监测分析。

（四）监控结果

1.不同性别间的比较

如表4-4-1所示，男子运动员和女子运动员在各指标评分和情绪纷乱总分上并未出现显著性差异，表明该年龄段的运动员在心理状态上基本一致，相对稳定。

2.主力与非主力运动员对比分析

女子主力与非主力运动员相比，她们的"慌乱"指标评分出现显著性差异，主力运动员指标评分显著低于非主力运动员。男子主力与非主力运动员相比，"自尊"指标评分出现非常显著性差异，主力运动员指标评分显著高于非主力运动员。原因包括：①实力差异，主力运动员实力强于非主力运动员，在面对大赛之际会相对从容、自信；②性格差异，研究发现，性格外向的运动员各指标评分会优于性格内向的运动员；③训练年限差异，训练年限长的运动员实力相对较强，在竞赛中会更加自信，消极情绪相对较低。

表4-4-1 男女各指标评分和情绪纷乱总分对比

指标	分组	n	$\bar{x} \pm s$	P
紧张	女	12	9.83 ± 4.041	0.099

（续表）

指标	分组	n	$\bar{x} \pm s$	P
愤怒	男	15	7.33 ± 3.539	0.692
	女	12	7.50 ± 4.945	
疲劳	男	15	6.60 ± 6.401	0.647
	女	12	7.00 ± 3.191	
抑郁	男	15	7.67 ± 4.082	0.085
	女	12	6.58 ± 4.316	
慌乱	男	15	3.87 ± 3.563	0.074
	女	12	5.83 ± 1.801	
自尊	男	15	4.20 ± 2.569	0.066
	女	12	6.50 ± 3.966	
精力	男	15	9.60 ± 4.306	0.059
	女	12	9.25 ± 2.006	
TMD	男	15	12.07 ± 4.964	0.069
	女	12	121.00 ± 16.360	
	男	15	108.00 ± 18.609	

（五）结论与建议

本案例通过对27名优秀青少年手球运动员赛前心理状态进行研究发现：①该年龄段的运动员在心理状态上基本一致，相对稳定；②男女主力与非主力运动员间心理状态存在差异，女子主力运动员"慌乱"指标评分显著优于非主力运动员，男子主力运动员"自尊"指标评分显著优于非主力运动员；③运动员心理状态出现差异的原因与实力、性格、运动年限有关。

二、心能训练监控在技能主导类表现难美性项目中的应用

案例二 中国跳水队备战北京奥运会的心理训练与监控

（一）监控目的

为了增强我国参加奥运会跳水项目运动员的心理调控能力，促进他们在北京奥运会比赛中发挥出正常水平，张忠秋紧密围绕国家跳水队科学化训练及奥运比赛特点，结合运动员的个性特征，对重点参赛运动员进行了系统的心理训练与监控。

（二）监控对象

中国国家跳水队备战 2008 年北京奥运会 10m 跳台运动员。

（三）监控方法

对跳水运动员心理训练前后的心理技能得分进行监测。心理训练包括 4 个阶段。第一阶段，研究人员依据"认知—行为"模型理论，使用目标设置训练对被试者进行心理干预。第二阶段，保留目标设置训练，引入放松训练。第三阶段，保留目标设置训练和放松训练，引入表象训练。第四阶段，保留目标设置训练、放松训练和表象训练，引入暗示训练。

（四）监控结果与结论

心理技能水平测试显示，实施心理干预程序前运动员的心理技能总分为（118.89±9.78）分，实施心理干预程序后的心理技能总分为（131.25±6.83）分，配对 t 检验显示，实施心理干预程序前、后运动员的心理技能水平差异显著，实施心理干预后的心理技能水平比实施前高，表明心理干预程序是有效的。心理干预程序结束后，让教练员和运动员分别对心理干预程序的有效性进行评价（采用 5 级评价法进行评定），93.25% 的运动员认为，心理干预程序非常有效或比较有效，只有 1 人认为效果一般；所有的教练员均认为，心理干预程序非常有效或比较有效。也就是说，教练员和运动员均认可心理干预程序的效果。

三、心能训练监控在技能主导类表现准确性项目中的应用

案例三 中国冰壶队备战索契冬奥会的心理状态监控与分析

（一）监控目的

柳荫对备战索契冬奥会期间中国冰壶队运动员的人格特质进行测量分析，比较 2009 年及 2013 年前后两届冬奥会备战期间，运动员人格特质的变化情况。

（二）监控对象

2009 年和 2013 年中国冰壶男队运动员各 9 人，运动等级为国家健将及国际健将，平均运动年限为 15.42 年。

（三）监控方法

采用问卷调查法，利用《大五人格问卷》对中国男子冰壶队全体运动员进行心理测

量，检测指标包括情绪性、外向性、开放性、随和性和意识性。

（四）监控结果

中国男子冰壶队运动员在2010年温哥华冬奥会结束后出现人员调整，重新进行了人格特质的考察，根据大五人格量表计分标准和方法对各队员在各分量表得分进行统计分析，结果如表4-4-2所示。

表4-4-2结果显示，对比2009年，2013年中国男子冰壶运动员整体的人格特质发生显著变化。运动员在情绪性、外向性、意识性分量表中的得分显著提高，在开放性分量表中的得分显著降低。情绪性和外向性高代表运动员更容易兴奋、活跃，同时积极开朗、朝气蓬勃，对新鲜事物充满好奇、喜欢挑战。但由于大部分运动员处在青春期末期、成年期早期，情绪性水平较高，易冲动，易焦虑，这就需要心理科研服务人员做好相关认知调解工作，更好地帮助年轻运动员提高心理稳定性。意识性水平的提高有赖于我国冰壶项目的整体特征及我国的竞技体育文化，我国的冰壶运动整体战术风格偏保守，多以防守反攻见长，因此运动员意识性水平较高，意识性水平高的个体责任心强、自控力水平高，这也符合中国男子冰壶队竞技水平的整体状况。2010年冬奥会我国冰壶队未进入前八名，而2014年索契冬奥会中国男子冰壶队进入前四名，这也是自律、自控水平高的结果。开放性水平降低说明运动员越来越踏实，能脚踏实地地训练，进而对夺取优异竞赛成绩的奋斗目标高度认可。一步一个脚印刻苦训练也是中国冰壶国家队一直以来的传统，不去想结果，完成好当下的训练比赛任务，也是较低开放性人格水平的体现。

表4-4-2 中国男子冰壶队2009年和2013年人格测试结果比较

年度	情绪性	外向性	开放性	随和性	意识性
2009	71.59 ± 6.56	64.70 ± 12.46	77.30 ± 9.26	70.86 ± 8.86	70.12 ± 5.91
2013	74.98 ± 13.26	69.98 ± 7.95	74.14 ± 12.85	69.06 ± 15.75	75.51 ± 8.94

（五）结论与建议

中国男子冰壶队2009年和2013年人格特质发生变化，情绪性、外向性、意识性水平提高，开放型水平降低。新生力量的引入及队伍竞技水平的提高都是人格特质发生变化的原因。

第五节 对心能训练监控的思考

目前心能训练监控的手段比较单一，与其他学科联系不够多，由于运动员心理问题的产生会受到其他因素的影响，因此，对优秀运动员的心能训练监控，应从运动训练学、心理学、行为学、神经生理学、图像分析学等多学科综合出发，进行探索和应用开发。

对运动员进行心能训练监控常采用普适化的测试设备、仪器和指标，少有研究考虑所监控运动项目的专项性特征。因此，要提高监控效果，应该从监控项目的专项化、个性化出发。

当前，国内外心能训练监控的应用研究多聚焦于技能主导类项群，对于体能主导的速度性、力量性和耐力性项群关注较少。然而，体能主导类项目的运动员若想保持成绩稳定，也需强大的心理能力。因此，未来应加强体能主导类项目的心能训练监控研究。

讨论与思考

1. 如何开展集体运动项目运动员的心能训练监控？
2. 试述可穿戴设备在运动员实时心能训练监控中的开发与应用。

推荐阅读

1. 杨阿丽.雪上技巧项目运动员心理训练监控体系的建立——以自由式滑雪空中技巧和单板U型场地为例[J].沈阳体育学院学报，2011，30（1）：52-54，61.

2. 张宇，马铁，衣雪洁，等.自由式滑雪空中技巧国家队队员冬训期心理状态的监控与分析[J].沈阳体育学院学报，2012，31（4）：86-89.

3. 符谦，周成林，周游.短道速滑运动员心理控制指标构建与评定[J].西安体育学院学报，2007，24（2）：5.

4. 杜芸芸，王晓芬，郭建伟，等.射击选手竞赛心理状态智能化监测系统的设计与实现[J].天津体育学院学报，2013，28（6）：535-538.

5. 庞雪林，张正则.CUBS男运动员专项心理能力指标的构建及比较研究[J].沈阳体育学院学报，2011，30（6）：3.

6. 张忠秋，赵国明，刘运洲，等.中国跳水队备战北京奥运会的心理训练与监控[J].体育科学，2009，29（11）：8-14，22.

7. 陆颖之，王小春，周成林.认知神经科学视角下冬奥心理科技攻关服务新体系的构建与应用[J].上海体育学院学报，2023，47（11）：57-67，78.

8. 刘书强，张忠秋，邱俊，等.我国优秀帆船帆板运动员赛前心理状态监控及调控效果研究[J].山东体育学院学报，2021，37（6）：70-76.

CHAPTER 05 第五章

战能训练监控

以科技支持为重要手段，努力实现科学化训练和参赛，对于提高运动员的竞技能力，进而通过比赛将其最大限度地转化为运动成绩起到重要的保障作用。在各种科技支撑中，比赛战术的分析与诊断是实施科学化训练和程序化参赛的核心。与此同时，科学准确的监控是提高运动员战术能力的关键。通过精确的战能训练监控，教练员可以根据监控结果明确训练指标，制订切实可行的训练计划。

第一节 战能训练监控概述

本节重点从战能训练监控的释义、战能训练监控的作用和战能训练监控的分类三个方面对战能训练监控进行概述。

一、战能训练监控的释义

战能即战术能力，战能训练监控主要是指采用科学、合理、含有数量关系的监测方法和手段，获取与运动员战术训练水平有关的各种信息，并对这些信息进行系统的整理、归纳和分析，从而对运动员的战术训练水平做出客观的评定，并从中找出训练中的不足，"对症下药"，为提高战术训练质量提供依据。

二、战能训练监控的作用

战术能力是竞技能力的主要构成要素和训练内容，也是反映专项运动特征的主要形式。现代竞技体育比赛的竞争越来越激烈，比拼的不仅是体能、技能、心能、智能等竞技能力，战术能力的比拼亦是至关重要的。战术能力在不同的运动项目中所体现出的作用不同，在田径、游泳等以体能为主要竞技特征的周期性项目中，对战术的要求比较低，其战术能力对比赛成绩的贡献相对较低；而在以技能为主的非周期性对抗项目中，对战术组织和运用的要求很高，战术能力对比赛成绩的贡献相对较大，战术的作用就被大大凸显出来。因此，对该类项目战能训练进行监控，可以为有效实施战术指导思想提供参考，使运动员的体能、技能均得到充分发挥，为取得更高成绩奠定基础。

三、战能训练监控的分类

战能训练监控分类如图 5-1-1 所示。

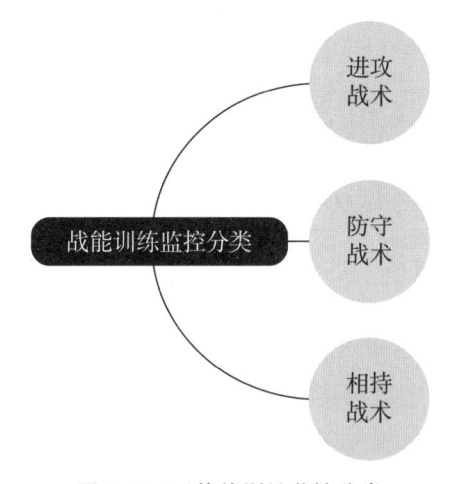

图 5-1-1　战能训练监控分类

（一）对进攻战术的监控

当今的竞技体育是在激烈、高强度的攻防对抗中进行的，对运动员的主动得分能力和反击得分能力提出了更高的要求。比赛不仅要求运动员具有全面的攻防技术、娴熟的串联技术、高水平的体能、多变的个人进攻战术，更要求竞赛队伍能有多套灵活多变、发挥各队员特长的集体进攻战术。由于进攻是诸多项目比赛中最主要的得分手段，进攻水平的高低是衡量一支竞赛队伍实力的重要标志之一，也是取得比赛胜利的重要保证。一支竞赛队伍若要具有一流的进攻战术打法和水平，就必须在日常训练中有量与质的保证，并要对自身进行进攻战术水平的诊断与评定。在现代竞技运动训练过程中，教练员及时、不断地对运动员进攻战术能力的实际状态进行检查和评定，是科学训练过程中必不可少的环节，对战术训练发展具有导向作用，也是当今运动训练研究的热点问题。

（二）对防守战术的监控

有研究指出，攻防两端的弹性平衡才是竞技比赛的制胜规律，进攻指标只能体现竞技队伍在某一特定战术条件下的单方面能力，只有对防守战术运用能力进行综合分析，才能对一支队伍的战术特征和技术风格做出较为客观的评价。现代竞技运动正朝高速度、高强度、激烈对抗的方向发展，而对抗的焦点充分体现在攻防矛盾中。随着竞技运动战术水平的不断提高和"攻守平衡，守中有攻"竞技理念的发展，一支竞技队伍的防守水平已经成为在比赛中制约对手、占据主动的关键。防守作为胜利的法宝已得到世界各队的高度重视，"重攻轻守"的指导思想已成为历史，攻击性防守顺应而生，其不再是单纯的被动防守和等待对手出现失误，而是朝更具主动性、攻击性的方向发展，迫使对手按防守的变化进攻，从而取得比赛的胜利。因此，采用不同的研究视角和评价指标，以防守质量、防守效率和失分数据为依据，对竞技队伍防守战术的运用能力及总体防守表现进行横向与纵向的综合监控，探讨各项目防守战术训练的重点和未来发展趋势，以求不断丰富各项目的战术理论体系，是我国竞技体育未来创新发展的要点。

（三）对相持战术的监控

当今运动员各项技术掌握程度和战术运用时机的差距逐渐缩小，短回合得分或取胜的难度不断增大，所以在比赛相持阶段中的战术运用显得尤为重要。若能在相持阶段占得先机，率先发挥出自身技战术优势，则可大幅提升获胜概率。相持阶段可以分为主动相持、均衡相持和被动相持3种情况。主动相持指在相持当中处于主动地位（连续进攻）。均衡相持指在相持过程中双方处于一种僵持不下的状态，难分伯仲。被动相持指的是在相持过程中仅能完成被动防守，难以发起主动进攻的状态。基于此，不少研究以比赛相持阶段的视频为实验材料，对相持阶段运动员使用的战术特征进行监控诊断，探究相持战术运用上的共性和个性特征，进一步探索优秀运动员在相持阶段的战术信息的加工能力。研究结果可为改善运动员战术训练效果提供理论依据，也可进一步丰富各运动项目的战术训练理论体系。

第二节　战能训练监控指标体系

在不同的运动项目中，战术所体现出的重要性也不同，其中，在以技能主导类对抗性球类运动项目中，战术能力训练效果的监控显得尤为重要。以下呈现的是乒乓球、排球、足球和篮球4个球类项目的战能训练监控指标体系（图5-2-1和图5-2-2）。

第五章　战能训练监控

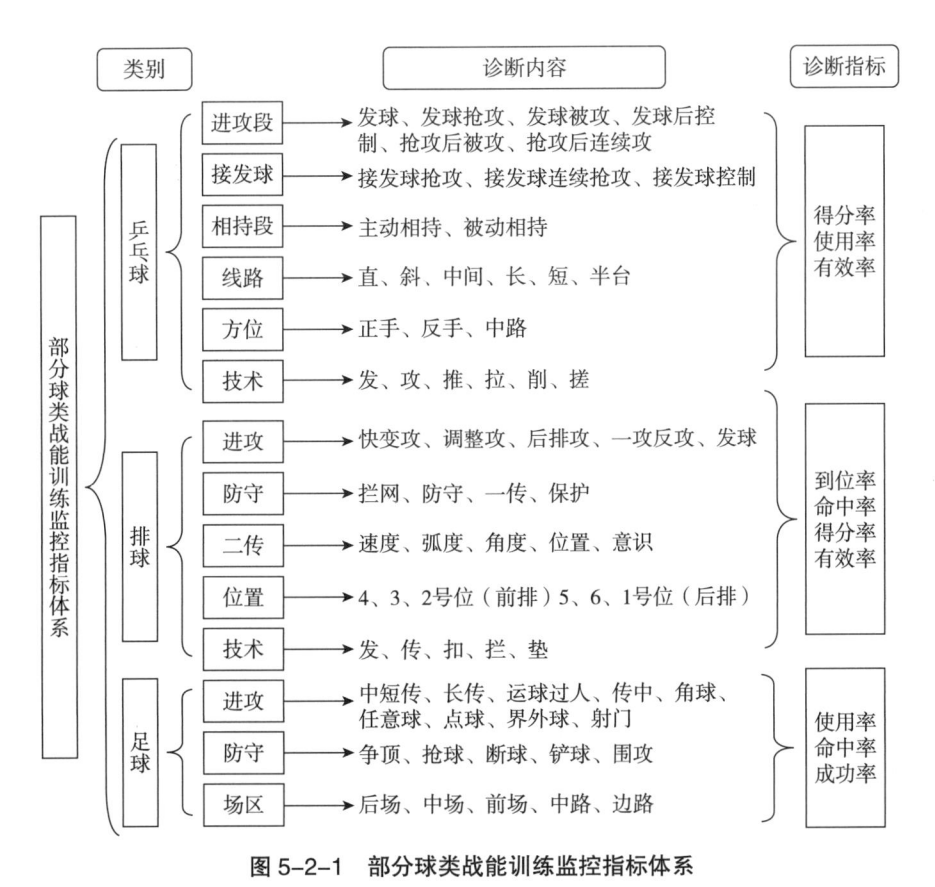

图 5-2-1　部分球类战能训练监控指标体系

类别		诊断内容	诊断指标
部分球类战能训练监控指标体系	**乒乓球** — 进攻段	发球、发球抢攻、发球被攻、发球后控制、抢攻后被攻、抢攻后连续攻	得分率 使用率 有效率
	接发球	接发球抢攻、接发球连续抢攻、接发球控制	
	相持段	主动相持、被动相持	
	线路	直、斜、中间、长、短、半台	
	方位	正手、反手、中路	
	技术	发、攻、推、拉、削、搓	
	排球 — 进攻	快变攻、调整攻、后排攻、一攻反攻、发球	到位率 命中率 得分率 有效率
	防守	拦网、防守、一传、保护	
	二传	速度、弧度、角度、位置、意识	
	位置	4、3、2号位（前排）5、6、1号位（后排）	
	技术	发、传、扣、拦、垫	
	足球 — 进攻	中短传、长传、运球过人、传中、角球、任意球、点球、界外球、射门	使用率 命中率 成功率
	防守	争顶、抢球、断球、铲球、围攻	
	场区	后场、中场、前场、中路、边路	

图 5-2-2　篮球战能训练监控指标体系

分类			指标	方法
篮球战能训练监控指标体系	**进攻** — 阵地进攻	集体配合 / 个人进攻	2分球投篮、2分球投中、2分球命中、3分球投篮、3分球投中、3分球命中、罚球次数、罚球命中、罚球命中率、二次进攻次数、二次进攻命中、二次进攻命中率、进攻篮板球、助攻、进攻失误、基础配合（掩护、策应、传切、突分）次数、成功次数、成功率、进攻区域（1区、2区、3区）、固定进攻战术配合次数与成功率	1.文献研究 2.调查访问 3.数理统计 4.极值剔除 5.专家评价 6.逻辑分析
	衔接段进攻	集体配合 / 个人进攻	抢断快攻、篮板球快攻、界外球快攻、争球、快攻、抢攻（次数、成功次数、命中率）	
	防守	个人防守 / 集体防守	抢断、防守篮板球、封盖、防守犯规、失误、联防、半场人盯人、全场紧逼、区域紧逼、协防、换防、包夹、关门	

109

一、进攻战术监控指标

在足球项目中，通过对进攻战术的内容结构分析可知，进攻阶段主要包含3部分，即创造空间阶段、进攻组织阶段及进攻形成阶段。创造空间阶段一般发生在由守转攻阶段，根据进攻原则可知，比赛由防守转为进攻时首先要创造进攻的宽度与深度，其目的在于通过增大对方的防守面积来寻找己方的进攻空间，为接下来的战术配合、渗透突破创造条件。根据进攻战术原则、前人研究基础及专家问卷筛选，研究人员将创造空间通过4个具体指标反映，分别为边线空间、有球者进攻空间、后卫线紧凑度及后卫线身后空间（表5-2-1）。运动员通过跑动创造出空间后，进攻方要通过有效的组织将球向前推进，并尽可能形成有效的进攻局面，该阶段即为进攻组织阶段，其目的在于通过渗透、传切等战术配合形成有效的进攻模式。该阶段通过接应点、进攻位置、自由人数、空间突破及向前推进深度（表5-2-1）指标反映。当进攻至罚球区附近时，防守方一般会采用紧逼、换位、协防等措施进一步加强防守，这时进攻者必须运用各种有球和无球技术为得分创造机会，打破守方的防守部署。为此，控球者就需要通过巧妙地运球、突破摆脱或者牵制对方，无球队员则要积极跑位，灵活运用战术配合完成插入与接应等任务，进而形成射门，该阶段即为进攻形成阶段。该过程的要点为控球队员的控球与突破、无球队员的跑位与接应。因此，该阶段的评价主要通过突破人数、边路空间及接应点等指标实现。

表 5-2-1　足球进攻战术评价指标体系

阶段	测量指标	操作概念	指标赋分 1	2	3	4	5
创造空间阶段	后卫线身后空间 /m	在进攻时，防守方后卫线与守门员之间的距离	<5	10	15	20	≥20
创造空间阶段	后卫线紧凑度 /m	在进攻时，防守方后卫线的紧凑程度，即后卫线最前端队员与最后端队员的直线距离	<3	6	9	12	≥12
创造空间阶段	有球者进攻空间 /人	进攻方持球队员周围的空间，通过周围的防守队员人数予以反映	24	3	2	1	0
创造空间阶段	边路空间 /m	在进攻方持球者与对方球门之间，防守队员最外端队员留给进攻方的进攻空间	<15	20	25	30	≥30
进攻组织阶段	接应点 /人	在进攻过程中，控球队员与接应队员之间形成的传球路线的数量	0	1	2	3	≥4
进攻组织阶段	进攻位置 /人	进攻队员与其防守队员距离进攻球门的位置	0	1	2	3	≥4

(续表)

阶段	测量指标	操作概念	指标赋分 1	2	3	4	5
进攻组织阶段	自由人数/人	在进攻过程中,进攻方队员未被紧盯的队员数量	0	1	2	3	≥4
	空间突破/人	在进攻过程中,两名进攻队员之间纵深传球突破防守队员的人数	51	2～3	4～5	6～7	≥8
	向前推进深度/m	在进攻过程中,进攻队员之间形成的纵深传球向前推进的距离	<5	10	15	20	≥20
	突破人数/人	控球队员尝试运球突破的防守队员的数量	<1	2	3	4	≥5
进攻形成阶段	接应点/人	在进攻过程中,控球队员与接应队员之间形成的传球路线的数量	0	1	2	3	≥4
	边路空间/m	在进攻方持球者与对方球门之间,防守队员最外端队员留给进攻方的进攻空间	<15	20	25	30	≥30

排球的各项进攻战术并不是独立的,呈现出相互影响、相互制约的态势。因此,对进攻战术的评价并不能单纯地从个别战术出发,应从整体角度,从各项战术对比赛胜负的贡献程度给予评定。由于排球比赛包括一攻和再攻,因此有研究把一攻命中率、一攻得分率、再攻命中率、再攻得分率作为一级评价指标;再根据排球比赛中较多应用强攻和快攻(包括立体进攻),把一攻强攻命中率、一攻强攻得分率、一攻快攻命中率、一攻快攻得分率、再攻强攻命中率、再攻强攻得分率、再攻快攻命中率及再攻快攻得分率作为二级评价指标(表5-2-2)。

表5-2-2 世界女排强队进攻水平诊断指标

等级	评价指标	x	σ	$x+1.288$	$x+0.678$	$x-0.678$	$x-1.288$
一级	一攻命中率	0.493	0.123	0.65	0.575	0.411	0.336
	一攻得分率	0.355	0.103	0.528	0.465	0.327	0.264
	再攻命中率	0.358	0.155	0.556	0.462	0.16	0.16
	再攻得分率	0.25	0.102	0.381	0.318	0.119	0.119
二级	一攻强攻命中率	0.425	0.179	0.554	0.545	0.305	0.196
	一攻强攻得分率	0.174	0.093	0.293	0.236	0.112	0.065
	一攻快攻命中率	0.56	0.183	0.701	0.683	0.437	0.326
	一攻快攻得分率	0.217	0.104	0.151	0.285	0.148	0.085
	再攻强攻命中率	0.356	0.155	0.554	0.16	0.252	0.158

（续表）

等级	评价指标	x	σ	x+1.288	x+0.678	x−0.678	x−1.288
二级	再攻强攻得分率	0.174	0.091	0.294	0.237	0.111	0.004
	再攻快攻命中率	0.498	0.336	0.928	0.773	0.773	0.008
	再攻快攻得分率	0.075	0.056	0.147	0.113	0.037	0.003

篮球运动员进攻战术的整体结构和完整过程评价如表 5-2-3 所示。

表 5-2-3　篮球运动员进攻水平诊断指标

一级指标	二级指标	指标内涵
基础配合意识	掩护意识	掩护发动意识强，掩护位置合理，掩护后抢位凶狠
	传球意识	机会出现时及时准确地把球传出，为同伴创造进攻机会
	策应意识	策应时机、角度合理，善于为同伴创造进攻机会
快攻意识	快攻发动意识	预判机会，能传不运，抢到快攻
	快下跟进意识	积极快下跟进，位置合理，参与快攻
	结束阶段配合意识	位置选择合理，牵制防守，快速发动配合，成功率高
篮板球意识	抢防守篮板球意识	积极拼抢、挡人抢位、成功率高
	抢进攻篮板球意识	积极判断、每球必冲、勇猛顽强
个人行动意识	篮下强攻意识	有较强卡位接球意识，能根据防守情况对抗强攻，有较强得分意识

二、防守战术监控指标

首先，足球项目中拦截球能力可以反映出球员在场上的观察判断和执行能力。防守队员需要在对手接球前预判传球线路，并将传球拦截。专家认为，足球运动员通过场上队友、对手及球的位置预判对手传球线路的能力可以直接体现其战术水平。因此，拦截能力是防守战术监控的重要指标，并进一步演化出"预判线路完成断球"1 个三级指标。其次，1 对 1 防守能力共包含 2 个三级指标，分别为"在对手接球前是否具备压迫意识"和"1 对 1 状态下防守战术的运用能力"。教练员在赛前布置战术时，多会安排中后卫对对手锋线球员进行一对一盯防，防守意识出色的中后卫需要在对方锋线队员接球前进行压迫，限制对手接球转身。当中后卫球员作为第一防守人与对方持球队员形成 1 对 1 局面时，中后卫的防守脚步、防守距离、抢断时机等防守策略的运用是防守战术监控的重点指标。再次，防守协同力亦为重要的防守战术评价指标，防守协同力是指比赛中与队友交流协作共同完成防守行为的能力，包含"沟通指挥队友""对队友协防保护""为队友补位"3 个三级指标。中后卫在比赛场上的视野较为开阔，因此在防守的过程中需要时刻与队友沟通交流，采取有效手段遏制对手的进攻。当队友上前防守时，中后卫的协防保护至关重要；当队友前插配合进攻时，中卫队员同样需要上前补位，确保可以形成有效支援。最后，对足球运动员防守战术的评价还应从攻守转换方面进行，中后卫球员攻守转换能力共包含"丢球后防止打反击"和"快速回撤"2个三级指标。当中后卫作为攻守转换的第一防守人时，需要迅速反抢阻止对方向前推进，并等待队友完成支援；作为非第一防守人时，中后卫需要快速回撤对队友形成支援（表5-2-4）。

表 5-2-4 足球防守战术水平诊断指标

三级指标	算术平均值	变异系数
传球威胁性	7.571	0.124
传球准确性	7.286	0.100
接球前的观察	7.143	0.172
接球后的处理	6.857	0.180
运球形成突破或保住球权	6.714	0.197
射门时机的把握	6.714	0.108
远射能力	7.429	0.115
拉开角度接应	7.143	0.075
快速前插配合进攻	7.286	0.100
快速组织反击	7.429	0.115
头球完成进攻	7.571	0.161
主罚任意球和点球	7.714	0.129
进攻角球争抢	7.714	0.129
主罚球门球	7.714	0.129
占据内线位置	8.571	0.099
贴身紧逼	8.256	0.120
区域盯人	8.143	0.126
预判线路完成断球	8.711	0.083
上抢时机判断	8.429	0.111
身体运用	7.714	0.129
1对1防守战术运用	8.113	0.126
感染力	7.711	0.129
对队友协防保护	8.286	0.120
为队友补位	8.571	0.099
就地反抢延缓	8.714	0.083
快速回追支援	8.143	0.126
头球争顶解围	8.000	0.130

排球防守战术水平诊断指标如表 5-2-5 所示。

表 5-2-5　排球防守战术水平诊断指标

战术	中国胜局—外国负局			中国负局—外国胜局		
	$\bar{x}$	$\bar{x}$	σ	$\bar{x}$	$\bar{x}$	σ
防强攻	3.58	4.76	0.471	3.1	5.23	0.000**
防快攻	2.52	2.44	0348	2.54	2.20	0.297
防后排攻	2.93	2.78	0.254	2.40	3.19	0.029*
防二次攻	2.56	1.71	0.086	1.67	2.85	0.043

注：* 表示差异显著，** 表示差异极其显著。

篮球防守战术水平诊断指标应尽量选取防守者自己积极主动出击完成防守，并造成对方犯规、违例等指标，较少选取由进攻方发挥失常所导致的失误、丢球、违例等模棱两可的指标。现代篮球的防守处在攻击性防守阶段，在评价球队、队员的防守质量时，应尽可能地加入队员防守的过程性指标，避免在评价时忽略个人能力。基于上述评价理念，可以对现代篮球比赛中的防守战术提供客观、全面的评价。通过参考相关文献资料，我们得到确定篮球防守战术评价指标体系的原则：①整体性原则；②目标一致性原则；③可度量原则；④同层次指标相互独立原则；⑤经济性原则。篮球防守战术水平诊断指标如表 5-2-6 所示。

表 5-2-6　篮球防守战术水平诊断指标

个人防守（A1）			集体防守（A2）		防守效果（A3）	
抢断、打球、封盖（B1）	判断准确、起动及时、出击果断（C1）		队员防守（B6）	对持球人大胆紧逼，有针对性逼边、逼区、逼点，形成夹击（C16）	直接获取球（B11）	比赛中抢断球的次数（C30）
	迅速贴近持球队员，并抢占有利防守位置（C2）			当对方做掩护时，尽量采用延误配合，堵截其进攻路线（C17）		比赛中成功封盖的次数（C31）
	选位合理、身体接触合规（C3）					
防有球移动（B2）	脚步移动灵活，积极封堵持球队员攻击威胁传球、运球（C4）			积极与同伴形成关门配合，并协防、补防进攻队员（C18）		防守篮板球获得的次数（C32）
	当球传出后积极封堵其空切（C5）					由于防守紧逼造成对方进攻犯规（C33）

（续表）

个人防守（A1）		集体防守（A2）		防守效果（A3）	
防有球移动（B2）	防守紧逼，利用身体和脚步扩大自身防守区域，防守不失位（C6）	全队瞬间攻防转换（B7）	顺势转换反应，防守到位快（C19）	直接获取球（B11）	由于防守紧逼造成对方进攻失误（C34）
	对手停球后立即向前紧逼，封堵投篮和传球（C7）		首先堵住最有危险的区域与队员（C20）		
防无球移动（B3）	错位防守、抢占有利防守位置，封锁所防对手接球路线（C8）	防守针对性（B8）	控中逼边，快速回防，切断对手传球路线（C21）	防守犯规和失误（B12）	由于防守失位造成的进攻犯规（C35）
			主动协防、补防重点进攻队员（C22）		由于脚步移动慢所造成的犯规（C36）
	破坏自己所防对手在习惯攻击点接球（C9）		不让重点队员在习惯进攻区域接球（C23）		防守明显漏洞（C37）
	防守紧逼、延误对手接球时机，使其失位（C10）		防守始终给进攻方以压迫（C24）		对方助攻的次数（C38）
防投篮（B4）	干扰对手投篮节奏，使其仓促投篮（C11）	全队防守沟通（B9）	积极主动相互喊话，交接对手（C25）		干扰对方投篮次数（C39）
	不让对手在习惯区域或有准备时间投篮（C12）		防守声势给对方造成紧迫感（C26）	防守效率（B13）	破坏对方基础配合的次数（C40）
拼抢篮板球（B5）	观察判断篮球落点是否准确（C13）	防守快攻（B10）	防守集体退防迅速（C27）		对方总得分（C41）
	启动及时，抢位、挤对方合规（C14）		选择合理位置，封堵一传（C28）		
	点拨、争抢篮板球时机把握合理，下手快而凶，很好保护球（C15）		起动迅速、抢位堵截接应点（C29）		

三、相持战术监控指标

网球相持阶段的得分率和使用率是其最基本的评价参数。对世界优秀男子网球选手硬地比赛的使用率、得分率进行分析，通过各拍（组合拍）战术运用特点，可从整体上把握运动员相持阶段的战术运用特征和规律。结果发现，网球相持阶段的战术运用特征表现为，使用率从第 7 拍向后缓慢降低，由 5.31% 下降至 0，该阶段发球局与接发球局得分率整体上不存在显著性差异，说明发球方与接发球方难分伯仲，发球优势已不复存在，比赛转化为运动员底线相持能力的对抗。此外，相持阶段战术运用的得分特征体现为两个小阶段：第一小阶段为 7～14 拍，累计使用率为 21.87%，得分率在 41.00%～48.00% 内小范围波动，发球局各拍（7、9、11、13 拍）得分率明显低于第 1、3、5 拍；而接发球局（8、10、12、14 拍）各拍得分率明显高于第 2、4、6 拍，说明在发球局，随着击球序列的延伸，运动员得分概率呈下降趋势。而在接发球局，随着击球序列的延伸，运动员得分概率呈上升趋势。第二小阶段为 15 拍及其以后各拍，该小阶段累计使用率为 5.35%，各拍使用率均小于 1.00%，因此对比赛胜负的贡献较小（表 5-2-7）。

表 5-2-7　网球相持阶段第 7 拍与第 8 拍得分率比较

第 7 拍（n=120）	第 8 拍（n=120）	t	P	Cohen's d
45.94 ± 13.03	43.08 ± 13.57	1.665	0.097	0.21

第三节　战能训练监控的测评

战能是决定运动员竞技能力的重要因素，对比赛的胜负起着至关重要的作用。对运动员比赛中战术运用的统计与分析，既能客观地评价运动员的战术运用特点，又能监控运动员战术运用的优势与不足，为运动员下一步训练和比赛方案的设计提供重要依据。那么，如何对运动员的战能进行有效监控，是科研工作者和教练员的工作重点。本节就战能训练监控的测试方法与评价手段进行论述。

一、战能训练水平监控的测量工具

（一）录像分析技术

目前，主流的战术监控方式是录像分析法，通过对场上运动员的技术特点进行记录，结合数理统计法制订有针对性的进攻或者防守策略。例如，爱捷录像分析系统在速滑运动中的应用、Sports Code 技战术分析软件在篮球和足球项目中的应用等。广东宏远华南虎篮球俱乐部东莞银行篮球队在 2005 年率先引进了国外先进的录像分析软件，将录像分析软件运用于日常训练、赛前备战、赛中技战术策略制订及赛后总结反馈。通过录像分析软件及时将分析结果快速反馈给主教练，主教练根据分析结果，有针对性地做出技战术调整，让运动员和团队的能力发挥出最高水平。郭浩杰（2020）通过研究发现，在山东西王、新疆伊力特、北京控股、广东东莞、辽宁本钢、江苏肯帝亚等 20 支 CBA 球队中，有15支球队运用Sports Cord软件对球员训练和比赛情况进行分析，4支球队使用Game Breaker录像分析软件，1支球队使用iMovie录像分析软件。

（二）比赛同步的计算

在电影《夺冠》中，有这样一段情景，科研人员告诉女排教练："美国用电子计算机参与训练，只要将运动员的数据输入电脑，我们的运动员在赛场上就没有任何秘密"，女排教练听后当即决定将网升高15cm。在排球项目中，Data Volley软件也是被世界各排球队广泛使用的战术统计软件。Data Volley软件结合Data Video软件可将比赛视频与排球技战术统计分析同步，统计结果能以视频、图、表等诸多方式展现。统计数据与视频数据实现了关联，比赛通过无线传输、彩色打印或语言交流等方式实现了场外分析与场内教练组的即时沟通（陈贞祥、仰红慧，2014；张兴林，2009）。

（三）可穿戴设备植入芯片监控

基于ZigBee的足球跑位监控系统，可以很好地对运动员的运动轨迹路线进行有效监控（郭惠先、罗伟坤，2010），在足球训练中实现了计算足球运动员的累计跑动距离、起跑反应、场上各位运动员的跑位配合及执行教练的战术意图（图5-3-1）。

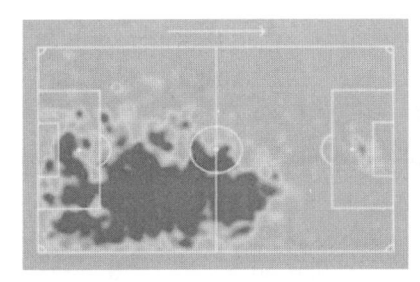

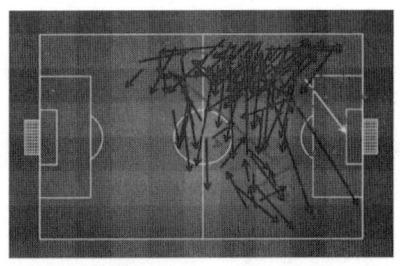

图5-3-1　足球跑位监控系统界面

（四）教练的临场观察

主教练的战术安排和临场指挥对比赛的走向至关重要。例如，主教练会根据场上双方球员的表现、自己的执教经验，并结合教练团队和技术人员的反馈，及时更换进攻、防守战术，适当地调整场上球员及掌控比赛节奏，这些都是教练对战术的合理运用。

二、战能训练水平的诊断与评价方式

（一）FUZZY综合评判法和模糊数学综合评判法

FUZZY综合评判法和模糊数学综合评判法，是针对战术评判中没有严格的指标去评价运动员的战术能力的高低所进行的评价方法（刘晋、原海波，1992）。这两种评价方法均是设计和创立各种评判表格，选择数学模型和算子，编制计算机程序软件，根据专家经验确定权重系数的方案。以篮球项目为例，在FUZZY综合评判法中，设因素集合为 $\mathbf{V}=(V_1, V_2, \cdots, V_n)$，设评语集合为 $\mathbf{W}=(W_1, W_2, \cdots, W_n)$。V是篮球比赛或者训练中各战术的运用情况。比如，$V_1$ 为掩护者的同伴必须掌握好配合时机，合理地运用"V"字摆脱，将被掩护者带到静立掩护的"墙"上。V_2 为掩护者选位、距离、姿势及静立掩护动作是否合理与合法。V_3 为在对方交换防守时，掩护者要注意运用第2动作，即面向同伴转身切入篮下。V_4 为快攻发动阶段，抢篮板获球分散步伐正确，一传接应迅速准确，插中步伐正确，跑动路线合理。V_5 为推进阶段，边线快速超越时沿边线侧身跑和中路运球推进时应保持纵深队形，在罚球线外停步并将球传出。V_6 为结束阶段，注意队形落位，必须在行进间投球中篮。W=（优、良、中、及格、差），通过赋予 V_1、V_2、V_3 等因素不同的权重，通过公式计算出个人的战术水平。模糊数学综合评判法与其类似，图 5-3-2 为计算示例。

以某一学生评判结果为例，对其战术进行评判，其 $M(\cdot, +)$ 型算子建立的评判过程如下。由各单因素评判组成的模糊集，其矩阵 $\mathbf{R}$ 为

$$\mathbf{R} = \begin{Bmatrix} R_1 \\ R_2 \\ R_3 \\ R_4 \\ R_5 \\ R_6 \end{Bmatrix} = \begin{bmatrix} 0.5 & 0.5 & 0 & 0 & 0 \\ 0.25 & 0.5 & 0.25 & 0 & 0 \\ 0.25 & 0.75 & 0 & 0 & 0 \\ 0 & 0.25 & 0.25 & 0.25 & 0.25 \\ 0 & 0 & 0.25 & 0.25 & 0.25 \\ 0 & 0.25 & 0.5 & 0.25 & 0 \end{bmatrix}$$

权重系数分配为 $A=\{0.15, 0.25, 0.15, 0.2, 0.15, 0.1\}$

由 $\mathbf{B}=A_0\mathbf{R}$ 可得战术考试综合评判向量 $\mathbf{B}$。

$$\mathbf{B}=A_0\mathbf{R}=\{0.15, 0.25, 0.15, 0.2, 0.15, 0.1\} \begin{bmatrix} 0.5 & 0.5 & 0 & 0 & 0 \\ 0.25 & 0.5 & 0.25 & 0 & 0 \\ 0.25 & 0.75 & 0 & 0 & 0 \\ 0 & 0.25 & 0.25 & 0.25 & 0.25 \\ 0 & 0 & 0.25 & 0.25 & 0.25 \\ 0 & 0.25 & 0.5 & 0.25 & 0 \end{bmatrix}$$

经运算得 $\mathbf{B}=\{0.18, 0.39, 0.20, 0.11, 0.09\}$；

按各隶属度 b_j 的幂为权进行加权平均，得考试成绩：

$$a = \frac{0.18^2 \times 95 + 0.39^2 \times 85 + 0.20^2 \times 75 + 0.11^2 \times 65 + 0.09^2 \times 55}{0.18^2 + 0.39^2 + 0.20^2 + 0.11^2 + 0.09^2} = 82.9$$

图 5-3-2 模糊数学综合评判法计算示例

以足球为例，一般的战术评价指标分为进攻战术指标和防守战术指标（表 5-3-1、

表5-3-2)。

表5-3-1 足球各时段突破防线进攻次数

国家	0'~15'	16'~30'	31'~45'	46'~60'	61'~75'	76'~90'	备注
韩国	9	14	8³¹	8	10	8★★	
韩国	11	13	20⁴⁴	15	9	18	
韩国	6	8	13²⁷	9★	10★	27	
西班牙	13	11	9³³★★	7	9	4²⁰	
玻利维亚	11	10	14³⁵	11	8	13³²	
德国	8★	15★	6²⁹	16	10	5³¹	
沙特阿拉伯	6★	8	8²²★	12	13	9³⁴	(56)
沙特阿拉伯	4	11	12²⁷	6	10	11²⁷	(54)
沙特阿拉伯	12	10	15³⁷	16	16	21⁵³★	(90)
摩洛哥	17	18★	18	14	17	28⁵⁹	
比利时	16	14	26	21	12	14⁴⁷	
荷兰	12	12	21	12★	18	22⁵²★	

注：每格中的星号代表进球，格中右上角数字代表上下半时进球突破防线的进攻次数。

表5-3-2 足球各场区防守技术运用比较

届别	总次数 次数	总次数 成功数	总次数 成功率/%	前场 次数	前场 占总数/%	前场 成功率/%	中场 次数	中场 占总数/%	中场 成功率/%	后场 次数	后场 占总数/%	后场 成功率/%
14届	122.7	52.4	42.7	14.5	11.8	41.6	69.8	56.9	41.1	38.5	31.4	46.2
15届	120.5	81.1	67.3	7.7	6.4	54.5	53.5	44.4	60.9	59.3	49.2	71.3

（二）分段指标战术评价方法

分段指标评价方法是把整体的战术能力分为多个部分进行评价，以乒乓球运动为例，吴焕群将乒乓球的24项技术内容分为三段，每一球的争夺取决于发抢（含发球、发球抢攻、发球被攻）、接抢（含发球、接球后被攻、接发球抢攻等）和相持（含主动进攻、被动防御及其相互转换等），并运用以下公式计算：得分率 = 段得分之和 /（段得分 + 失分之和）× 100%，使用率 = 段得失分之和 / 全局得失之和 × 100%，并规定了评价指标（赵喜迎、唐建军，2018），即在单打中，发球抢攻段：得分率 60%～70%，及格 60%，良好 65%，优秀 70%，使用率 25%～30%，还包括接发球抢攻段和相持段指标，此处不再一一列举。

（三）坐标图纸法

以排球为例，郑必达（1989）将女排比赛中的排球半场分为 8 个区域，分别记录发球在各个区域的落点次数及得分率，并分析双方在不同区域内的失误次数、破防次数等，从而得出对手及己方的重点进攻区域、成功率等，用于评价对方和己方运动员的战术思路。

（四）聚类法

聚类法是根据事物之间的亲疏程度、相似关系，将它们进行分类的一种数学方法。钟平（2005）、蒋燕（2011）分别将尺度空间层次聚类法和 Q 型聚类法，运用到足球的战术监控与评价中，选取的聚类指标为所有的攻防技术指标，包括进球、射门、射门命中率、角球、控球、成功传球、抢断、被抢断、犯规、越位和失球。

（五）图像定格技术

利用 Ulead Video Studio 10 图像分析软件截取比赛情景，运动 VB 语言编制该训练系统。功能模块包括反应测评、统计分析、意识训练、文档管理、帮助 5 部分（程勇民等，2009）。监控方法为运动员持拍在羽毛球场上做好准备，训练开始，投影仪播放实际的比赛情境，播放停止时，运动员对球的落点做出判断，然后跑到场地对应的地方，用球拍触发该位置的传感器。对应位置传感器通过无线数字传输通知电脑主控制器，运动员已经跑位成功。主控制器收到对应位置传感器的信号后，控制电脑投影仪播放下一个录像片段，播放停止时，运动员继续判断球的落点，并跑到相应位置，触发对应的位置传感器。循环往复，直至全部播放结束。这样的系统既可作为战术意识的测试诊断，也可作为战术意识和专项跑动能力的实战辅助训练系统。

第四节 战能训练监控的应用

战能训练监控的相关研究正处于研发阶段，一些学者探讨了某些关键运动项目的战术监控运用，并取得了一定的研究成果。同时，在运动训练实践中，战能训练监控也有着举足轻重的作用。因此，本节通过案例进一步讲解战能训练监控的具体操作方法，为运动实践和未来相关研究提供参考。

一、战能训练监控在技能主导类隔网对抗性项目中的应用

案例一 乒乓球战术训练的落点监控与效果评定

（一）监控目的

战术是伴有线路、节奏、位置、落点，并带有明显攻击和限制对手的目的，前后连续两个或两个以上技术的组合运用。本案例在实践中探索乒乓球战术训练的落点监控方法，使战术训练中击球的落点更精确，战术布置更简洁明了，从而达到有效提高乒乓球战术训练质量的目的。

（二）监控对象

采用组间比较设计，随机选定本校体育系2002—2003级乒乓球俱乐部一班20人为实验组，二班20人为对照组。实验组采用乒乓球战术的落点监控法，对照组采用常规教学法。

（三）监控方法

以对方全台为例，在距球网40cm、端线30cm处，用白色粉笔分别画两条与端线平行的直线，将台面划分为3个大区：近网区、中区、底线区。将端线平分为5等份，连接两端线上两点连线，将球台划分为15个小区，并用数字标出区域位置（图5-4-1）。

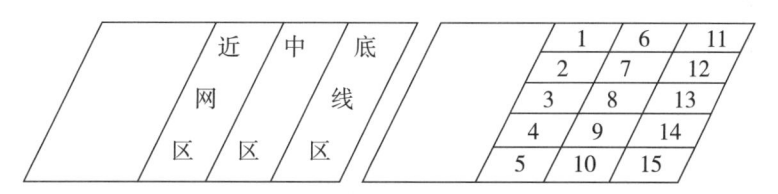

图5-4-1 台面划分为3个大区和15个小区

根据不同的战术设计，在保证击球力量、速度、旋转、弧线的前提下，要求将球击到相应的区域内，击中规定区域即战术练习成功，否则战术练习失败。乒乓球战术语言表述法与落点监控法比较如表5-4-1所示。

表5-4-1 乒乓球战术语言表述法与落点监控法比较

方法	战术表述举例	特点
语言表述法	发对方正手近网下旋球，抢攻对方反手底线球，再攻对方正手底线球	1. 不划分落点区域 2. 落点区域笼统 3. 语言烦琐，不直观

（续表）

方法	战术表述举例	特点
落点监控法	发1区（下），抢攻15区，攻11区	1. 划分落点区域 2. 落点区域精确 3. 表述简洁、直观

（四）监控结果

1. 战术实施中落点准确性比较

为了探讨乒乓球战术训练的落点监控法与常规法在提高学生击球落点的准确性方面的效果，教学结束后，笔者采用发球抢攻战术，每人共发10个下旋球至对方近网1~5区域（每个区域发2个球），同时抢攻底线左、中、右（11区、13区、15区）3个固定落点对被试者进行测验（共进行两轮）。结果实验组成绩明显高于对照组。笔者认为，乒乓球战术训练落点监控法在提高乒乓球击球落点的准确性方面效果显著。

2. 实战能力比较

教学实验结束后，按实验组与对照组两大阵容随机抽签进行对抗赛，比赛采用11分、三局两胜制，按此方法共进行了3轮。比赛结果显示，实验组与对照组3轮比赛的总成绩为38∶22。3轮比赛实验组均以较明显的优势战胜了对照组，可以认为乒乓球战术训练落点监控法对提高学生的战术训练质量和实战能力有良好的效果。

（五）结论与建议

乒乓球战术训练的落点监控法便于击球动作的动力定型。

运动技能的形成过程，就是在多种感觉功能参与下同大脑皮质动觉细胞建立暂时的神经联系，充分发挥视觉与本体感觉之间的相互作用，能强化正确动作，建立精确的肌肉感觉，实现动作技术的动力定型。例如，我们击球至某一区域，球击过去的落点，通过视觉可以立刻反馈到我们的大脑，以便及时调整拍型与击球动作，使拍型、击球动作和落点三者合一。经过反复多次的训练，运动员的击球动作便可建立稳固的动力定型。训练中形成的动力定型与比赛中需要的动力定型越一致，说明运动员动力定型的实效性就越高。因此，乒乓球战术的落点训练越精细，就越有利于实战需要。

乒乓球战术训练的落点监控法能有效提高实战能力。

运动员在比赛中，如果能有效地控制回球落点，就能有效地发挥战术威力，限制对方长处的发挥，紧紧抓住对方的弱点进行攻击，从而赢得比赛的主动权。乒乓球战术的有效实施，离不开击球落点这一技术环节。落点准确、大胆变线、球路刁钻，便能取得控制与反控制的主动。乒乓球战术训练落点监控法通过较精确的落点区域划分，要求学生在战术实施过程中将球准确地击入不同区域，通过长期反复的训练，形成稳固的动力定型，为战术的实施奠定坚实的基础，最终达到提高实战能力的目的。

二、战能训练监控在技能主导类表现准确性项目中的应用

案例二　冰壶竞技战术研究

（一）监控目的

揭示冰壶运动的本质特征，借助军事学战术理论、运动训练学战术理论及《孙子兵法》谋略思想，总结出冰壶运动竞技战术体系的构成要素，归纳冰壶竞技战术特点和竞技战术方法，以及竞技战术应用的规律与影响因素。

（二）监控对象

本研究以冰壶竞技战术为主要研究对象，以2011—2013年世界女子冰壶锦标赛（以下简称"WCC"）、2014年索契冬奥会（以下简称"WOG"）女子冰壶比赛为主要观察对象。

（三）监控方法

根据一定的研究目的、制订观察记录表，如图5-4-2所示，借助辅助工具直接观察被研究对象并记录所需信息，从而获得数据。

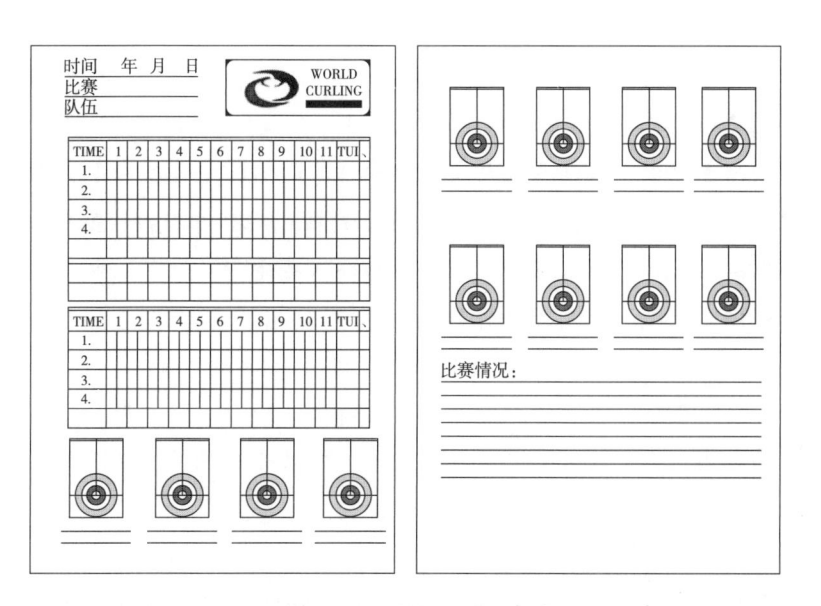

图 5-4-2　制订观察记录表

通过回顾 2011—2013 年 WCC 和 2014 年 WOG 录像资料，分析技战术演变过程和发展特征。通过观看比赛视频资料，笔者对战术实施的影响因素进行详细分析、归纳和总结（表 5-4-2）。

表 5-4-2　观看比赛的情况

比赛名称	比赛地点	比赛时间
2011 年世界女子冰壶锦标赛	丹麦	2011 年 3 月 19—28 日
2012 年世界女子冰壶锦标赛	加拿大	2012 年 3 月 17—25 日
2013 年世界女子冰壶锦标赛	拉脱维亚	2013 年 3 月 16—24 日
2014 年索契冬奥会女子冰壶比赛	俄罗斯	2014 年 2 月 10—21 日

（四）监控结果

1. 不同阶段开局战术布局特征分析

（1）非决胜阶段（1～3局）先手开局战术分析

在非决胜阶段（1～3局）中，多数先手方的战术目的主要为适应场地滑度、弧线壶体特点及了解对方临场状态，多选择防守战术，使局面简单化，避免后手方采用进攻战术得2+分，造成本方被动局面，保持比分接近，甚至连续两局输掉1分也是可行的。以下为比赛中先手开局战术常见的3种首壶投掷位置（先手方使用深色红壶，后手方使用浅色黄壶）。另外，还有两种由于投掷力量掌控不好出现失误造成的首壶位置。

先手方在首局中通常以"送1分"为战术目的选择最安全的防守战术，即战术选择1（中路5～7区进营）；第2局或第3局会根据双方的比分来运用以上3种战术选择。当先手方比分领先2+分时，通常会运用战术选择1（中路5～7区进营），并确保壶体停留在大本营前区，当先手方比分领先1分或平分时，以控制中路为战术目的给对方投壶路线设置障碍；第3局先手方比分落后时，通常会选择进攻战术，即战术选择2（中路3区占位）和战术选择3（中路2区占位），无论各队选择哪种战术，都会在非决胜阶段（1～3局）保持比分接近，伺机发动进攻。

（2）非决胜阶段（1～3局）后手开局战术分析

后手方拥有单局最后一投优势，但在非决胜阶段（1～3局），为了避免先手方利用中路进攻偷分局面的出现，通常会采取防守战术，保持分数接近，在逐渐了解对手临场状态和熟悉冰面的过程中寻找边路进攻机会获得2+分，或者等待对手投壶出现失误，投壶进营形成两分牵制局面获得2分，如果不能得到2+分，会放弃得1分的机会而选择空局，保留下一局的后手权，后手方开局首壶投掷时通常会面对如图5-4-3所示的3种战术选择情况,分别是战术选择1(中路5～7区进营)、战术选择2(中路3区占位)和战术选择3(中路2区占位)。在非决胜阶段(1～3局),后手方通常采用最安全的战术选择,基于防守战术考虑针对先手战术选择1(中路5～7区进营),后手方会选择将壶击打出界,留在营内或打到边区。

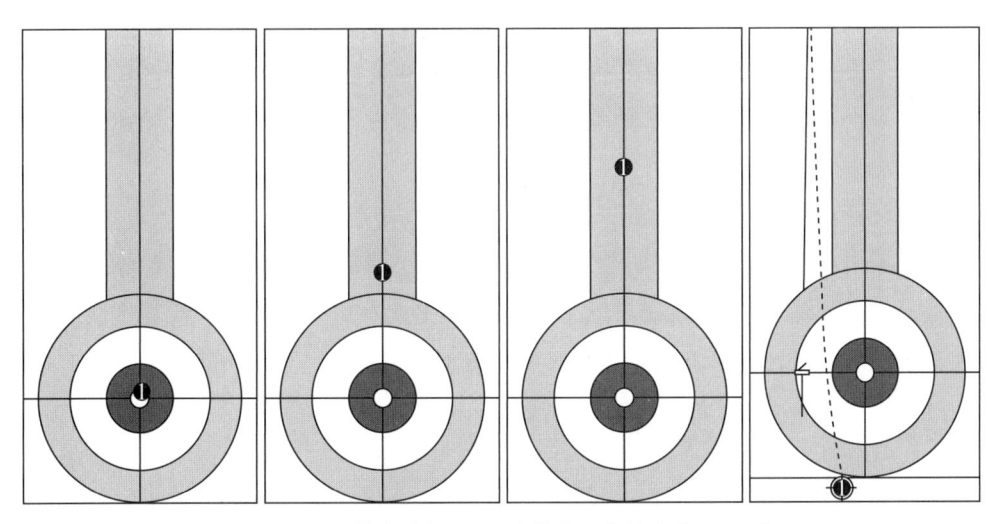

图5-4-3　战术选择1～4(从左至右依次为1～4)

(3)次决胜阶段(4～6局)和决胜阶段(7～9局)先手开局战术分析

在次决胜阶段(4～6局)和决胜阶段(7～9局),双方对各方面情况逐渐了解,先手方通常会面临难度较大的开局战术选择,四垒要不断地分析场上形势,根据比分剩余局数、对方临场状态、场地滑涩度、弧线、壶体特点及决胜阶段单局先后手开局的情况,决定最佳的战术选择。当局势迫使队伍频繁地进行攻守转换时,"驻足思考"的能力就显得至关重要,最新规则规定,每支队伍每场比赛只有30min时间思考80支冰壶的战术选择,这对于四垒的决策能力是一种非常大的挑战。

先手方领先2+分会继续选择防守战术,通常在开局运用战术选择1,有时考虑"送1分"或"偷分"战术时,会在开局运用战术选择2;当先手方比分落后或场上优势面临挑战时,通常在开局采取进攻战术;当双方平分时,先手方通常在开局运用战术选择2或战术选择3。

先手方要在比赛的4～9局做好取胜的自我定位,娴熟稳定的技术发挥是实施战术的重要保证,保持绝对领先优势的先手方在比赛决胜阶段(7～9局)会将本方首壶直接投掷出界,以免为对方留下击打的目标或作为旋壶的保护。

(4)次决胜阶段(4～6局)和决胜阶段(7～9局)后手开局战术分析

次决胜阶段(4～6局)和决胜阶段(7～9局)会为后手方提供控制比赛局面和赢得胜利的绝佳机会。此时,后手方对先手方的临场状态和冰面条件应均比较了解,要根据场上形势选择适合本队的进攻战术。

在比赛中，双方比分接近或者后手方比分落后时，最终目标是获得2+分。为避免先手方偷分，四垒要有意识地实施边路进攻战术，让中路开放，为四垒最后一投创造最佳投壶路线，想得分就要有针对性地实施进攻战术。

（5）决胜阶段（第10局）先手开局战术分析

比赛末局会呈现许多错综复杂的开局战术，给双方四垒带来更多的挑战。先手方领先1分或2分会选择开放式防守战术，有机会可以偷分，或者可以送给对方1分，在附加局中获得后手优势进行比赛。

当双方比分相等或先手方比分落后，先手方更倾向于运用战术选择2或战术选择3；当先手方比分领先1分时，更倾向于运用战术选择1；当先手方比分领先2分以上时，更倾向于运用战术选择1或战术选择4。迅速认清场上比赛变化形势是取得最终胜利的重要保证，灵活机动的竞技战术也是获得最终胜利的关键。

（6）决胜阶段（第10局）后手开局战术分析

任何队伍中的四垒都希望能够"一壶定乾坤"，获得比赛的最终胜利，这就需要依靠合理的竞技战术来完成。进入末局的后手方四垒可能会遇到从领先2分变为落后2分的艰难局面。在比赛的僵持阶段，投壶选择有很多种，后手方在领先1或2分的优势下有可能失败，后手方在落后1分或2分的情况下同样有可能获胜。

后手方当比分持平或领先时，会根据方案2或方案3制订战术。在末局的开始建议采用防守战术，控制中路区域是关键，保持中路畅通，为最后一投创造最佳投壶路线，可以轻击对方在自由防守区的中路占位壶到边区或者传击进营，依据自由防守区前4壶规则，不能击壶出界。

在决胜阶段末局中，后手方比分落后时必须处理好上述提及的4种典型的先手开局战术选择。

面对先手战术选择1或战术选择4时，后手方通常会选择边区占位，在分析末局情况时，后手方必须根据双方投壶能力制订合理化战术。

（五）结论与建议

通过专家访谈法，以及对2011—2013年WCC和2014年WOG女子冰壶比赛的观察或观看录像，分析在冰壶比赛的不同阶段，场上的比分决定着战术的变化。大比分领先时，运动员应该坚决果断地采用防守型战术，不给对手任何得2+分机会。比分落后时，可采用进攻战术，利用自由防守区将局面复杂化，无论先手还是后手开局，均应控制好中路，扭转不利局面。大多数情况下，由先后手情况决定战术。后手方主要任务是得2+分以上，先手方主要任务是控分或偷分。在先手投掷的前两支壶中，最常见的战术为采用中路布局，体现了现代冰壶先手投壶的最基本打法。其中，大部分壶会落位在大本营前方区域内，利用自由防守区规则，在中路设置障碍。在后手方投掷的前两支壶中，第一支壶常见的战术为采用边路占位布局，第二支壶常见的战术则是采用进营战术，或选择击打、清空，但都会保持中路畅通，为最后一投创造最佳路线。

在冰壶比赛非决胜阶段，应以熟悉冰面和了解对手的临场状态为主；决胜阶段的战术选择主要与比分密切相关，大比分领先时应积极进攻，比分接近时应采用安全战术。通常情况下，比赛进行到最后一局时，已表明双方实力相当，由于最后一局打法特殊，得大分可能性极小，因此应重点安排次决胜阶段和决胜阶段的战术。

第五节　对战能训练监控的思考

虽然先前文献就战能训练监控的理论、运用、设备等方面进行了论述和探讨，但仍存在一些问题，主要包括：能否实现训练与比赛时对"情境监控"的联通与运用；战术意识的监控如何量化；监测设备的实时反馈与对比功能如何提高；体能主导类项群的战术监控应如何进行。

一、能否实现训练与比赛时对"情境监控"的联通与运用

运动训练科学监控不仅有检查和评价功能，还应具备调控功能。比赛场地、观众、裁判、对手等都是比赛的情境，根据不同比赛情境需要灵活选择战术打法和策略安排，那么在训练中应该如何去监测情境？用什么方式去设计情境并比较所监控的训练场景是与比赛相近的，从而能够帮助运动员进行战术模拟训练？"情境"的监控，其实不论是哪个大类的项群，在比赛中一定涉及比赛场地等一系列客观多变的因素，由此在训练中，教练员应创设与比赛类似的情境让运动员进行模拟比赛，这也是检验在何种情境下使用何种战术打法的有效训练方式之一。于冰提出人工智能无标记点三维录像数据采集技术——关节中心自动识别人工智能三维录像采集技术，具有数据采集方法简单多样、可在竞技体育不同比赛和训练环境中采集数据，以及快速反馈的潜力和相对高的数据可靠性等优点。因此，这样的技术能否在技战能同场对抗项目中为情境监控所应用，是否能够解决前文提出的问题，是今后研究人员的工作重点。

二、战术意识的监控如何量化

体能主导类项目通常使用视频解析法搜集运动员分段时间、速度变化等时间分配战术，而使用生物学指标（如能量消耗）来反映运动员的体力分配战术的方法较少。整体来看，所有项目监测的内容主要是对战术行动的监测。然而，人们对于战能训练重要内

容之一的战术意识监测却少有涉及。通过 aSee Pro VR 眼动仪和 HTC VIVE VR 眼镜，并使用 aSee studio VR 眼动信息分析软件对跆拳道运动员的视觉追踪能力进行分析；通过 Tobii Pro Glasses 2 可穿戴便携式眼动仪，采用 ErgoLAB 人机环境同步平台 Eyetracking 眼动同步测量模块搜集眼动数据，可以分析网球运动员注视时间和次数，用其表示视觉信息的预判（夏永桉等，2022）。上述研究可以为战术意识的定量研究提供思路。

三、监测设备的实时反馈与对比功能如何提高

实时分析反馈和对比功能是未来战术监测的发展方向，便携式移动设备软件的开发是实现实时反馈的基础。从以往的战术监测类型来看，反馈分为实时反馈和详细反馈。乒乓球技战术分析模型中现场反馈版是为了实时反馈，并进行战术预测；而详细反馈版是为了战术改进。对比的功能则体现在能够将自身与对手的战术数据进行比较，并做出相应的分析和反馈。但大多数项目的战术数据都是在赛后才能给予反馈，其原因也是设备和软件的研发能力存在不足。

四、体能主导类项群的战术监控应如何进行

目前国内外对于技能主导类项群运动员的战能监控已较为成熟，其评定指标较为丰富，评定方法也较为合理。但是，体能主导类项群在竞赛时也需一定的战术能力，如马拉松比赛时如何分配体力，何时超越对手。因此，如何监控该类项目运动员的战术能力可能是未来需要关注的研究议题。

讨论与思考

1. VR 技术在未来运动训练战术监控中的应用。
2. 如何构建战术意识的测评体系，并在实践中验证该体系的准确性？
3. 球类项目的战术体系较为复杂，未来应如何进行该类项目战术监控的研究？如何提高该类项目战术监控的实时性？

推荐阅读

1. 陈贞祥，仰红慧. Data Volley 软件在排球技、战术统计分析中的应用研究［J］. 中国体育科技，2014，50（3）：19-24.
2. 赵喜迎，唐建军. 我国优秀乒乓球男子单打战术水平等级评价模型研究［J］. 山东体育学院学报，2018，34（2）：96-101.
3. 卢从飞，陈亮. 竞技冰壶运动研究评述及启示［J］. 中国体育科技，2022，58（2）：3-9.

4. 龚明波，钟平．尺度空间层次聚类在足球球队技、战术能力分类中的应用研究［J］．体育科学，2005（1）：87-90．

5. 程勇民，金花，周卫星，等．羽毛球运动员战术意识测评及其多媒体训练系统的研制［J］．广州体育学院学报，2009，29（2）：57-61．

6. 闫家祥，梁志强，但林飞，等．我国男子赛艇双人双桨奥运会奖牌获得者拉桨动作的生物力学分析［J］．中国体育科技，2023，59（4）：11-18．

7. 马祖长，曹景伟，刘爱杰，等．单人皮划艇500m竞速结构与竞赛策略研究［J］．体育科学，2007（5）：47-51．

8. 张莉清，刘大庆，李建，等．花样游泳项目专项特点的研究［J］．北京体育大学学报，2013，36（9）：118-124．

9. 徐君伟，于洋，黄慧阳，等．新球时代女子乒乓球技战术诊断指标体系的实证性比较研究［J］．山东体育学院学报，2021，37（6）：77-85．

10. 王泽军，游松辉．大数据背景下基于位置数据的足球战术分析方法及发展趋势［J］．上海体育学院学报，2021，45（9）：60-69，98．

第六章 运动负荷监控

运动负荷监控是运动训练领域的核心问题。训练负荷主要包含训练强度、训练时间和训练频率三个指标。适宜的训练负荷刺激可以增加运动员的运动能力，提高运动员的运动成绩。训练负荷不足则会造成运动员的运动能力和成绩达不到预期的水平。运动负荷过量则会引发运动员运动损伤、疾病及训练过度，最终导致运动表现不佳。人们对训练负荷进行科学监控是保证科学训练的前提。

第一节 运动负荷监控概述

本节重点从运动负荷监控的释义、运动负荷监控的作用和运动负荷监控的分类三个方面对运动负荷监控进行概述。

一、运动负荷监控的释义

运动负荷监控是教练员为了使运动员达到体能、技术等最佳状态，最大限度地提升训练效果和竞技能力，通过运动医学、运动生物力学、运动生物化学等学科的理论和方法，从微观视角分析训练中负荷的应用过程和效果，在运动训练过程中不断调整负荷安排的活动。运动负荷监控是运动训练监控的重要组成部分，主要包括训练方法手段、身体练习的数量与强度、机体适应程度的监控，其中重点是对训练强度和训练量的监控。竞技状态水平是训练负荷监控的顶层指标，其水平高低最终可反映训练负荷的效果，即训练负荷的适宜性、针对性和实效性。

二、运动负荷监控的作用

运动负荷的监控主要包括：①运用生理生化学、心理学和训练学的理论和技术，对训练活动中运动员机体因负荷引起的生理生化变化、心理变化和竞技能力水平变化进行诊断和评价；②对训练方法和手段合理性与效果、机体适应水平、恢复效果等进行诊断和评价；③对运动员竞技能力训练的合理性、有效性进行诊断和评价；④通过训练负荷监控，辅助教练员评价训练效果，为原定训练计划的合理调整和后续训练计划的修订提供参考和依据。

三、运动负荷监控的分类

监控是指对系统有目的、有方向地监测、评价、调节、指挥和掌握。运动负荷监控作为一个运行系统，其直接目的是促使运动员达到训练适应，提高与保持竞技能力，在比赛中创造优异的运动成绩。因此，运动负荷监控可分为内部运动负荷监控和外部运动负荷监控两种。内部运动负荷监控是指对运动员生理生化、心理、生物力学等方面相关指标变化的测量、评价与调控。内部负荷常通过运动员阶段性主观感知疲劳负荷、急慢性工作负荷比、自我主观评估问卷、运动生理生化方面的测试、心率变异性及心率恢复情况等进行评价。外部运动负荷监控是指对运动员训练学方面相关指标变化的测量、评价与调控。外部负荷常通过训练量和训练强度进行评价。

内外运动负荷监控的两个过程看起来相互独立，但其实有经验的教练员会随着训练过程的进行而严格控制运动员的执行过程，一方面观察运动员的运动表现，如出汗量、脸色、呼吸、技术、注意力等；另一方面通过科研人员进行技术、生理生化指标测试，间接掌握运动员承受负荷时的状态。通过训练前后一系列的生物学、训练学测试指标的分析（反馈过程），再发出调整运动负荷的指令，或启动下次训练方案。这样，外控系统与内控系统工作即可融为一体，共同实施运动负荷全过程控制。

第二节　运动负荷监控指标体系

运动负荷的生物学评定主要以记录运动员在不同运动中机体物质代谢产物的变化情况来反映运动负荷的大小。其在运动训练实践中较为实用，具有可操作性的监控与评定训练负荷的指标主要有心率、血乳酸、最大摄氧量、无氧功率、血尿素氮、血红蛋白、血清肌酸激酶（CK）、血清睾酮、尿蛋白、尿胆原等。

一、运动负荷生物学监控的主要指标

心率是评价训练负荷强度的简易指标之一。在实际的评价过程中，常采用的心率指标有安静心率、基础心率、运动过程中的心率和运动结束后的心率。血乳酸（BLA）是糖酵解的产物，在训练实践中大多数教练员和科研人员经常采用BLA来了解无氧运动时运动员的负荷强度，并根据运动后BLA的生成量将负荷强度大致分为大、中、小三个等级。

最大摄氧量是评价一个周期有氧训练方法和负荷安排的合理性、有效性的指标。无氧功率可作为评价一个周期无氧训练方法和负荷安排的合理性、有效性的指标。血尿素氮是人体内的蛋白质和氨基酸的代谢产物，运动员在训练和比赛过程中由于身体处于紧急应激状态，体内蛋白质的氨基酸代谢均保持在一个较高的水平上，因此运动员血尿素氮变化情况能够在一定程度上反映机体对训练的适应情况。血红蛋白（HB）是构成红细胞的重要组成部分；而尿胆原（URO）是血红蛋白分解后的产物，经常将这两者结合起来对负荷量的大小进行评价。血清CK可通过测定运动员对一堂课/一个训练日训练负荷强度的肌肉反应来反映该堂课/训练日训练负荷强度，测定次日恢复值可评定肌肉的恢复情况，连续测定恢复期值可以监测一个小周期训练负荷强度的变化。血清睾酮则反映一个训练小/大周期训练负荷，尤其用于评价大周期训练负荷。

二、运动负荷心理学监控的主要指标

在运动训练中，运动员受施加负荷的作用，会引起情绪、意志、注意力、动机等方面的一系列变化。这些变化会使运动员神经系统产生一定的应激反应，从而造成一定的心理能量消耗。相对于生理生化指标而言，训练负荷大小的心理指标的度量较难，并具有更大的不确定性。目前运动心理评价指标主要分为运动心理能力指标和运动心理状态指标。常用的运动心理能力评价指标主要有赛前情绪状态、个性特征、注意特征、感知觉能力、意志品质、竞技心理能力等；常用运动心理状态评价指标主要有情绪状态、动机水平、中枢神经疲劳、自信心水平、注意特征、动作表现清晰度等。良好的心理能力和最佳的心理状态是提高运动员技战术水平、形成良好竞技状态及在比赛中取得优异成绩的重要因素，运动员心理能力和心理状态的评价，为教练员调控运动员赛前心理状态、最大限度地调动运动员的心理潜能提供了直接依据。

三、运动负荷训练学监控的主要指标

运动负荷训练学监控主要通过训练量和训练强度相关指标进行评价。训练量指标包括以小时或里程计算的工作总量、训练课的数量（包括训练天数、训练次数）、时间（训练时数）、组数、距离、重量等。训练强度指标主要有密度、速度、远度、高度、难度等。一般来说，密度越大，强度越大；速度越快，强度越大；跳得越远、越高，强度越大；难度越大，强度越大。

在实际应用中，可根据不同的项目特点选用合适的训练量指标。在体能类项目中，跑、游、骑、滑等速度性和耐力性项目多采用练习的时间、距离、次数和组数来反映负荷量；举重和投掷等快速力量性项目多采用练习的重量、距离、次数和组数来反映负荷量。在技能类项目中，射击、射箭等表现准确性项目多采用练习的次数和组数来反映负荷量；体操、技巧等表现难美性项目多采用成套练习的次数、组数和总的练习时间来反映负荷量；篮球、足球等同场对抗性项目多采用跑动的总距离和练习的总时间来反映运动负荷量；羽毛球、乒乓球等隔网对抗性项目和摔跤、柔道等格斗对抗性项目多采用练习的回合数和练习的总时间来反映负荷量。

在实际的运用过程中，还采用实际成绩和最好成绩的比值来反映训练强度的大小。用运动成绩来评价训练负荷时可以用绝对成绩，如举重运动员举起80kg比举起70kg负荷大，跳高运动员跳过2m比跳过1m负荷大等；也可用相对成绩，对于运动成绩越小越好的项目，如跑步、游泳、自行车等竞速类项目，相对成绩计算公式为负荷强度 = 最佳成绩 ÷ 训练成绩 × 100%。比如，某运动员800m的最大速度为10m/s，某次训练课的速度为8m/s，则其负荷强度为8÷10×100%=80%。但对于运动成绩越大越好的项目，如跳高、投掷、举重等项目，相对成绩计算公式为负荷强度 = 训练成绩 ÷ 最佳成绩 × 100%。例如，某位铅球运动员的最佳运动成绩为21m，在某次比赛中的运动成绩为20m，则其负荷强度为20÷21×100%≈95%，因此，我们称这次比赛该运动员的负荷强度达到了95%。

第三节 运动负荷监控的测评

运动员承受的训练负荷状态直接体现在身体机能的一系列生理生化变化上，而这种变化可以通过生理生化指标来定量的描述、诊断和调控。因此，采用客观反映运动员身体机能变化的生理生化指标，诊断与描述运动员所承受的训练负荷状态，是检查运动员竞技能力的一个重要环节，为科学调控训练过程提供了现实支持。

一、运动负荷监控的测量工具

（一）GPS负荷监控系统

1997年，全球定位系统（global positioning system，GPS）运动负荷监控首次用于运动员速度测量。现在它已经在众多项目中被应用，其中以室外集体项目的应用较为普遍。GPS卫星追踪位置可实时反映运动员移动的速度和距离。研究表明，通过GPS测量，我们发现，板球的快球手在一场比赛中跑动可达15km以上，足球运动员的跑动距离为13km，橄榄球的后卫移动距离要比前锋平均多7.6%。

随着技术的进步，一些产品制造商将加速针、磁力针和陀螺仪整合进GPS，与体重和接触力的计算相结合，使人们可以测量运动员加速、变向、减速、起跳和冲撞的次数和强度。Gabbett发现，女子曲棍球运动员在一场比赛中高强度加速（大于0.5m/s²且持续

2s 及以上）次数的结果为前锋＞中锋＞后卫。Higham 发现，精英橄榄球运动员的中等强度（2～4m/s²）加速频率低于减速频率，而高强度（＞4m/s²）加速频率高于减速频率。此外，Aughey 的研究表明，在决赛中运动员的最大加速度出现次数是其他比赛中的 2 倍。李世祥通过研究青年女排运动员发现，比赛中接应选手的跳跃次数虽不是最高（少于二传），但跳跃强度最大，且左右变向的次数最多。

（二）录像解析负荷监控系统

随着计算机技术的迅猛发展，录像解析技术被越来越多地用于运动员的负荷监控中。录像解析技术不仅可以获得运动员的时长、总距离、速度、不同速度区间下的移动距离参数，还可以统计运动员专项动作的使用频次和使用情境，分析复杂动作的技术特征（Carling et al.，2008），且视频拍摄不受比赛规则的限制，有时一部智能手机就可以完成工作需求，因此在众多项目中被广泛应用。由于外部负荷监控的部分指标在前文中已有描述，因此本部分将只对专项动作的监控进行阐述。

专项动作是指为完成运动项目的特异需求所形成的动作模式（崔运坤等，2017），对运动表现有着重要影响（Verstegen，2005）。Mohr 比较了不同水平的女子足球运动员比赛情况后发现，精英球员一场比赛中的移动动作次数（1379 次）高于一般水平球员（1326 次）。Sheppaed 比较了排球比赛中赢球和输球双方的技术动作表现，发现赢球方二传手在一局比赛中完成的拦网跳跃的次数要显著高于输球方的二传手，但输球方二传手完成鱼跃的次数明显高于赢球方。

监控专项动作不仅可以分析运动表现，还可以用于损伤风险管理。Lyman 等发现在 13～14 岁棒球投球手中投掷类型与其手臂疼痛有显著的相关性：投掷滑球使肘部疼痛增加 86%；曲线球使肩部疼痛增加 52%；变速球使肘部疼痛减少 12%、肩部疼痛减少 29%；而投掷次数与肘部疼痛的关系呈"J"形，当一个赛季中投掷次数小于 300 或大于 600 时肘部疼痛均增加（Lyman et al.，2001，2002）。Hulin 进一步研究发现，平均每 4 周投掷次数可使本周损伤风险与下周的损伤风险均减少（Hulin et al.，2014）。

（三）无线心率监测设备

心率指心脏每分钟收缩的次数，与最大摄氧量百分比、血乳酸浓度等有很强的相关性，可在一定程度上反映运动强度。20 世纪 80 年代，世界上出现第一台无线心率监测设备，其由发射装置及接收装置构成，发射装置贴于胸部，接收装置则佩戴于手腕。该无线设备发明后，心率监测应用于运动训练的案例逐渐增多。在此后的几十年，无线心率监测设备逐渐向着更大存储容量、更小体积、更加精确、更强可穿戴性发展，尤其是近年来，基于手机平台的心率腕表、心率手环等装备大量涌现。在机能方面，能量代谢特征分析、最大摄氧量评估、基于 GPS 的运动量统计、心率变异性检测等机能也逐渐在某些无线心率监测设备中配置。以上心率监测技术的发展，使心率监测设备在训练监控中有了更加广阔的应用空间。

无线心率监测设备的优势在于，利用该设备展开周期性的数据采集，可以构建运动员的体能数据库。此外，在训练中教练员可以得到及时的监控反馈，预防训练事故的发生。部分无线心率监测设备与体能训练器材高度集成化，可实现体能训练的数字化和科学化发展。然而，目前的无线心率监测设备也存在一定问题，如不同品牌设备的精准性和敏感性存在较大差异，且无线心率监测设备市场价格较高，难以实现全面化普及。此外，无线心率监测设备的相关配套软件人机交互性不高，操作上存在一定难度（图 6-3-1、表 6-3-1）。

图 6-3-1　心率胸带与臂带

表 6-3-1　心率储备百分比和最大心率百分比与运动强度的对应

强度	心率储备 /%	最大心率 /%
非常轻	<20	<35
轻	20～39	35～54
中等	40～59	55～69
重	60～84	70～89
非常重	≥85	≥90
最大	100	100

（四）无创血乳酸检测系统

血乳酸在运动负荷监控中具有重要的意义，但是现如今血乳酸的检测方法往往具有一定的创伤性，甚至有较大的感染风险。科研人员为了寻找血乳酸浓度的无创采集方法，将采集样本转向汗液、唾液等人体分泌物。已知汗液内存在大量的代谢产物，特别是运动过程中产生的汗液。因此，汗液成为研究人员的关注重点，汗液中的电解质排放量可用来评估运动过程中电解质的丢失，汗液量可以准确反映身体失水率，汗液中的氨排泄与血液中氨浓度有很强的相关性。此外，血液中的乙醇可以通过汗液代谢到人体外，且汗液中存在大量的乳酸。基于此，许多研究人员开发了光学传感器、电子传感器监控汗液乳酸的变化情况。研究结果发现，5轮400m高强度运动后，每轮血乳酸与汗液乳酸浓度存在正相关关系，相关系数分别为 $r=0.895$，$r=0.799$，$r=0.71$，$r=0.909$，$r=0.885$。高强度重复训练中使用汗液乳酸浓度监控运动负荷具有较大潜力，有望取代有创血乳酸检测。

（五）主观疲劳量表

主观疲劳量表（rating of perceived exertion，RPE），是一种介于生理学与心理学之间的评价负荷强度的指标，将人体在运动应激状态时的生理机能变化程度通过对强度感觉的心理体验测定反映出来。该量表最早由瑞典科学家Borg（1982）提出，Foster将其进行修改（表6-3-2），并在TRIMP基础上发展出sRPE（session rating of perceived exertion）的概念，计算公式为：sRPE（AU）= 运动时长（min）× RPE得分，其中，运动时长选取训练或比赛开始（包含准备活动）至结束（不包含整理活动）部分，RPE得分在结束后10～15min内采集。

sRPE除了量化单次运动负荷外，还被广泛用于与损伤风险的相关性分析。Gabbett（2011）通过分析运动员一周的sRPE与损伤率，发现训练负荷与接触性损伤、非接触性专项损伤、接触性专项损伤都显著相关。Rogalski研究表明，当赛季期训练的周负荷大于1750AU、两周负荷大于4000AU、周负荷变化大于1250AU时，损伤风险均会显著增加。Cross（2015）研究发现，当本周的周负荷比平均周负荷高出2个标准差时（1245AU），下周损伤风险增加1.68倍。Hulin等（2016）对28名橄榄球运动员进行两个赛季的研究，结果显示，在比赛期间急慢性负荷比值（过去7天的平均日负荷比过去28天的平均日负荷）在1.02～1.22时对损伤有防护作用，而比值继续增大时损伤风险增加。因此，sRPE是一种便捷、无创的负荷监控手段，有着良好的信度和效度，可长期进行采集且易于分析，几乎适用于所有运动项目。

表6-3-2 RPE量表

评分	主观感觉描述
0	安静、放松
1	非常不费力
2	不费力
3	缓和
4	有点疲劳
5	疲劳
6	
7	非常疲劳

（续表）

评分	主观感觉描述
8	非常疲劳
9	
10	极限疲劳

二、运动负荷的监控方法

（一）外部负荷监控1——基于现场观察的负荷监控

如表6-3-3所示，通过对训练次数和时长的记录，教练员可以轻松掌握运动员参与专项技术训练与体能训练的情况。

表6-3-3 橄榄球球队赛季前期的一周训练安排

训练课	周一	周二	周三	周四	周五	周六	周日
上午	专项训练1（对抗）60～90min	力量训练2（上肢）60min	速度训练 45～60min	专项训练3（配合）60～90min	力量训练3（上肢）60min	力量训练4（下肢）60min	休息
下午	力量训练1（下肢）60min	专项训练2（技术）60～90min	休息	交叉训练 45～60min	专项训练4（技术）60～90min	休息	休息

（二）外部负荷监控2——基于录像解析的负荷监控

录像解析技术不仅可以获得运动员的时长、总距离、速度、不同速度区间下的移动距离等参数，还可以统计运动员专项动作的使用频次和使用情境，分析复杂动作的技术特征。录像解析手段监控运动负荷可以精准地统计各个运动员的专项动作使用情况，在与同一专位的高水平运动员进行比较还可以分析该运动员在专项动作上的不足，而长期的监控可以预测损伤风险。

（三）内部负荷监控1——基于心率的负荷监控

心率与最大摄氧量百分比、血乳酸浓度等有很强的相关性，可在一定程度上反映运动的强度。心率恢复和心率变异性是基于心率的衍生指标，前者指在结束运动之后的几分钟内心率下降的速率，而后者指窦性心律的波动变化程度，二者都是内部负荷监控的常见手段。

（四）内部负荷监控2——基于血液、尿液和唾液成分的负荷监控

运动时机体通过不同的代谢途径会在体液中产生不同的代谢产物，测定训练前、训练中和训练后的血液、尿液、唾液及汗液中的一些生化指标，可以间接地揭示运动对机体的刺激程度和物质能量的代谢特点，从而反映机体对训练的适应情况（表6-3-4）。

表6-3-4 内部负荷监控指标

分类	指标
基于血液	血清睾酮（T）、血清皮质醇（C）、T/C、白细胞（WBC）、血乳酸（BL）、血清肌酸激酶（CK）、血尿素氮（BUN）
基于尿液	尿蛋白（UP）、尿胆原（U）、尿比重
基于唾液	免疫球蛋白A（IgA）、唾液睾酮（ST）、脱氢表雄酮硫酸盐（DHEAS）
基于汗液	尿素（carbamide）、乳酸（lactate）、离子浓度（K^+、Na^+、Cl^-）

运动时机体通过不同的代谢途径会在体液中产生不同的代谢产物，测定训练前、中、后的血液、尿液、唾液、汗液中的一些生化指标，可以间接地揭示运动对机体的刺激程度和物质能量的代谢特点，反映机体对训练的适应情况。

（五）内部负荷监控3——基于RPE的负荷监控

RPE是一种介于生理学与心理学之间的评价负荷强度的指标，其将人体在运动应激状态时的生理机能变化程度通过人体对强度感觉的心理体验测定来反映。sRPE是一种便捷、无创的负荷监控手段。

三、运动负荷的诊断与评价方式

（一）训练冲量诊断法

训练冲量（training impulse，TRIMP）最早是由Banister在1975年提出来的持续性耐力项目负荷评价方法，其计算公式为TRIMP=$T \times HR$，其中，T为运动时间，HR为平均心率，但这个计算公式并没有考虑到男女运动员和不同水平运动员之间的差异。

此后，Lucia将TRIMP的计算公式优化为TRIMP=$D \times \Delta HR \times Y$，其中$D$=运动时间，$\Delta HR$=[（平均心率－基础心率）×（最大心率－基础心率）]，男子$Y=0.64 \times 2.7121.92$（ΔHR），女子$Y=0.64 \times 2.7120.86$（ΔHR）。这个训练负荷计算公式经常用于自行车等耐力性项目，这些项目在运动过程中强度变化幅度和心率起伏较大。而考虑了最大心率和

基础心率有利于减小心率起伏对运动强度评价的影响，因此，Banister 和 Lucia 的 TRIMP 计算公式对耐力类项目的训练负荷计算还是具有实际意义的。但是，这种测试方法要求运动员在整个训练过程中都要佩戴心率监测的相关仪器，而且要求心率达到稳态，这就会大大降低间歇训练负荷评价的准确性。

考虑到间歇训练负荷计算的需要，Edwards 等在 1993 年提出将心率区间引入 TRIMP 的计算中，计算公式为 TRIMP=（T_1×sRPE1）+（T_2×sRPE2）+（T_3×sRPE3）+…，其中，T 为运动时间，sRPE 为阶段 RPE 值，如某运动员在完成一组深蹲练习后的 RPE 值为 6，训练时间为 3min，这组训练的 $TRIMP_1$=6×3=18，该运动员继续完成第二组深蹲练习后的 RPE 值为 9，所花的训练时间为 4min，则这组训练的 $TRIMP_2$=9×4=36，则两组训练的总 TRIMP=$TRIMP_1$+$TRIMP_2$=18+36=54。Foster 还进一步验证了基于 sRPE 和基于 HR 的 TRIMP 计算方法之间具有较强的相关性（r=0.76）。Edwards 和 Foster 的 TRIMP 计算方法在短时间大强度运动、间歇运动和抗阻力运动中运用得较多。例如，刘也等（2018）采用 Edwards 的 TRIMP 计算了两组运动员 8 周的负荷情况发现，间歇训练组在 80%～90% HRmax 区间和 90%～100% HRmax 区间的 TRIMP 值明显高于常规训练组，并且表现出显著差异（$P<0.05$），Edwards 的 TRIMP 计算方法能够有效地反映训练负荷的大小。

（二）训练应激评分法

训练应激评分（training stress score，TSS）是通过 GPS 或者自行车功率计测得的跑速或者骑速，以及运动的总距离计算而得。这个指标最早用于自行车项目中，计算时要考虑骑自行车或者跑步过程中的标准功率输出及达到乳酸阈功率时的运动强度，乳酸阈功率即血乳酸浓度指数增加时的功率输出。计算 TSS 的公式有很多，这些公式大多包含距离、速度、地形特征、相对强度等指标。一般来说，常用的 TSS 计算公式为 TSS=［（S×NGP×IF）÷（FTP×3600）］×100，其中，S 为训练时间、NGP（normalized graded pace）为标准分级速度（速度根据具体地形和地势进行调整）、FTP（functional threshold pace）为机能阈值速度（实际指运动员全力跑 1h 的平均速度，一般用运动员全力跑 8min 的平均速度来估算其机能阈值速度）、IF（intensity factor）为强度因素，用 NGP/FTP 表示，即用运动员的极限强度值来衡量现在的运动强度。相关研究指出，用 TSS 评价负荷强度缺乏大量的科学实验依据，且因测试设备和软件较为昂贵，在实际的训练评价中使用较少。

（三）时间—运动分析法

时间—运动分析（time-motion analysis，TMA）是通过 GPS 跟踪和数字视频（如 ProZone）对动作模式进行分析，这种监测负荷的方法在比赛中越来越受欢迎。GPS 监测负荷的可靠性取决于运动员的位移速度、速率、持续时间、运动类型等因素。现有的文献资料表明，运动员的动作速度越快，GPS 监测的可靠性就越低。此外，在监测一些变向运动时，GPS 的可靠性也会下降，而且 GPS 不能量化跳跃、击球、铲球等动作的负荷。这一方法在国内研究中较少见，国内学者和教练员在训练中应学习并运用这些较为新颖的训练负荷监测方法。

第四节 运动负荷监控的应用

迄今为止，运动负荷训练监控的相关研究在一定程度上解决了一些问题，特别是在监控理念、监控手段、评价方式上取得了丰硕成果。同时，在运动训练实践中，运动负荷监控也起着举足轻重的作用。因此，本节通过案例进一步讲解运动负荷监控的具体操作方法，为运动实践和未来相关研究提供参考。

一、运动负荷监控在体能主导类速度性项目中的应用

案例一 训练课 RPE 在短距离自行车训练负荷监控中的应用

（一）监控目的

马国强采用训练课 RPE 对自行车短距离项目专项、素质力量和公路有氧训练课的负荷水平进行监测，比较不同水平、不同性别运动员的评分差异。

（二）监控对象

招募上海自行车队短组运动员 8 名，其中男子 6 名，女子 2 名。

（三）监控方法

采用 Borg 的 11 分量表对运动员单节训练课的自感劳累水平进行评分，训练课 RPE 由 RPE 乘以训练课时间计算，统计单日及每周训练课的 sRPE。采用 Pearson 相关性分析对单日 sRPE 与次日晨尿 pH、尿比重的相关性进行检验。检测指标为自感劳累水平、单次训练课的训练持续时间、尿液 pH 值和尿比重。

（四）监控结果

1. 周训练量变化

图 6-4-1 列举了 8 名运动员全运会赛前 4 周总体和分项训练量的变化情况。首先，

总 sRPE 在前 3 周有小幅下降，但降幅并不显著，而 W4 的 sRPE 较 W1 降低了 26.6%，差异具有统计学意义。其次，3 个分项训练周训练量表现出不同的变化趋势，场地专项训练 sRPE 值整体较高，W2 小幅下降后 W3 明显升高，与总 sRPE 相同，W4 也显著降低，与 W1 相比差异显著。力量训练 sRPE 在 W2 显著升高了 47.8%，之后显著下降，维持在低于 W1 的水平上。有氧训练 sRPE 最小，且 4 周变化并不明显。

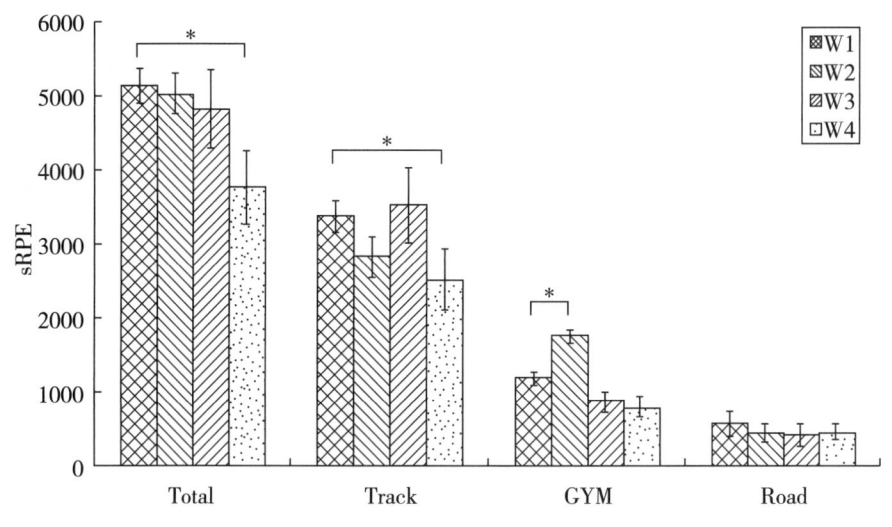

图 6-4-1　周训练总量及分项训练总量变化情况

注：*：$P < 0.05$，与 W1 相比差异有统计学意义。

3 组不同性别、不同水平运动员 4 周场地专项训练 sRPE 变化见图 6-4-2。3 组 4 周期间的变化趋势与图 6-4-1 中场地专项训练总 sRPE 变化一致，即与 W1 相比，W2 稍有下降后，W3 显著升高到高于 W1 的水平，W4 明显下降，低于 W1 水平。虽然变化趋势一致，但与两组男运动员相比，E-Female 组的 sRPE 4 周中均为最高；E-Male 组前两周的 sRPE 与 N-Male 组相比差别较小，但后两周却显著低于 N-Male 组水平。

3 组运动员素质力量训练周 sRPE 变化见图 6-4-3。3 组均在 W2 从 W1 的 1200 升高到 1700 左右，增幅显著，而之后 W3 和 W4 显著下降并维持在 < 1000 的水平。3 组运动员 4 周的变化趋势一致，且从 sRPE 值来看，E-Female 组与 N-Male 组差别较小，而 E-Male 组后 3 周的 sRPE 均稍低于另外两组运动员水平。

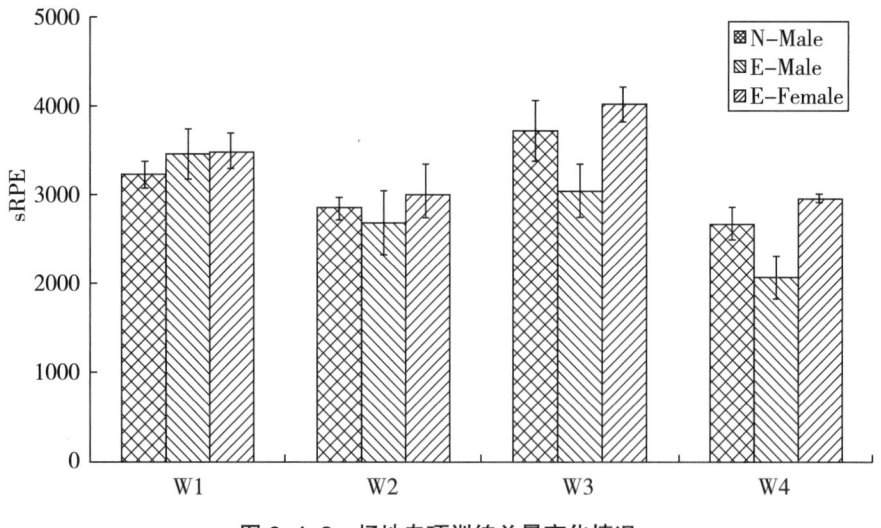

图 6-4-2　场地专项训练总量变化情况

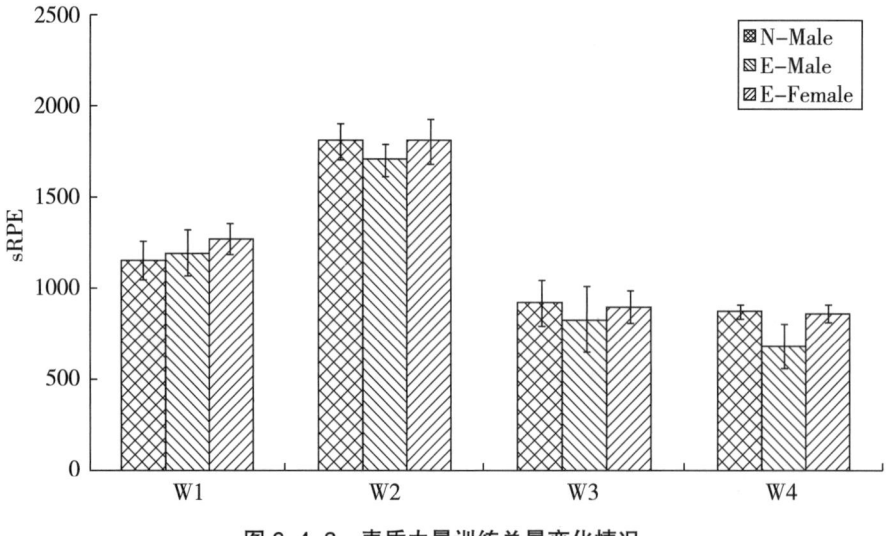

图 6-4-3　素质力量训练总量变化情况

3 组运动员 4 周有氧训练的 sRPE 变化不显著，为 400～500。E-Female 组除了在 W1 和 W3 分别显著高于和低于男运动员外，另两周水平差异并不显著。而与场地专项和素质力量训练不同，E-Male 组有氧训练 sRPE 并未表现出显著低于 N-Male 组的变化趋势（图 6-4-4）。

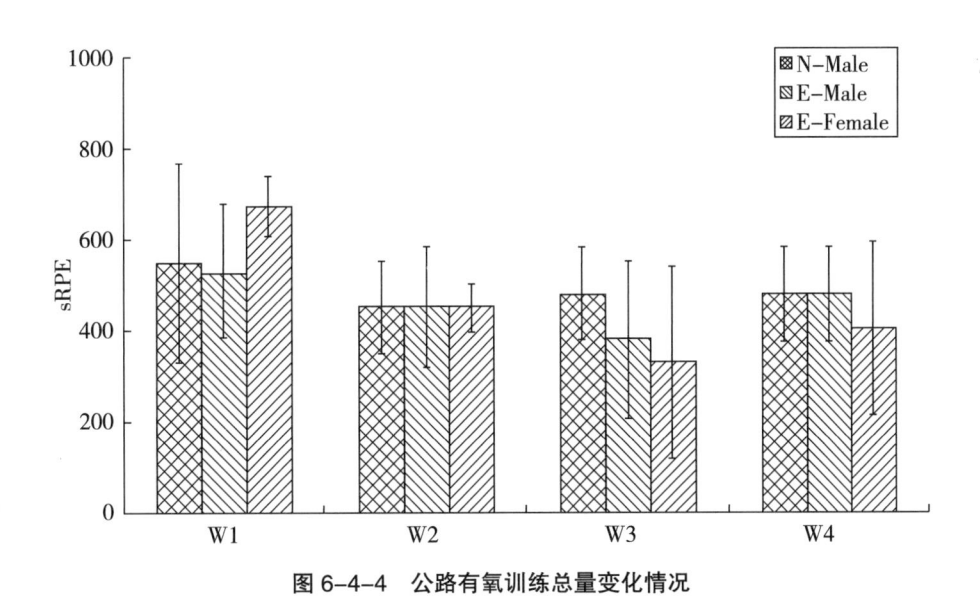

图 6-4-4 公路有氧训练总量变化情况

2. 日训练量变化

3组运动员4周累计27天的日 sRPE 变化情况如图 6-4-5 所示。首先，运动员4周的日 sRPE 总体保持在 700～1000，通常在后半周达到 1～2 次较高水平后，在周六下降到低于 400 的较低水平。其次，从3组运动员的变化来看，W1 和 W2 未见显著差异，而在后两周3组运动员 sRPE 的变化程度差异显著，总体上表现出 E-Female 组＞N-Male 组＞E-Male 组的变化趋势。

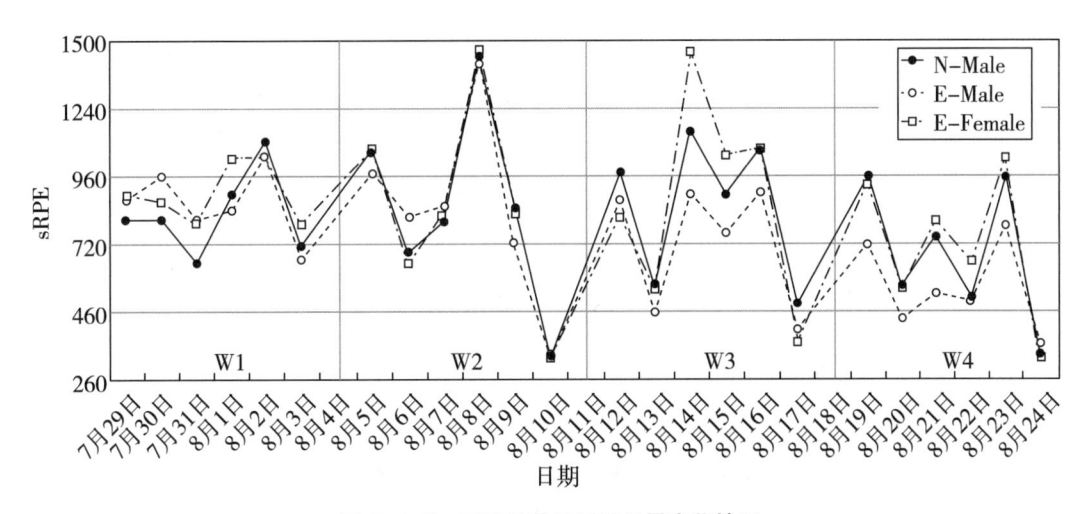

图 6-4-5 运动员单日训练总量变化情况

E-Female 组两名女子重点运动员 ZTS 和 XYL 4周的日 sRPE 变化如图 6-4-6 所示。两名运动员在 W1 和 W4 期间的变化相对平缓，而日 sRPE 分别在 W2 的第4天和 W3 的

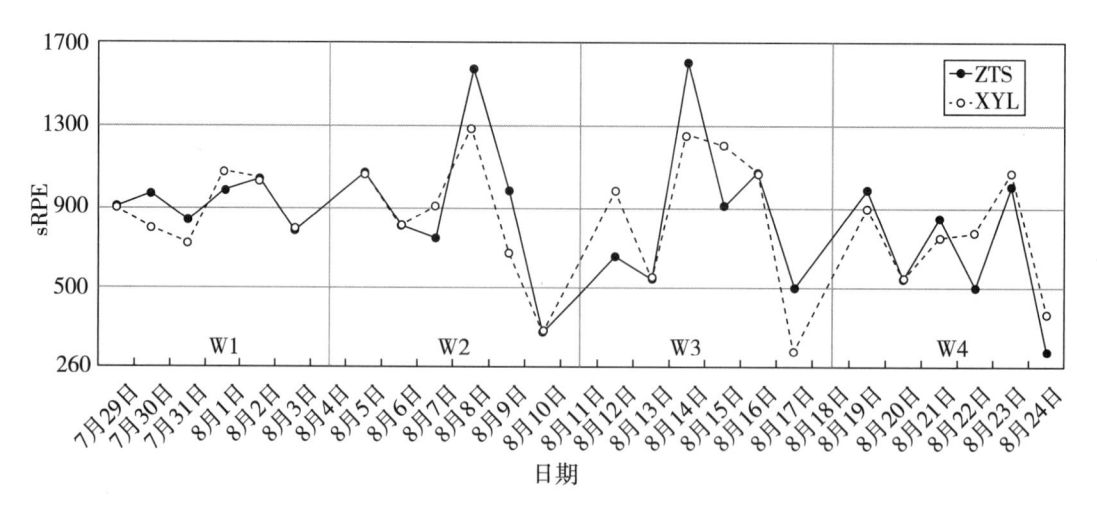

第 3 天达到较高水平，ZTS 在这两日的 sRPE 达到 1600 左右，显著高于 XYL 的 1000。

图 6-4-6 女子重点队员单日训练总量变化情况

N-Male 组 3 名男子运动员 ZN、YCL、GGF 的日 sRPE 变化如图 6-4-7 所示。3 名运动员的整体变化趋势一致，与 E-Female 组相似，在 W2 的第 4 天 3 人的 sRPE 均达到 1300 以上的较高水平；而在女运动员出现高值的 W3 第 3 天，仅 GGF 的 sRPE 显著升高；且从后两周的变化来看，GGF 在 sRPE 升高时达到的峰值均高于其他两名队员。

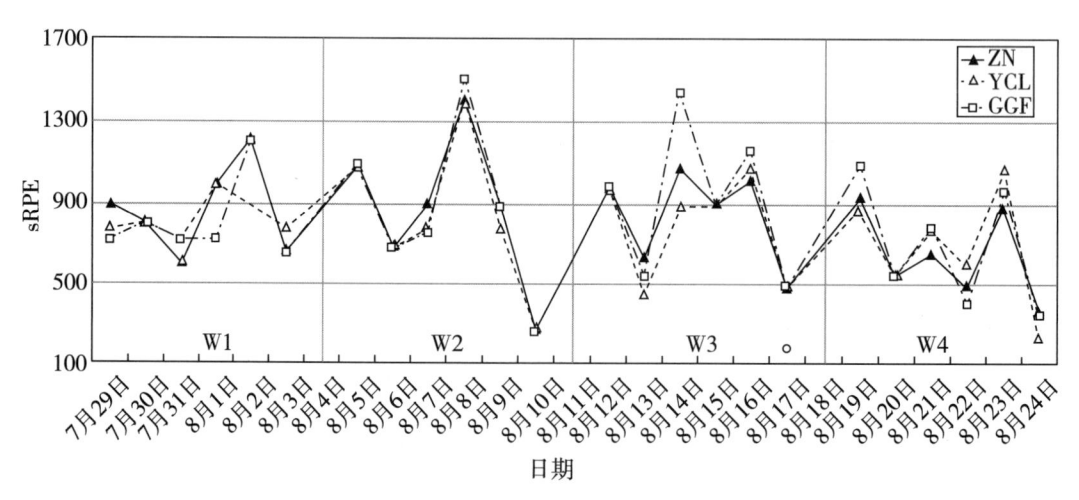

图 6-4-7 男子非重点队员单日训练总量变化情况

E-Male 组 3 名男子运动员 XC、TQ、HK 的日 sRPE 变化如图 6-4-8 所示。整体变化趋势与 N-Male 组比较相近，同时 3 名运动员在 W2 的第 4 天的日 sRPE 也达到了 1300 以上，而 E-Male 组在另两组运动员出现显著升高的 W3 却未见明显变化，且后两周出现持续下降的现象。3名运动员中，HK 在 sRPE 各峰值点的峰值水平较高，而后两周中 TQ 的 sRPE 水平总体低于其他两名队员。

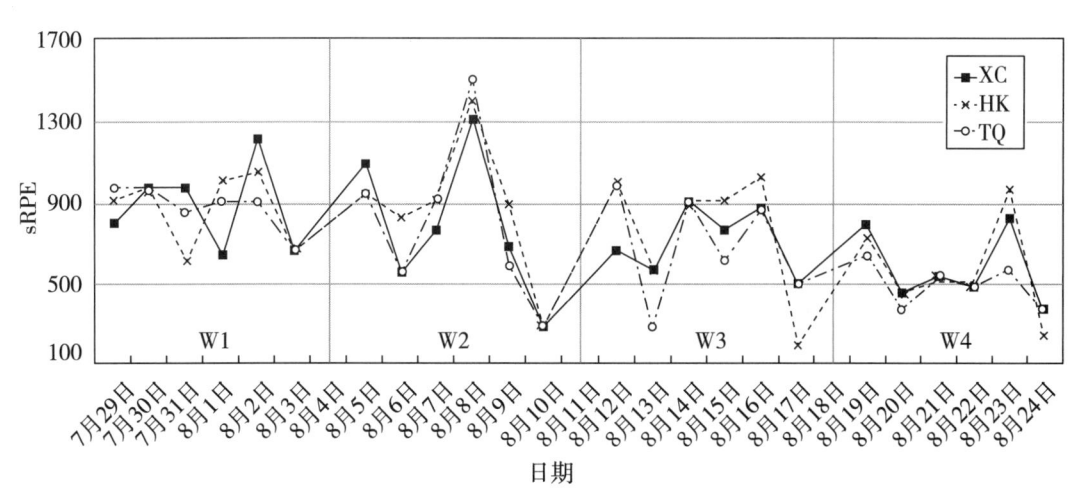

图 6-4-8　男子重点队员单日训练总量变化情况

（五）结论与建议

总 sRPE 在赛前 4 周逐渐下降，场地专项和素质力量训练的 sRPE 分别在第 3 周（W3）和第 2 周（W2）达到较高水平，4 周有氧训练的 sRPE 维持在较低水平；后两周 3 组运动员 sRPE 总体上表现出 E-Female 组＞N-Male 组＞E-Male 组的变化趋势；仅女运动员的尿比重与 sRPE 存在低度相关，其他指标均未见显著的相关关系。

二、运动负荷监控在技能主导类同场对抗性项目中的应用

案例二 优秀男子曲棍球运动员全运会赛前高水平教学比赛的运动负荷监控

（一）监控目的

本研究采用基于 GPS 采集的跑动类负荷、基于惯性传感器计算出的爆发性动作类负荷及国际前沿的"动作模式"指标，统计分析运动员在高水平教学比赛中的最高运动负荷及比赛全过程各负荷指标的变化情况，掌握运动员备战全运会的赛前运动表现。研究旨在为运动员进行更加合理的赛前训练提供客观参考依据，帮助教练团队管理运动员赛前的训练负荷，降低赛前训练的损伤风险，提高训练效益，并为教练员在正式比赛中灵活布局比赛阵容、合理进行队员轮换提供科学依据。

（二）监控对象

监控对象为22名来自广东男子曲棍球队优秀男子曲棍球运动员。该队伍在近几年全国比赛中均名列前茅，并荣获2021年举行的第十四届全国运动会冠军，其中前锋9名、前卫7名、后卫6名，队员平均年龄（25.00±2.45）岁，平均身高（171.81±4.80）cm，平均体重（68.40±7.10）kg，运动技术等级均为健将以上。

（三）监控方法

在7场教赛中佩戴集成GPS及惯性传感器，采集每场比赛中各位置队员的运动负荷指标，对采集到的运动负荷指标进行统计学分析。检测指标包括：①跑动距离；②高速跑距离（>15km/h）；③在前、后、左、右四个方向的变向速度；④反复高强度动作次数；⑤动作负荷；⑥加减速次数；⑦动作模式。

（四）监控结果

1. 每节之间运动负荷比较

对不同节之间的单因素方差分析可见，第4节与第1节相比，每分钟PlayerLoad、非线性动作时间占比、直线跑动时间占比显著降低，而走动时间占比显著升高，其他各节的各指标之间无显著差异。

2. 节内每5分钟时间节点负荷指标比较

对每节内的第1分钟、第6分钟、第11分钟、第16分钟的各指标进行比较，使用配对t检验对各时间节点的各指标进行统计学分析，可见第11分钟较第1分钟的显著下降指标最多、下降率最高，其中每分钟中高强度IMA次数明显下降，下降率为34.1%，每分钟中高强度IMA左右变向次数明显下降，下降率为35.62%，每分钟Player Load明显下降，下降率为12.47%，每分钟加减速次数明显下降，下降率为24.99%，非线性动作时间占比明显下降，下降率为33.50%。

3. 不同位置队员运动负荷比较

前卫每分钟跑动距离、每分钟高速跑距离、每分钟Player Load、直线跑动时间占比，显著低于前锋；而每分钟高强度IMA次数、每分钟中高强度IMA次数、每分钟中高强度IMA左右变向次数显著高于前锋。前锋的静止不动时间占比、走动时间占比低于后卫，除每分钟中高强度IMA前后变向次数外，其他各项指标都高于后卫。后卫每分钟跑动距离、每分钟高速跑距离、每分钟高强度 IMA 次数、每分钟中高强度 IMA 次数、每分钟中高强度 IMA 前后变向次数、直线跑动时间占比均显著低于前卫。

4.最高运动负荷和平均值的比较

通过比较负荷指标的全场平均值与最高值发现，所有负荷指标的最高值都显著高于全场平均值（$P<0.01$），且不同指标最高值的比例不同，其中，每分钟高强度 IMA 次数的最高值是全场平均值的 417%，每分钟高速跑距离最高值是全场平均值的 265%，每分钟高强度 IMA 次数的最高值是全场平均值的 260%，每分钟 RHIE 次数的最高值是全场平均值的 234%。

（五）结论与建议

对于以防守反击打法为主的优秀男子曲棍球队，前锋及前卫运动负荷强度高于后卫，在前锋与前卫之间，前锋跑动类的体能需求显著高于前卫；而前卫左右方向变向次数显著高于前锋。因此，前锋、前卫队员需强调高速跑动能力的储备。同时，前卫队员要着重练习瞬间爆发、启动制动、变向的能力，后卫队员应注意增加速度耐力训练并兼顾爆发式运动能力训练。

采用可穿戴设备对赛前训练运动负荷进行实时监控，所获得的运动负荷峰值和平均值可作为教练员控制训练强度、降低运动损伤风险的重要指标。

三、运动负荷监控在技能主导类隔网对抗性项目中的应用

案例三 训练冲量在乒乓球运动员负荷监控中的应用研究

（一）监控目的

本案例的目的在于利用 Firstbeat 设备中训练冲量这一指标去监控两个集训期，共 15 名运动员的运动负荷，了解训练冲量这一指标是否可以反映运动员训练与比赛的负荷变化；探究国家乒乓球男子二线队两个集训期训练计划的执行情况，以及不同运动员在执行同一训练计划或比赛时训练冲量的差异；分析乒乓球这一项目在不同技术训练内容的负荷特征；并探究不同比赛形式下负荷的大小，了解训练与比赛时二者在训练冲量上的差别，从训练冲量上了解运动员是否有积极参与训练，为教练员制订个人训练计划提出有用的建议。

（二）监控对象

本案例共有 15 名受试者，监控时间分为两个集训期。第一阶段为期 26 天，共 10 名运动员参与监控；第二阶段为期 40 天，共 5 名运动员参与监控。选取的运动员皆为国家队男子二线乒乓球运动员，平均年龄在 18 岁左右。

（三）监控方法

本案例的监控时间为 2018 年 1 月 15 日至 2 月 9 日，以及 2018 年 3 月 12 日至 4 月 20 日两个集训期，共计 66 天。研究共分为两部分，即恢复指数的测定与训练负荷的监控。在研究的开始阶段将心率带与运动员的姓名进行配对，输入运动员的基本信息，并把每位运动员心率带的编号输入设备的监控系统中。在进行恢复指数监控前，先进行电脑设置，并调好接收器，之后帮助运动员戴好心率带，确保每位运动员的心率可被正确监控。让运动员平躺在舒适的毛毯上，闭眼调息，心率降低后进行监测，时间为 3min，然后系统会自动得出运动员的恢复指数。在每次训练课前，重复以上步骤，设置电脑并调好接收器，为运动员佩戴心率带，确保运动员的心率带可正常运行后进行监控。在运动员训练完成后即可摘下心率带，数据会在后台的云端显示，在第一阶段集训期间，共有 10 名运动员参与监控，在第二阶段集训期间，测试人员不同，前后共有 8 名运动员参与监控。

监测指标主要是训练冲量与恢复指数，训练冲量的计算方法基于埃里克·巴尼斯特（Eric Banister）的研究，因为这一方法多被用于耐力性项目中，且适用于受战术和对手影响、运动强度跨度大的项目。其计算公式为

$$训练冲量 = 运动时间 \times [(平均心率 - 基础心率)/(最高心率 - 基础心率)] \times 0.64 \times e \times 1.92[(平均心率 - 基础心率)/(最高心率 - 基础心率)]$$

其中，e 为自然数，值为 2.712。

也就是说，训练冲量的值与训练时间、训练平均心率、基础心率、训练最高心率有关，训练平均心率越高，整体训练量就越大。

注：这里的平均心率不是一个恒定的数值，而是不断变化的，其训练冲量的值也是根据逐拍的心率不断变化的。

（四）监控结果

在乒乓球训练中，运动员多为技战术训练，体能训练占的比例较少，因为乒乓球是技能主导类项目。在乒乓球的日常训练中，每个集训期运动员每天训练的计划都是相同的，教练员会按照上午、下午、晚上划分为 3 个训练阶段。同时，训练计划也被分为削球训练计划和一般训练计划，运动员按照教练员制订的训练计划，根据不同阶段，即上午、下午、晚上进行训练。

以课为单位计算每位运动员的训练冲量，按周进行计算，把运动员每周的情况按照每节课的训练冲量绘制成图（图 6-4-9），整体上运动员每节课的训练冲量个体差别较大，但基本上都呈波浪式，有利于运动员的恢复，可提高运动员的训练效果。任意选取两周相对完整的数据，即第一阶段的第一周与第二阶段的第三周进行分析对比。

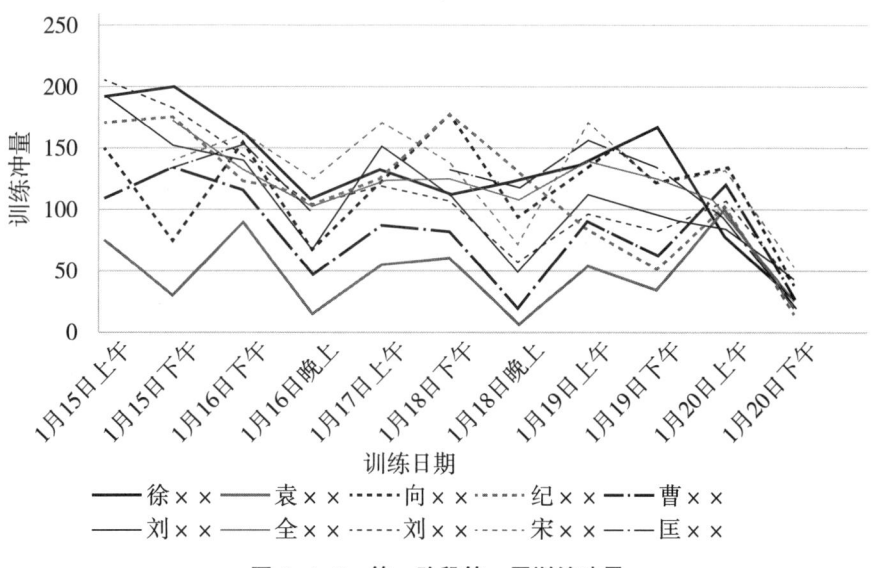

图 6-4-9　第一阶段第一周训练冲量

图 6-4-9 为运动员第一阶段第一周训练课各个运动员训练冲量的折线图，从整体上来说，各个运动员的训练冲量的趋势呈波浪式变化，有利于促进运动员恢复，提高训练效果。同时，研究也证明，在训练时负荷呈波浪式变化有助于运动员的体能恢复。从个体上分析，各个运动员每次课的训练冲量不尽相同，如周一下午袁××的训练冲量为31，而全××的训练冲量则为200，训练冲量相差较大，说明同样的训练计划对运动员的刺激是不同的，或者说，有的运动员在训练中比较投入，而有的运动员则有偷懒的嫌疑。图 6-4-10 能更清晰地反映不同运动员之间不同的训练冲量。

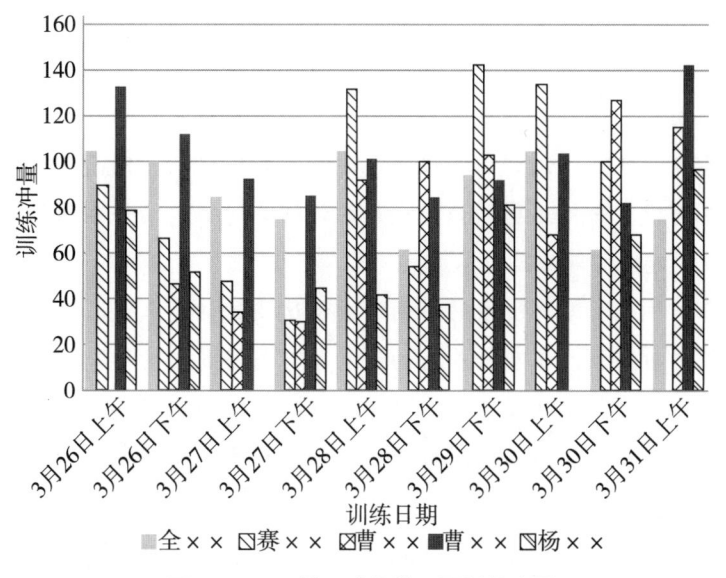

图 6-4-10　第二阶段第三周训练冲量

图 6-4-10 为第二阶段第三周的训练冲量，相对来说，28 日和 30 日上午的训练冲量在一周中相对较大，尤其是赛××，其训练冲量基本上遥遥领先，而杨××的训练冲量有时要低于赛××训练冲量的一半还多。这说明，即使在第二阶段，有了不同的训练计划及不同的训练监控对象，同样的训练内容，针对不同的监控对象还是不同的。且同一运动员，即使是相同的训练计划，每天的训练冲量也相差较大，如赛××在 26 日上午与 29 日下午，其训练计划是相同的，但是训练冲量却相差较大。同样，秦学林等的研究也得出了相似的结论，即同样的训练计划，不同运动员训练课的训练冲量不同，且相差较大。

造成以上结果的原因可能有以下几个方面。

第一，不同打法的影响。乒乓球可以有正手和反手之分、反胶和生胶之分，以及直板和横板之分，用左手进行运动的运动员使用正手击球的频率较高，正手的力量大、杀伤力强；对于反胶与生胶，反胶可以在近台、中台、远台发力，而生胶只能在近台才能发挥出最大的效果，故而训练冲量就小；对于直板和横板来说，直板由于握板方式，反手发力受限，所以一般直板运动员在比赛中都会积极跑动，多用正手，台内技术占优势（摆短、挑打等），因此直板运动员会更注重前三板技术，前三板技术更占优势，对于前三板技术的训练内容，其训练冲量更小，而对于横板来说，其在相持训练中更占优势，所以对于相持技术的训练内容，其训练冲量更小。

第二，技术训练的枯燥性。对于乒乓球训练来说，尤其是集训期，运动员每天的训练时间较长，例如，在冬季的集训期，运动员的训练内容分为上午、下午、晚上 3 个阶段，虽然一天只执行两个训练计划，但是，在空闲的时间里，运动员还要进行个人的加班训练。因此，其长时间地按照某一个固定的训练计划去训练，运动员难免会分心，并且技术训练不像体能训练那样简单，其训练量与训练强度不好控制，再加上运动员的主观积极性较差，因此，根据其竞技需要，同一个项目的不同运动员、同一运动员的不同阶段，都有其各自的特点，训练的积极性也因时间与环境的不同而变化。因此，训练冲量会产生差异。同样，汪伟用也认为同一训练计划，同一运动员不同训练冲量，具有差异性的原因之一就是技术训练较为枯燥。

第三，受青少年生长发育阶段的影响。对于这些运动员来说，他们有的可能并不知道努力、积极训练对自己的重要性，有的运动员可能还处在童年期，这一时期，运动员的兴奋性较强，注意力集中较难，第二信号系统发展较差，而技术训练多采用重复训练法，训练手段单一枯燥。因此，运动员往往会分散精力去干其他的事情，导致训练的积极性下降。

根据运动员训练数据，研究人员与教练员进行了交流，根据教练员的反馈，他们认为波浪式的训练方式更有利于运动员的训练，且运动员也认为，在不同的阶段，因自己状态不同或者其他原因，训练效果会不一样，投入的精力也不一样。

（五）结论与建议

①根据教练员和运动员的反馈，Banisters 训练冲量的计算方法在一定程度上可以反映乒乓球这一项目训练与比赛的负荷变化。

②根据冬季集训期不断提高运动员运动负荷的目的，冬季集训没有达到训练目的，春季集训期训练计划执行较好。

③不同运动员同一训练计划的训练负荷相差较大。技术训练内容的训练负荷从大到小排列，依次为步法、发球抢攻与相持、接发球与反手对抗。

第五节　对运动负荷监控的思考

无论哪种负荷监控手段，都是特定时代下的产物，它们在一定程度上推动了运动训练的发展，但也存在着一定的局限性。人们对存在的问题进行反思有利于推动运动负荷监控的发展。

一、GPS 监控的应用性和局限性

运用 GPS 进行训练负荷监控，不仅可以监控每位运动员的负荷情况，还可以从运动员的动作模式，如加速、变向和移动轨迹做出战术分析和比赛特征分析。但由于 GPS 信号易被干扰，目前除了室外集体性球类项目外，它在其他项目中的应用比较少见。同时，有研究指出，位移速度和移动距离会影响 GPS 设备在负荷监控中的准确性，当速度和距离增加时，测量信度下降。此外，GPS 设备也无法对复杂比赛或训练情境下运动员的身体动作做出准确分析。

二、录像解析负荷监控的优缺点

录像解析可以精准地统计出运动员专项技术使用情况，在与同场竞技的高水平运动员进行比较时，还可以分析出该运动员在专项技术上的不足，长期监控还可以预测损伤风险。但是，对于运动员的技术监控，在高速摄像的视频拍摄完成之后，采用影像解析技术进行分析需要科研人员耗费大量的时间，且分析过程较为烦琐，有滞后性，还不够准确，无法满足监控的实时化需求。

三、心率负荷监控的不确定性

心率是指心脏每分钟收缩的次数，与最大摄氧量百分比、血乳酸浓度等有很强的相

关性，可在一定程度上反映运动的强度。但是，不同运动项目在大强度运动、抗阻运动、间歇性运动中，心率和运动强度并非呈线性关系，因此一般只在耐力性项目中使用心率监控运动负荷。

四、血液、尿液监控的便捷性和唾液、汗液监控的有效性

血液成分的负荷监控是生化测量中的最常用手段，但是，长期监测的反复采血较难被运动员和教练员所接受。特别是一些水上项目，任何轻微的创伤都可能对运动员造成威胁。而基于尿液成分的负荷监控较难实现实时取样。此外，取样时不同指标、不同时刻，要求运动员不同程度地提供尿液（全尿/中段尿），因而不够便捷，且运动员容易出现抵触情绪。体育科学的发展要求有更加便捷、灵敏、无创或少创的监控指标出现，基于唾液成分和汗液成分的负荷监控可较好地满足这些需求，但目前基于此二者的监控指标还不够丰富，信度和效度也需要进一步研究。由于各指标反映的实际问题不同，因此，在应用时常根据各指标的时间—效应特性，对多个指标进行及时准确的测量，综合评价机体情况。

五、RPE 量表监控的客观性与准确性

RPE 是一种介于生理学与心理学之间的评价负荷强度的指标，将人体在运动应激状态时的生理机能变化程度，通过对强度感觉的心理体验测定反映出来。一般来说，RPE 量表是一种无损伤的监控方式，简单方便，但主观性较强，对于测量结果的准确性有待商议。因此，在运用 RPE 量表时，人们需结合生化指标综合判断，监控结果才会更加准确。

六、运动负荷评价未能体系化

目前，国内学者对训练负荷的评价主要集中于一些生理生化指标和训练学指标，对心理学评价指标应用较少，如主观体力感觉和分段主观体力感觉。不同维度的负荷评价指标不够全面，不同指标应用的范围不够明确。众多负荷评价指标有待整理分类，以明确不同评价指标的适用范围和对实际训练的指导作用，增强负荷评价的针对性和有效性。

值得注意的是，在实践应用中并非要求使用以上提及的所有指标和方法进行负荷评价，应结合运动员训练条件和不同运动项目特点进行合理选择。如在运动队设备不完善、经费紧张的情况下，也可选择一些较为简单且实用的指标。

另外，现代训练负荷评价表现出个体化、大数据化的趋势。个体化即针对运动员个体量化其机体所承受的负荷，大数据化即利用大数据和云处理技术将复杂多变的机体状

态转化为可测量的数据或者模型，这也是今后训练负荷评价的主要趋势，以此不断提高负荷评价的便捷性、时效性和准确性。

目前应用广泛的Omegawave竞技状态诊断系统、Firstbeat、SmartBase大数据管理等数字化软件和平台，可以在较短时间内对运动员负荷后的机体状态做出较为精准化、个体化的数据分析，为教练员和科研人员提供及时反馈，从而节省时间和精力，准确判断运动员的负荷情况，有针对性地制订个性化的训练计划，满足不同运动员的训练需求。

讨论与思考

1. 试述GPS在球类运动训练及比赛负荷监控方面的应用。
2. 试述RPE量表在负荷监控中的应用进展及缺陷，未来如何正确处理该量表在主观性与准确性间的矛盾。
3. 如何正确建立不同项群、不同阶段的训练负荷评价体系？

推荐阅读

1.Carling C, Bloomfield J, Nelsen L, et al.The role of motion analysis in elite soccer: contemporary performance measurement techniques and work rate data [J].Sports Med, 2008, 38（10）: 839-862.

2. 崔运坤, 贾燕, 马琳, 等.动作模式释义: 定义、机制、分类、训练 [J].沈阳体育学院学报, 2017, 36（2）: 98-106.

3.Lyman S, Fleisig G S, Andrews J R, et al.Effect of pitch type, pitch count, and pitching mechanics on risk of elbow and shoulder pain in youth baseball pitchers [J].Am J Sports Med, 2002, 30（4）: 463-468.

4.Lyman S, Fleisig G S, Waterbor J W, et al.Longitudinal study of elbow and shoulder pain in youth baseball pitchers [J].Med Sci Sports Exerc, 2001, 33（11）: 1803-1810.

5.Hulin B T, Gabbett T J, Blanch P, et al.Spikes in acute workload are associated with increased injury risk in elite cricket fast bowlers [J].Br J Sports Med, 2014, 48（8）: 708-712.

6.Borresen J, Lambert M I.Changes in heart rate recovery in response to acute changes in training load [J].Eur J Appl Physiol, 2007, 101（4）: 503-511.

7.Manzi V, Iellamo F, Impellizzeri F, et al.Relation between individualized training impulses and performance in distance runners [J].Med Sci Sports Exerc, 2009, 41（11）: 2090-2096.

8.Garet M, Boudet G, Montaurier C, et al.Estimating relative physical workload using heart rate monitoring : a validation by whole-body indirect calorimetry [J]. Eur J Appl Physiol, 2005, 94（1-2）: 46-53.

9. 李庆, 姜自立. 优秀短跑运动员张培萌赛前训练负荷研究 [J]. 体育科学, 2017, 37（12）: 69-77.

10. Hulin B T, Gabbett T J, Lawson D W, et al. The acute : chronic workload ratio predicts injury : high chronic workload may decrease injury risk in elite rugby league players [J]. Br J Sports Med, 2016, 50（4）: 231-236.

第七章 身体健康监控

体育是促进健康的有效途径，但精英运动员的身体健康易受到不同程度的侵害，非科学训练、体罚等现象仍然存在，意外事件无法避免，这些都易使运动员出现运动损伤、赛场猝死、抑郁等问题。现实中，运动员健康权受到侵害的案例有很多。因此，运动员的健康问题应该在运动训练监控的实施中得到重视，这也是中国从体育大国转变成体育强国的重要一步。

第一节 身体健康监控概述

本节重点从身体健康监控的释义、身体健康监控的作用和身体健康监控的分类三个方面对身体健康监控进行概述。

一、身体健康监控的释义

身体健康监控是指通过收集、分析和评估运动员个体健康的相关数据，来监测个体的生理状态和健康状况，并根据监测结果及时地调整训练计划，为提高训练效果提供依据，为运动员的训练和比赛提供保障。运动员身体健康监控是一个多指标、多层次、多因素的综合监控体系，可根据评定的目的，以及测试对象的年龄、运动专项、训练水平等具体情况选择监控指标，并依据运动生理、生化原理，采用科学合理的评价方法对测试结果做出客观、全面、科学的综合评定，从而科学地指导运动训练过程。

二、身体健康监控的作用

健康的体质是运动员进行正常训练、改进、巩固和提高竞技能力的基础和重要保障。因此，对运动员的健康水平进行医学检查与评定，并从医学和运动训练学角度提出有关运动员身体健康的相应对策，对于发展运动员的竞技能力和提高竞技水平有着重要的理论意义和实践意义。此外，多项生理生化指标的测试与分析，能够较为客观地诊断运动员的身体健康状态，对于科学安排训练，预防过度疲劳、疾病和运动损伤的发生也具有重要作用。

三、身体健康监控的分类

身体健康监控分类如图 7-1-1 所示。

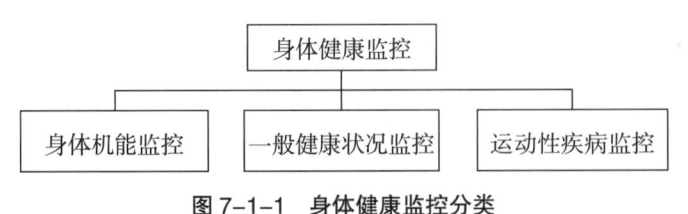

图 7-1-1　身体健康监控分类

（一）身体机能监控

运动员身体机能监控主要是阶段性地利用多项生理生化指标对健康水平、运动员承受训练负荷的能力、训练后的疲劳程度、恢复程度与恢复速度进行评价，目的是帮助教练员了解运动员的身体状况，为教练员提供训练安排的依据和建议，防止过度疲劳及运动损伤的发生。一般来说，在训练监控初期，运动员应尽可能地做一次全面的机能测试，这样，既可以有效地排除影响运动员体能的病理性因素，也可以为以后的训练监控提供参照数据。另外，运动员受伤后体内的某些生理生化指标也会出现变化，如肌肉拉伤可以引起血液肌酸激酶大幅度升高，该指标的变化可以反映肌肉损伤的恢复情况，起到监测伤病恢复过程的作用。

（二）一般健康状况监控

一般健康状况监控是通过医学检查，尽可能及时发现不易察觉的疾病或疾病隐患，以便做到有病早治，无病则防。医学常识告诉我们，人的自我感觉并不完全可靠。有许多疾病早期症状并不明显，甚至毫无感觉，如隐性冠心病平时毫无症状，只有对心血管进行系统检查时才能确诊。定期健康体检可以明确运动员身体处于何种状态：第一种状态是健康；第二种状态是亚健康，身体中存在某些致病因素，需要管理健康，消除致病隐患，向健康转归；第三种状态是患病，发现了早期疾病或各种慢性病，需要就医。只有定期做全面的身体检查，早期发现疾病，疾病才能及时得到控制。

（三）运动性疾病监控

由于体内遗传系统存在疾病基因或在环境刺激因素等的作用下诱发器官代谢、机能、结构、空间、大小的变化，表现为体征和行为异常，称为疾病。由于长期的运动训练，运动员可能患有专项相关疾病，如拳击运动员可能出现肾功能不全，举重运动员可能出现腰椎间盘突出，跳水运动员则可能出现视网膜脱落等。因此，对运动员专项疾病的定期监控是保证运动员健康、提高运动水平的基础。

第二节 身体健康监控指标体系

身体健康监控的指标体系可以归结为 3 类，即身体机能的监控指标、一般健康状况监控指标和一般性运动性疾病的监控指标。身体机能的监控指标包括心率、血压、心电图等；一般健康状况监控指标包括结石、炎症、肿瘤、乙肝 5 项等；一般性运动性疾病的监控指标包括腹痛程度、腹泻程度等。

一、身体机能的监控指标与方法

大量文献表明，运动员身体机能的监控指标主要有生理指标、血液指标和尿液指标。生理指标主要包括心率、血压、心电图、肌电图等。血液指标包括血常规、血清肌酸激酶、血尿素氮、血乳酸、血清睾酮、皮质醇、免疫球蛋白等。尿液指标主要包括尿常规（表 7-2-1）。

表 7-2-1 身体机能的监控指标体系

监控指标	监控目的	机能与评价	监控方法
心率	一次或一组动作的运动强度	可作为最大摄氧量强度以下强度训练的强度定量指标、对最大摄氧量强度以上的训练只能定性分析	联合机能实验
	阶段性训练效果评估	系统耐力训练后安静心率下降，或同样负荷的亚极限以下强度运动后即刻心率下降，或心率恢复速度提高，均表明心功能提高，有氧能力提高	
	阶段性机能状态评估	短期内基础心率突然明显加快，提示运动员阶段性机能状态不能适应当前训练负荷，机能状态下降；如心率突然显著减慢，提示可能有疾病或过度训练的存在	
血红蛋白	一堂训练课或一个训练日的训练负荷强度	既能够反映训练负荷强度，也可以反映负荷量，一堂训练课或连续测定恢复期值可以监测一个小周期训练负荷的变化。一个小周期训练后，如果血红蛋白下降明显，说明运动员不能适应训练负荷。下降超过 20% 为过度训练的表现之一	血红蛋白测定仪、血红蛋白电泳、血红蛋白色谱法等
	血液携氧能力	男运动员血红蛋白低于 120g/L、女运动员血红蛋白低于 110g/L 时，可诊断为贫血。男运动员血红蛋白达到 160g/L、女运动员血红蛋白达到 140g/L 时，最适宜发挥人体最大有氧工作能力	

（续表）

监控指标	监控目的	机能与评价	监控方法
血清肌酸激酶	一堂训练课或一个训练日的训练负荷强度	随着运动强度增大，肌酸激酶会升高，反映一堂训练课或一个训练日训练负荷强度；连续测定恢复期值可以监测一个小周期训练负荷强度的变化；测定次日恢复值可评定肌肉疲劳的消除情况	质量法、酶法（pH比色法）、电泳法、酶联免疫法
	肌肉的损伤及恢复情况	大幅度异常升高时表明有肌肉损伤，连续监测可反映肌肉损伤的早期恢复情况	
血尿素氮	训练负荷量	课后测定反映耐力训练负荷量，值越高反映训练负荷越大；次日测定恢复值可评定机体的恢复情况，超过 7mmol/L 表示疲劳未完全消除，提示训练负荷过大；连续测定恢复期值可以监测一个小周期训练负荷量的变化	二乙酰—肟法、脲酶—波氏比色法、酶偶联速率法等
血乳酸	一次或一组动作运动强度	运动后测定最高血乳酸水平可精确定量分析运动强度	血乳酸仪
	阶段性训练效果评估	训练一个阶段后，同样负荷运动后血乳酸水平下降，说明训练水平与运动能力提高；同样负荷运动后血乳酸清除速率提高，说明有氧能力提高	
血清睾酮	一个训练周期的训练负荷	反映一个小/大训练周期训练负荷大小。如一个周期的训练后明显下降，则表明训练负荷过大，运动员不能适应；如不下降或下降幅度不大，则表明运动员能够适应	血清可溶性电子微量元素测定法、低水分化学法
	运动员恢复能力评估	运动后恢复期，血清睾酮高，表明机能状态好，以及肾上腺分泌恢复能力强；血清睾酮低，表明机能状态差或恢复能力差	
皮质醇	一个训练周期的训练负荷	一个周期训练后，相同负荷运动时，血清皮质醇浓度上升的幅度下降，是适应运动量的表现，表明训练负荷合适；如上升幅度增加，表明训练负荷过大	可以通过血清皮质醇、24h尿游离皮质醇的方式进行检测
	运动员恢复能力评估	运动员在运动后的恢复期，血清皮质醇持续偏高，恢复到正常水平的时间长，表明机能状态差或对负荷不适应	

二、一般健康状况监控指标与方法

运动员的监控状况对其运动训练效果有直接的影响。如果运动员的健康状况出了问题，那么竞技能力训练效果将大打折扣。因此，运动员定期进行一般健康状况监控是很有必要的。运动员的一般健康状况监控内容与体检有相同之处，但又不同于一般的体检，一般健康状况的监控主要聚焦于影响运动员竞技能力训练的相关医学指标，如常规体检项目（耳鼻咽喉科、眼科、B超、肝功能、肾功能、血脂、胸部正位片、内外科一般检查）、血压、心电图等（表 7-2-2）。

表 7-2-2 一般健康状况监控指标体系

监控指标		监控目的	监控方式
常规项目	耳鼻咽喉科、眼科	初步了解耳鼻喉科、眼科等病变	阶段性监控（1次/年或重大比赛前4~6周监控）
	B超（肝、胆、脾、胰）肿瘤、乙肝5项	了解各内脏器官形态功能有无异常，如结石、炎症 了解是否感染乙肝病毒、是否产生对肝炎病毒的抗体	
	肝功能（谷丙转氨酶）	是肝细胞受损最敏感的指标之一	
	血脂	用于监测血脂代谢、高脂血症等疾病的诊断	阶段性监控（同上）
	肾功能（血尿素氮、尿酸、血常规、尿常规）	血尿素氮可了解肾功能是否受损，呈现异常值的主要疾病有尿毒症、高血肌酐肾衰竭等。尿酸呈现异常值的主要疾病有痛风、肾功能障碍等。血常规主要了解全身器官和组织健康状况，如贫血、感染、血液疾病等引起血液变化。尿常规检查主要提示泌尿系统有无炎症、结石、结核及胆红素代谢情况	
	胸部正位片	了解心脏是否肥大，是否有肺及呼吸道疾病	阶段性监控（同上）
	内外科一般检查	重点询问和甄别参赛运动员有无以下病情：①心血管系统疾病（如高血压、瓣膜病、冠心病）；②中枢神经系统疾病（如癫痫）；③猝死等的既史或（和）个人及家族史；④运动性应激或急性疾病的既往史	阶段性监控（同上）
血压		50岁以下的运动员：收缩压＜130mmHg（17.3kPa），舒张压＜85mmHg（11.3kPa）；50岁以上（包括50岁）的运动员：收缩压＜140mmHg（18.6kPa），舒张压＜90mmHg（12kPa）	阶段性监控（同上）
心电图		正常心电图（经医院确诊无明显异常）：①窦性心律；②成人心率40~100次/分（职业运动员心率可低于40次/分）。 不符合参赛条件的心电图异常包括但不限于：①窦性心动过速，成人心率＞100次/分；②频发的窦性心律不齐；③窦性停搏，房性、交界性、室性期前收缩或逸搏心律；④病态窦房结综合征；⑤Ⅱ度及以上的窦房、房室传导阻滞、左束支传导阻滞；⑥预激综合征心电异常；⑦冠状动脉供血不足，ST段缺血型降低，T波改变，Q-T间期延长，心律失常等；⑧未列举的其他心电图异常	阶段性监控（同上）

三、一般性运动性疾病的监控指标与方法

一般性运动性疾病包括运动性贫血、运动性胃肠道综合征（gastrointestinal syndrome）、运动性猝死、运动性腹痛、运动性中暑等。

（一）运动性贫血

运动性贫血主要包括运动所致假性贫血、运动所致真性贫血和一些与运动无关的原因引起的贫血。运动所致假性贫血指血红蛋白、红细胞量相对减少而绝对值无下降。它与长期训练引起的血浆容积扩张有关。运动性贫血的体征为轻度不明显，中重度可出现皮肤和黏膜苍白，舌乳头萎缩，心率加快，心尖部出现收缩期吹风样杂音，较重者可出现肢体水肿、心脏扩大等体征。其常用的监控指标与方法如下。

①心肺系统：贫血造成血氧减少，机体出现一系列代偿现象，如心悸、心慌，活动后更为明显。血二氧化碳分压的升高可刺激颈动脉窦或呼吸中枢出现呼吸急促等。

②神经系统：出现头痛、头晕、失眠、反应能力降低等症状。

③内分泌系统：女运动员可出现月经紊乱或闭经。

（二）运动性胃肠道综合征

运动性胃肠道综合征是发生在运动中或运动后的胃肠道功能紊乱，表现为腹痛、恶心、呕吐、腹泻等的一组综合征。发病原因在于，激烈运动引起体力衰竭，使机体处于一过性休克状态，并伴有胃血液循环障碍，因局部缺氧和胃黏膜损伤而致出血。溃疡往往仅侵及黏膜层，由于损伤表浅，愈合较快，因而易被忽视。

1. 主要症状

①腹痛，包括胃脘部痛，右上腹和（或）左上腹痛、全腹痛或下腹痛。主要在运动中和（或）运动后出现。

②腹泻，运动中和（或）运动后出现腹泻，轻者为水泻，重者为血性腹泻。上消化道出血时常常排出黑便，下消化道出血时可排出新鲜血性便。

③呕吐，吐出咖啡样食物或液体等。

④其他症状，如恶心、干呕、打嗝、吐酸水等。

2. 相关检查

血常规、粪常规、肝功能、尿淀粉酶检查一般正常，腹部超声正常，胃肠造影、胃镜、肠镜等检查均为阴性。

(三)运动性猝死

运动性猝死不多见,但也不罕见。其原因主要有心源性猝死和脑源性猝死,其中心源性猝死在运动性猝死中所占比例达到80%,主要是由冠状动脉粥样硬化性心脏病、肥厚性心肌病、心肌炎、瓣膜性心脏病、心脏传导系统异常、冠状动脉先天性异常、马凡综合征等引起的。运动性猝死的机制是,人体在进行剧烈运动时,机体需氧量急剧增加,代谢速率加快,血液中的儿茶酚水平增高,此时易出现心肌缺血缺氧,心肌超微结构发生改变,当冠状动脉存在病变或其他原因限制供氧时,就容易引起心肌缺氧、出血或坏死,表现为急性心肌梗死。运动时体内电解质和激素内分泌的改变,以及代谢产物的堆积,则可引起血液理化特性的改变,导致心律失常。某些严重的心律失常,可以直接导致心脏骤停,从而使运动者发生猝死。

对运动中或运动后出现的胸痛、心痛、胸部压感、头痛、眩晕、极度疲劳和头晕等症状要高度重视,必须立即停止运动并进行详细的检查。

(四)运动性腹痛

由训练引起,且仅与运动训练有关,而与其他原因无关的腹痛称为运动性腹痛。这是由于激烈运动引起的一时性的运动员机体机能紊乱,它本身不是一种疾病,随着运动的停止,其症状可以逐渐缓解。

运动中出现腹痛,其特点为除腹痛外一般不伴随其他症状,多数运动员在安静时不痛,运动时才痛;疼痛程度与运动量大小和强度成正比。一般活动量小、强度低时疼痛不明显,随负荷量加大,疼痛才逐渐加重,做深呼吸或按压腹部时疼痛多可减轻。各项检查如肝功能、腹部B超、腹部平片等皆正常。

(五)运动性中暑

运动性中暑是指肌肉运动时产生的热能超过身体散发的热能而造成运动者体内的过热状态。

在高温或伴有高湿环境中锻炼,如出现以下症状之一则应考虑运动性中暑:①头晕、乏力、胸闷、大汗、口渴;②头痛、眼花、耳鸣、恶心、呕吐;③脸色发白、皮肤湿冷、脉搏增快;④高热、抽筋。

四、专项性运动性疾病的监控指标

(一)体能主导类项群

体能主导类项群主要包括各种距离的跑、游泳、自行车、划船、跳跃、投掷等。例如,短跑运动员的足踝腱鞘炎、跟腱周围炎;长跑运动员的髂胫束摩擦综合征、标枪运动员肘的骨关节病、铁饼运动员的髌内软骨病及伸膝腱膜炎;游泳运动员的外耳炎、中耳炎、听力减退、鼻窦炎等;公路赛车手的前列腺疾病、腰背疼痛和皮肤病;帆船运动员的腰肌劳损、腰背肌纤维炎、颈椎病、肩周炎、腰椎间盘突出等。

(二)技能主导类表现准确和难美项群

主要运动项目包括射击、体操、跳水、花样游泳、花样滑冰等。这类运动项目除了承受一般性运动负荷外,对运动员心理的要求格外高,比赛成绩的好坏很大程度上取决于心理能力水平的高低。这就决定了此类项群的运动员所承受的心理应激比其他项群更大。有研究表明,在表现准确项群项目中,运动员在一次急性心理应激条件下发生了明显的免疫抑制。技能主导类表现准确和难美项群项目运动员较易患心理疾病,有过敏性疾病、紧张性头痛、植物性神经紊乱等,主要是由于运动员长期处于压抑、高度紧张、焦虑的情绪中。另外,长期过度消耗心理能量也是一个重要原因。

(三)技能主导类隔网对抗项群

该项群主要包括排球、网球、乒乓球等。在这类项群项目的运动过程中,运动员注意力高度集中、情绪高度紧张,还要不断揣摩对手的意图并做出快速准确的判断,并迅速采取行动。此项群运动员心理应激量较大,情绪往往处于不断的波动中,一次较易的失误和一次艰难的得分都会使运动员心理产生极大的波动。因此,这类运动项目的运动员较易患植物性神经紊乱、胃溃疡等。

(四)需要控制体重的项目

这是一类特殊的运动项目,如举重、拳击、柔道、摔跤、健美等,这类运动员在日常的训练或比赛期间,尤其是在比赛前期,需要节食,往往许多不恰当的体重控制方式使这类运动员成为神经性厌食症的易感人群。另外,运动员对自身体重高度关注,往往容易产生恐惧、强迫感等一些负面情绪,更易诱发神经性厌食症。

第三节 身体健康监控的测评

运动员的健康水平检查主要包括常规体检和赛前体检。常规体检主要针对学生运动员，一般为每年一次，以保证他们参加体育运动的安全。赛前体检主要针对专业运动员或准备参加大型比赛的业余运动员，其体检时间是赛前4～6周，以便有充足的时间对一些损伤、肌力不平衡或其他可纠正疾病进行治疗和康复，并避免因间隔时间太长而产生新的异常。

一、身体健康监控的测量工具

（一）心电图检查

在心电图检查时，被检查者呈平卧位，检查者将电极夹夹在其四肢、手腕、脚腕，将导联片粘贴在前胸相应部位，使用心电图机打印结果。心电图检查操作简单、用时短、费用低、没有创伤，可记录训练导致的心脏节律异常或ST段及T波改变。

1. 诊断标准

（1）西雅图标准

在2010年欧洲心脏病学会公布标准的基础上，Drezner等在2013年推出了西雅图标准。在该标准中，要求运动员年龄范围在14～35岁，并重新调整了QTC间期，排除了右心房扩大标准，排除了V导联中单独的T波倒置标准，同时排除了右心室肥厚单独的电压和偏轴标准。而且，所有异常心电图均与T波倒置有关。

（2）简化标准

在2014年，Sheikh等根据使用ESC标准和西雅图标准筛查数以千计运动员的经验，推出了简化（refined）标准，包括：①P波标准（采用ESC标准），左心房扩大和右心房扩大标准；②异常Q波标准，持续时间≥40 ms，或≥随后R波高度的25%；③ST段标准（采用ESC标准）；④T波标准（采用西雅图标准）；⑤QT间期标准（采用西雅图标准）；⑥心室预激标准（采用西雅图标准）。

2. 诊断病症

①窦性心动过缓：属正常生理现象，停止训练后多数运动员表现为心率增快。
②窦性心动过速：安静时属异常，注意排除甲状腺功能亢进、感染、过度训练等。
③窦性心律不齐：多与呼吸运动有关，儿童和青少年运动员多见。心电图P-P间隔相互差异超过0.20s时称为显著的窦性心律不齐，注意调整训练量。运动员出现心律失常

者常通过临床检查和随访观察进行诊疗。

（二）物理检查

物理检查用以发现高血压、主动脉瓣狭窄、肥厚性心肌病。

运动员生理性杂音采用 Valsalva 手法（将口鼻闭住，做深呼气以使耳咽管充气）时，其杂音减少；若为肥厚性心肌病，则杂音增加。

用超声心动图评定左室功能是一种新的方法。运动医学中常用的指数有不受体位等条件影响的左室缩短分数（FS）、较为恒定的射血分数（EF）、反映左室顺应性的二尖瓣前叶下降斜率及平均左室周径缩短率（mVcf）。最大周边缩短率（pVcf）、左室后壁最大运动速率（PWVM）、收缩期左室后壁心内膜平均运动速率（mPwV）等较为少用。

以运动类型来分，力量性项目的运动员 EF 较高，动力性项目的运动员 FS 略大。但这些数值与常人比较都没有统计学上的差别。尽管如此，多数研究者还是认为，运动员安静时的心功能指数在正常值范围之内，它和训练年限、运动项目等之间的关系不密切，而往往同体质、年龄、心率等有关。

二、身体健康的诊断与评价方式

（一）使用多关键字搜索算法进行诊断

"运动员身体健康状况评定和损伤处理系统"是根据运动医学的要求和特征，充分利用现代程序设计技术与数据库技术来对运动员医学资料进行科学的保存和管理的一个数据库系统。其核心是对运动员的身体健康状况进行评定和诊断，是将现代化技术和现代化管理相结合的系统工程。

由于不同运动队包含的运动员信息存在差别，高级查询模块中具体的设计和实现方式也不尽相同。下面以既往病史在高级查询模块的设计为例说明其算法。运动员的既往病史表中包含检查时间、所属运动队、级别、队别、曾患疾病、家族史、预防接种史、过度训练史、药物或食物过敏史、营养状况 10 条非几何信息，用 W1～W10 表示，并把这 10 条信息作为搜索关键字，以大写字母依次表示，空值用 Null 代表。运动员既往病史信息查询模块的搜索算法如下。

$W1=(A==a) \cup (A==Null) \quad W2=(B==b) \cup (B==Null)$

$W3=(C==c) \cup (C==Null) \quad W4=(D==d) \cup (D==Null)$

$W5=(E==e) \cup (E==Null) \quad W6=(F==f) \cup (F==Null)$

$W7=(G==g) \cup (G==Null) \quad W8=(H==h) \cup (H==Null)$

$W9=(I==i) \cup (I==Null) \quad W10=(J==j) \cup (J==Null)$

W0=W1 ∩ W2 ∩ W3 ∩ W4 ∩ W5 ∩ W6 ∩ W7 ∩ W8 ∩ W9 ∩ W10

若 W0 为真值，则运动员的 W 评定结果为用户所需资料；若 W0 为假值，则运动员的 W 评定结果将被查询模块筛除。

（二）逐步搜索诊断法

"诊断"是运动员身体健康监控中最重要的步骤，但目前的技术条件无法实现诊断自动化，因此必须密切记录医生在身体健康诊断治疗过程中的行为，设计出一种有效的半自动化诊断方法。因此，不少研究提出逐步搜索诊断法，该方法是医生对运动员诊断行为过程的模拟，包括运动员主诉—身体健康初诊—确定检查方案—初检—再诊—确定再诊方案—完成诊断，整体看来是一个"诊"—"断"交互的行为过程。因此，逐步搜索诊断法的主要任务是帮助和启发医生确定"诊"—"断"交互的"检查方案"和"决断"序列。

（三）数据挖掘（date mining，DM）诊断法

数据挖掘是优秀运动员身体健康状况诊断的发展方向。数据挖掘涉及数据库、人工智能、机器学习、统计分析等多种技术，它能够自动分析数据并进行归纳性推理，从中发掘出数据间的潜在联系，从而建立新的诊断模型帮助医生调整监控策略，提高诊断结果的准确性。该系统能够根据已录入的运动员病史、疾病诊断规则和治疗规则，对运动员的身体状况做出正确的评定，并鉴别诊断，最终给出相应的治疗建议。此外，鉴别诊断模块可以给出相应诊断结果的可信度，若可信度过低，则需进行"附加提问"，即系统根据专家丰富独特的诊断方法提出一些经验问题，扩大诊断条件，进一步做出诊断推测，该功能是整个系统的核心。

第四节　身体健康监控的应用

身体健康监控的相关研究正处于萌芽阶段，虽然成果并不充足，但解决了该领域内的一些普适性问题。同时，在运动训练实践中，运动员身体健康是进行高强度训练、获得理想成绩的前提，其重要性不言而喻。因此，本节通过案例进一步讲解身体健康监控的具体操作方法，为运动实践和未来相关研究提供参考。

案例一 动态生理信息融合在人体健康评价系统的应用

（一）监控目的

刘秀玲针对人体健康状况实时评价问题，将生理医学理论与信息融合技术相结合，设计了一种基于动态生理信息融合的健康评价系统。

（二）监控方法

利用扩展的卡尔曼滤波辅助方法进行预处理及特征提取，将模糊逻辑引进神经网络，推进了模型一致性推理过程。选取基于数值优化改进的反向传播算法，检测指标为血压、脉搏、心率、血氧等。

（三）监控结果与结论

从实际应用的角度出发，设计了基于信息融合技术的人体健康状况的快速评价系统。利用卡尔曼滤波实现生理指标信号的预处理及特征提取，以及结合了神经网络强大学习能力和模糊逻辑表述能力的模糊神经网络模型，通过对动态变化的人体生理指标数据的融合分析得到当前健康状况的总体评价。实测数据的仿真实验表明，系统可以准确快速地给出评价结果，同时系统结果简单、泛化能力强，具有很高的实用价值。

案例二　构建基于体质评定的健康评价体系和信息服务平台

（一）监控目的

王茹通过分析、比较体质和健康的内涵与关系，探讨构建基于体质评定的健康评价体系和信息服务平台的理论依据，初步确立研究健康信息服务平台开发的技术路线和运行模式。

（二）监控方法

监控方法包括指标的筛选、科学性分析及健康评价体系的实证研究。

（三）监控结果与结论

基于体质测定的健康评价体系和信息服务平台是全民健身服务体系的重要组成部分，是提升全民健身效果的有效手段。健康关联指标评价和个性化健康干预是构建健康评价体系应解决的核心问题，四川省体育科学研究所的成功经验值得在构建指标体系时借鉴并完善。政府行为的外部性机制为健康信息服务平台稳定、有序运行提供保障；健康信息服务平台运行的技术支持源于市场需要。兼顾健康信息服务的公益性和商业价值是服务平台运行流程的最显著特征。

第五节　对身体健康监控的思考

目前，身体健康监控的相关研究较少，仅阐述了运动员身体健康监控的一些普适性问题。实际操作中仍有诸多困难阻碍运动员身体健康监控的正常进行。但鉴于运动员保持身体健康的重要性，我们需要对这些问题加以探讨和说明。

一、疾病筛查因费用过高而难以普及

目前，普遍认为应用12导联心电图对运动员进行赛前或两年一次的心血管疾病筛查，可以有效地诊断运动员潜在的心血管疾病，预防心血管意外事件的发生，从而降低运动性猝死的发生率。但是，对运动员进行常态化的心血管疾病筛查的费用过于昂贵，尤其在一些经济不发达的地区难以普及。

二、筛查手段缺乏科学性、安全性

一些学者质疑运动前某些筛查手段（如运动负荷测试）的科学性，认为在进行运动测试的过程中，其外加的负荷有可能使潜在的心血管疾病患者病情恶化。研究显示，体质水平较差组的受试者表现出心率、血压等指标上升速度较快，最大值偏高等特点。因此，部分运动测试本身的安全性问题还有待进一步完善（童文娟等，2016）。

三、疾病检测技术缺乏针对性及忽视对潜在疾病的监控

目前采用的运动员健康水平检查，主要参考临床医学的标准，但是，它存在缺陷，没有充分认识到运动员这一人群的特殊性，一方面，可能会因为不熟悉长期运动训练引起的人体结构和机能的适应性变化，影响对优秀运动员身体健康状况的客观判断，从而降低运动负荷和训练效果；另一方面，可能会因为对运动应激的认识不够，而忽视了一些可能在训练中加剧，甚至威胁生命的潜在疾病。

四、监控指标缺乏多元化、精细化

目前运动员的身体健康监控过于依赖某一类指标，实际上，各指标的特点、使用范围、监控目的均有所不同，要根据现有条件和具体情况，有选择性地使用。同时单一指标可能受多种因素的影响，因此需采用不同指标进行综合诊断。然而，目前运动员身体健康的监控指标过于粗略化，未对不同训练年度、训练阶段、专项进行细分。未来研究需要对监控指标进行精细化处理，准确评定不同年度和阶段的训练效果，从而有助于运动员获取优异的竞赛成绩。另外，大数据的广泛应用、可穿戴设备的普及，使运动员的健康监控可以更加具体化、精细化，从而有效克服传统的经验型、模糊型监控实况。

五、身体健康监控在竞技运动中的运用不足

目前身体健康监控在大众健身中的应用较为丰富，运动手表、运动手环等设备基本

可以满足大众的健康监控需求。然而，竞技运动不同于大众健身，竞技运动员在训练、竞赛所承受的负荷量和负荷强度远高于普通人群，该类人群的身体健康监控应更为频繁、细致。但目前对运动员身体健康监控的相关研究仍较为鲜见。因此，未来研究人员应更多地开展身体健康在竞技运动中的应用研究，增强运动监控理论对竞技实践的指导作用。

讨论与思考

1. 如何运用大数据更好地提升运动疾病监控的信息化水平？
2. 运动员在新型冠状病毒感染后重返赛场应如何进行身体健康监控？

推荐阅读

1. 尹利军，王晓慧．监控运动员机能状态和过度训练的生物标志物进展［J］．生命科学，2020，32（10）：1124-1134.

2. 周林芝，马云，李璟，等．中国优秀运动员非创伤性疾病调查分析［J］．中国运动医学杂志，2009（5）：3.

3. 霍波，李彦锋，高腾，等．体育人工智能领域关键技术的研究现状和发展方向［J］．首都体育学院学报，2023，35（3）：233-256.

4. 张树蓉，陈家瑞，何清波，等．第14届世界游泳锦标赛运动员损伤与疾病调查［J］．中国运动医学杂志，2012，31（3）：5.

5. 檀志宗，楼俊华．游泳运动员常见疾病与常见运动损伤的防治［J］．中国体育教练员，2017，25（4）：3.

6. 苏宴锋，赵生辉，李文浩，等．人工智能提升运动表现的前沿进展、困境反思与优化策略［J］．上海体育学院学报，2023，47（2）：104-118.

7. 张大超．我国优秀游泳运动员训练过程监控系统研究［J］．中国体育科技，2008（1）：58-74.

8. 马涛．血清肌酸激酶在运动医学和临床医学中的应用［J］．中国老年学杂志，2018，38（13）：3324-3327.

第八章 心理健康监控

精英运动员是一个极其特殊的群体，他们承载着社会与个人的梦想，为集体和个人的荣誉而奋发图强。以往的研究表明，该群体具有积极的心理特质，如心理坚韧性、积极思维等。但近来的研究表明，和普通人群一样，精英运动员也面临着种种心理健康问题，无论是在职业生涯阶段，还是在退役后职业转型阶段。因此，面对承受着数倍于常人的身心压力的精英运动员，如何有效监控该群体的心理健康及消除心理疾病隐患是当前运动训练领域需要重点开展的工作。

第一节 心理健康监控概述

本节重点从心理健康监控的释义、心理健康监控的作用和心理健康监控的分类三个方面对心理健康监控进行概述。

一、心理健康监控的释义

对心理健康的监控是依据不同项目运动员的专项心理特点，确定心理健康监控的指标，再依据选择的心理健康指标对运动员进行测量，并根据测量结果，整体把握运动员的心理健康状态，从而调整运动员的训练或比赛计划，提高运动员的心理健康水平和状态。

二、心理健康监控的作用

在运动员的竞技训练监控体系中，心理健康监控与体能、技能、运动战术能力等的监控一样重要。美国篮球巨星凯文患有焦虑症和抑郁症，他说："这是真的，就跟手骨折、脚踝扭伤一样真实。自从那天起，我对自己心理健康问题的全部想法几乎都在改变。在过去的29年，我一直认为心理健康问题是别人的事。"我国优秀游泳健将叶诗文患有中度抑郁症，她自述："一开始心理医生给我做了一份测试，结果居然是中度抑郁。我是属于那种自己会给自己很多压力的人,所以,心理负担重的时候,会整夜失眠。"足球运动员 Robert Enke 描述自己的抑郁症症状时说:"无论是事业还是家庭,我已经经历了很多。我不知道,我的生活在被谁操控,我只知道,我终究无力改变。"从上述情况可以看出,运动员虽然看起来充满阳光,活力四射,但一些突如其来的情况,比如,疫情、赛事停摆、奥运会延期会给运动员增加额外的心理负担,导致出现抑郁症症状的运动员人数大幅攀升。运动员精神疾病的发病率与他们的竞技状态趋势相重合,他们的竞技状态越好,身体和精神方面承受的压力越大。有研究显示,55% 的运动员会受到比赛压力的影响,并产生不良心理活动。精英运动员的心理健康问题如果得不到及时有效的解决,对其自身、家庭、社会乃至国家都可能产生不良影响。因此,对运动员进行心理健康监控尤为重要。

三、心理健康监控的分类

心理健康监控分类如图 8-1-1 所示。

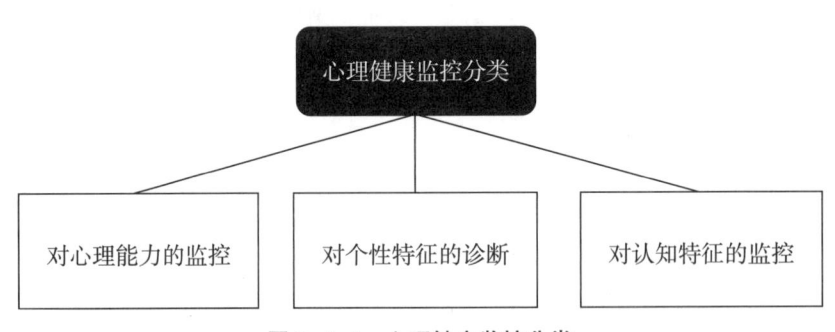

图 8-1-1 心理健康监控分类

(一)对心理能力的监控

对运动员心理能力的诊断与评定,在一定程度上揭示各个体育项目运动员的心理特点,可为运动员的心理健康监控提供一定依据。运动员拥有良好的心理能力可以克服比赛时裁判、对手及环境的影响,保证运动技术的稳定发挥。

(二)对个性特征的诊断

在体育比赛中,运动员的个性特征对运动表现起着至关重要的作用。运动员通常需要具备积极向上、自信、耐心、坚韧不拔等个性特质,以应对比赛中的挑战和压力。此外,体育比赛也需要运动员具备良好的技能和战术感知能力,以便在比赛中做出正确的决策和行动。因此,对运动员的个性特征进行诊断有助于教练员明确心理训练的重点,制订个性化心理干预方案,更有效地克服赛前、赛中不良心理状态。

(三)对认知特征的监控

对于年龄较小的运动员,其运动知识和结构初步建立,智力水平也相对较低,认识、判断事物,以及分析、解决问题的能力较弱。青少年运动员往往不能客观正确地认识和分析社会评价、自身准备状态、竞技水平的发挥、失败和对方实力等因素对比赛成绩的影响,常表现出较高的焦虑水平,影响心理健康,甚至过早地结束运动生涯。因此,对认知特征的监控也是心理健康监控的重要内容之一。

第二节 心理健康监控指标体系

研究人员将心理健康划分为心理障碍和心理疾病,并对具体监控内容进行细化(表8-2-1、表8-2-2)。

表8-2-1 心理健康监控指标

一级指标	二级指标
心理障碍	动机障碍(动机水平)
	情绪障碍(过度紧张、焦虑)
	心理饱和障碍(逃避或厌倦训练与比赛)
	激活障碍(冷漠或亢奋)
	攻击障碍(攻击对手、队友等)
心理疾病	焦虑症
	神经衰弱

表8-2-2 心理健康监控评价体系

评价指标	评价工具/手段	评价标准
综合心理障碍	症状自评量表(SCL-90) 孤独症诊断量表(ICD)	常模
抑郁	抑郁自评量表(SDS) 贝克抑郁量表(BDI)	常模
焦虑	眼动仪 广泛性焦虑障碍量表(GAD-7) 焦虑自评量表(SAS) 竞赛状态焦虑问卷(CSAI-2)	— — 常模
神经衰弱	精神状态检查量表(DSM)	
心境状态	心境状态量表(POMS)	—

（续表）

评价指标	评价工具/手段	评价标准
惊恐	惊恐障碍严重度量表（PDSS） 社交恐惧症量表（SPIN）	—
一般心理痛苦	一般健康问卷（GHQ）；霍普金斯症状清单（HSCL-25）：缩减版；Kessler 10 量表（K10）	—
面部表情	三维人体运动仿真与视频分析；Face Reader 软件；Virtual-Reality 仿真系统；Observe 观察分析软件；Biofeedback 2000 X-pert 型生物反馈仪	—

引自：张大超. 我国优秀游泳运动员训练过程监控系统研究［J］. 中国体育科技，2008（1）：58-74.

第三节　心理健康监控的测评

近年来，运动心理学研究者借助大数据技术开展了大量的心理健康监控研究，取得了丰富的研究成果。运动员心理健康监控领域科学有效地应用大数据技术，更好地发挥大数据在运动员心理健康监控、评价、咨询、干预等方面的积极作用，对于加强运动员心理健康工作的规范性、科学性和有效性，促进运动员全面发展，具有重要现实意义，这也是运动心理学工作者亟待探索的重要课题。同时，该研究主题也是运动员心理健康监控发展的必然方向之一。

一、心理健康监控的测量工具

（一）SCL-90 症状自评量表

该量表共有 10 个因子，包括躯体化、强迫症状、人际关系敏感、抑郁、焦虑、敌对、恐怖、偏执、精神病性及其他。其中，其他因子反映睡眠饮食情况。每项事件的刺激强度根据经历该事件时的心理感受分为从无、轻度、中度、偏重及严重（汪向东，王希林，马弘，1999）。

（二）PHI 心理健康测查表

心理健康的评定选用中国社会心理学会心理健康测查表（psychological health inventory，PHI），其含有 168 个题目；包括 10 个分量表，其中效度量表 3 个：Q（无法回答的题目）、L（说谎分）、F（伪装坏）；临床量表 7 个：SOM（躯体化）、DEP（抑郁）、ANX（焦虑）、PSD（病态人格）、HYP（疑心）、UNR（脱离现实）和 HMA（兴奋状态）。

(三）生理测试

生理测试包括心率（HR）、呼吸和脑电信号等。

Roh等（2012）提出了可穿戴式心理健康监测平台，它是针对心理健康系统提出的。借助脑电信号，提出的头戴心理健康监测系统在应激测试中显示了90%的置信水平，优于仅有心率变异性的测试结果。Gegenfurtner等（2011）认为高水平运动员焦虑状态下的眼动水平可以作为一个重要的心理监控指标。丁雪琴（1998）使用前额肌电、皮肤电、心率等评价放松状态和表象训练状态的情绪反应。

（四）社交平台监控系统

课题组将备战奥运的12位运动员微博集中在一个链接上，只要打开这个链接便可浏览备战奥运队员的微博，使队员和教练更加方便地交流训练心情，同时也可以实时监控运动员的心理状态。科研人员对运动员所发微博的内容进行整理，分析出每位运动员最近一段时间的训练状态和心情，有时候还会针对个别运动员做单独的"照顾"，进行分析（张忠秋等，2013）。

二、心理健康的诊断与评价方式

（一）诊断访谈

诊断访谈包括精神病学诊断性访谈和开放性访谈等。

从2006年起，法国国家级运动员每年都要依法接受专业人员的强制性访谈。最初，对成年运动员采用结构化的精神病学诊断性访谈，旨在调查焦虑、抑郁等17种精神心理类问题；对15岁以下的儿童则采用其他适应性测试（Moesch K et al.，2018）。后来，访谈形式更加开放，运动员可以与专业人员就学校、就业、家庭、社会环境、运动、心理等方面的问题展开探讨。访谈结束后，根据运动员自身需求（如预防、护理或提升表现），结合专家的结论或诊断，他们会被转介给最适合的专业人员。

在瑞典有两家专门服务于运动员心理健康的诊所，评估过程与法国类似，也是采用针对症状的访谈，结合临床量表进行评估，必要时还会对运动员进行血液样本和身体状况的评估及机能行为分析。

（二）SCL-90诊断法

①躯体化：该分量表的得分在12~60分。得分在36分以上，表明个体在身体上有较明显的不适感。②强迫症状：该分量表的得分在10~50分。得分在30分以上，表明

强迫症状较明显。③人际关系敏感：该分量表的得分在9～45分。得分在27分以上，表明个体人际关系较为敏感。④抑郁：该分量表的得分在13～65分。得分在39分以上，表明个体的抑郁程度较高。⑤焦虑：该分量表的得分在10～50分。得分在30分以上，表明个体较易焦虑。⑥敌对：该分量表的得分在6～30分。得分在18分以上，表明个体易表现出敌对的情感和行为。⑦恐怖：该分量表的得分在7～35分。得分在21分以上，表明个体恐怖症状较为明显。⑧偏执：该分量表的得分在6～30分。得分在18分以上，表明个体的偏执症状明显。⑨精神病性：该分量表的得分在10～50分。得分在30分以上，表明个体的精神病性症状较为明显。

（三）PHI诊断法

在PHI诊断法中，Q为无法回答的题目数，分数越高，说明受试者在回避问题、不予合作；如果原始分数大于10，则临床量表不可信。L为说谎分，此量表用于检测受试者是否在过分夸大自己的优点，企图给人一个好印象。分数越高表示受试者道德品质越高，而在现实中很少人有这样的信念与生活准则，因此受试者可能在说谎，应该注意临床量表的可信度。F为伪装坏，此量表是由一些不经常遇到的问题组成的。分数越高表示受试者不认真、理解错误，表现出一组互相无关的症状，或在伪装疾病。某些严重的精神病患者，其F分也可能较高。

三、心理健康的评价标准

国际心理卫生大会（1946年）提出："所谓心理健康是指在身体、智能及情感上与他人的心理健康不相矛盾的范围内，将个人心境发展成最佳状态。"其标准为：①身体、情绪、智力十分调和；②适应环境，人际关系良好；③有幸福感；④在工作中，能充分发挥所能，有效率（文萍，1999）。这仅仅是一个笼统的指导性的标准，迄今为止，关于心理健康还没有一个统一的概念。

传统人们对心理健康的评价大多基于精神病理学模型，以消极取向为评价标准。《精神障碍诊断与统计手册》作为心理诊断标准（Keyes C L M, Lopez S J, 2005），将心理健康等同于心理疾病的消除。在实际使用中，由于消极指向的心理测评在操作性上的优势，目前对于心理健康的测评使用最多的便是通过消极方面的评价量表做出评价。我国在1979—2006年的27年间心理健康测评使用频度最高的前三位量表分别是：①症状自评量表；②抑郁自评量表；③焦虑自评量表（李坚，2007）。虽然使用频繁，但是这种以精神病理学指标为核心的传统心理健康标准，更倾向于"适应标准"，而非"发展标准"。它存在着维度单一、忽视个体修复能力及对健康水平存在诊断误差、误导干预效果等不足，逐渐受到各研究者的质疑。随后，也有研究者提出应使用心理健康的积极状态和消极状态来对个体进行综合评价（Wilkinson R B，Walford W A，1998）。

目前大多数的心理健康标准都是针对成年人或学生的，且多是直接从国外移植过来的，在适用环境和适用范围上都存在一定的局限性。虽然运动员心理健康问题日益受到重视，但针对运动员群体的心理健康评价标准尚未有人提出，也没有明确的操作性指标。分析运动员所处的竞技运动环境，我们可以发现运动员的运动生涯一直处在一个追求卓越、不断挑战的"择优"竞争的定向，而非"去劣"定向。因此，我国运动员心理健康的标准，应该更倾向遵从"精英原则（发展标准）"的思路，而非"众数原则（生存标准）"（李寿欣，张秀敏，2001）的思路。运动员的心理卫生应该定位于消除心理疾病的同时，还必须加强积极心理资源的培养或发展，而积极部分的培养或发展是个体获得最佳绩效和最佳竞技状态的必要条件。因此，运动员的心理健康评价标准应分为两个方面：运动员心理障碍的消除和运动员最佳竞技心理状态的获得。

第四节　心理健康监控的应用

目前，运动员心理健康监控的研究有了较为丰硕的成果，推动了运动员心理健康工作有序进行，使我国运动员在重大比赛中的成绩趋于稳定。同时，在运动训练实践中，运动员心理健康是进行有效训练、取得预期成绩的前提，其重要性不言而喻。因此，本节通过案例进一步讲解心理健康监控的具体操作方法，为运动实践和未来相关研究提供参考。

一、心理健康监控在技能主导类同场对抗项目中的应用

案例一　第十二届全国运动会女足冠军队伍的赛前心理疲劳监控及调节

（一）监控目的

本研究对第十二届全国运动会女子足球项目夺冠的运动员在赛前进行了为期6个月的心理疲劳监控及调节。

（二）监控对象

第十二届全国运动会女子足球项目夺冠的成年队运动员（n_{a1}=16，M_{age1}=24.66）、教练员（n_c=5，M_c=37.8）和青年队冠军运动员（n_{a2}=15，M_{age2}=17.86）。

（三）监控方法

使用运动员心理疲劳问卷（ABQ）和心理疲劳量表（MBI），3～4周进行1次测量，

其间 3 次数据在心理调节次日训练结束后收集，其他数据均在正常训练后收集，最后 1 次数据收集时间为离开宁波赴沈阳前 1 周。成年队共测试 10 次，青年队 7 次。使用 SPSS 17.0 软件对数据进行分析。

（四）监控结果

①心理疲劳三维度均分，时间曲线均呈总体上升趋势；成年队运动员曲线相对较为平稳，而青年队波动较大；成年队情绪和体力耗竭维度均分略高于青年队，运动成就感降低和运动消极评价略低于青年队；队员之间曲线个体差异显著且有类型化区分，为波动型、波动上升型和平稳上升型三种。

②成年队和青年队 ABQ 重复测量剖面图呈现不同模式：前者情绪体力耗竭均分最高，成就感降低和运动消极评价得分较低，事后检验显示各维度差异显著；而青年队成就感降低和运动消极评价均分之间无显著差异，但显著高于本组情绪体力耗竭均分。

③教练员心理疲劳个体差异不显著，各维度总体得分较高，与运动员相比时间曲线接近水平，呈极缓慢的上升趋势；心理疲劳剖面图中三维度间差异不显著。

④心理调节的主要方法是全体受试者参加针对自信心和赛前准备的心理课程，课后运动员分别参与生物反馈训练。数据显示，心理调节后次日的心理疲劳维度得分相对于总体均分在成就感降低和运动消极评价维度有显著下降，但效果较小，存在组别差异，青年队效果更好；但积极效应没有维持到下一次测试，显示心理调节的积极效应衰退较快。

（五）结论与建议

①全国运动会女足冠军队伍运动员和教练员普遍存在心理疲劳，且随比赛临近疲劳水平升高。

②成年队女足选手与教练员的心理疲劳特点有较高的类似性，表现出平稳的趋势。

③心理调节对运动员能够产生积极影响，但效果持久度一般，心理疲劳变化的总体升高趋势不受心理调节干预的影响，但可能与本案例使用的调节方法有关。

二、心理健康监控在技能主导类中表现难美类项目中的应用

案例二 优秀武术套路运动员心理监控与心理训练

（一）监控目的

武术套路是一项体现高、难、美、新的高度协调的竞技传统体育项目，它以复杂的协调动作为主，要求精细的技术动作和高灵敏度的神经系统支配，所以技术水平的发挥

离不开良好的心理活动和积极的心理状态。竞技武术套路新规则的实行，大大提高了运动员体能、技能及心理能力的要求。运动员在1分钟左右的时间内要完成各种手法、步法、平衡、跳跃、翻腾等60个左右动作。这不仅对运动员的身体素质、技术技能有较高的要求，而且对运动员的心理素质要求更高。通过对国家武术队套路队员系统实施心理监控、心理测评、心理咨询、心理训练等心理科技攻关与服务，研究人员提供了系统的提高运动员心理竞技能力的技术支持，使他们掌握基本的自我心理调整的方法和手段，为赛前合理的心理准备、调整自己的心态进入最佳竞技状态打下良好基础。

（二）监控对象

国家武术套路集训队队员。其中，男队员25人、女队员18人。长拳组10人、刀棍组6人、南拳组11人、枪剑组8人、太极组8人。

（三）监控方法

1. 观察法

通过跟踪观察我国优秀武术套路运动员的训练和比赛，了解该项目的特点和规律，以及重点队员的心理特点。

2. 心理测量法

使用一些心理测量工具，了解运动员的心理品质、个性特点，建立运动员的心理档案。

3. 访谈法

通过对运动员的访谈，及时了解他们的心理状态和存在的心理问题，借助一些心理咨询技术帮助他们疏导、解决面临的突出问题。通过对教练员、管理人员的访谈，获得更多关于运动员在训练和比赛中遇到的心理方面的问题。

（四）监控结果

1. 集训期间运动员心理状态监控

队员在福州集训的4个月中，采用POMS心境状态量表对运动员的心理状态进行监控。监控测试从集训开始，每间隔1个月测试1次，共测试4次，除个别队员其间因外出参加比赛没有完整参加测试外，其余队员都按时完成测试。测试时间定在每月的同一天下午训练结束后进行。"POMS心境状态量表"的指导语：请根据下列单词，表达你在上一周（包括今天）的感受。对每一个形容词只能在4个选择中选出一项最符合你实际感受的情况，并在相应的小方块内打"√"。

测试结果显示，紧张、愤怒、疲劳、压抑、精力、慌乱和自尊心理因子得分在集训初期、中期和后期阶段出现了不同的变化。集训初期运动员的紧张情绪较高，中期明显降低，到了后期又有一定回升，但升高不是很明显。疲劳感在集训的初期较高，中期上升，到中后期和后期时出现明显下降。队员在集训的初期和中前期的压抑感较强，到了中后期和后期，其压抑感明显降低。精力感的变化在集训的初期、中期、后期呈现出逐步上升的趋势，即运动员在集训期间精力越练越充沛。慌乱运动员的自尊感在集训初期较高，中期明显降低，到了后期又明显升高。从总体的趋势上看，到了集训的后期（比赛前）运动员的愤怒、疲劳、压抑、慌乱均降至最低；而精力感和自尊感在集训后期（比赛前）达到了最高。武术套路属于技能主导类中表现难美类项目，运动员在比赛时需要稳定的心理状态和中等强度的唤醒水平。对运动员的心理监控结果显示，运动员赛前以良好的心理状态进入比赛，为他们在比赛中取得好成绩奠定了良好的心理基础。教练员应重视运动员赛前心理状态的掌控，为运动员保持稳定的心理状态营造一个相对轻松的氛围（图8-4-1）。

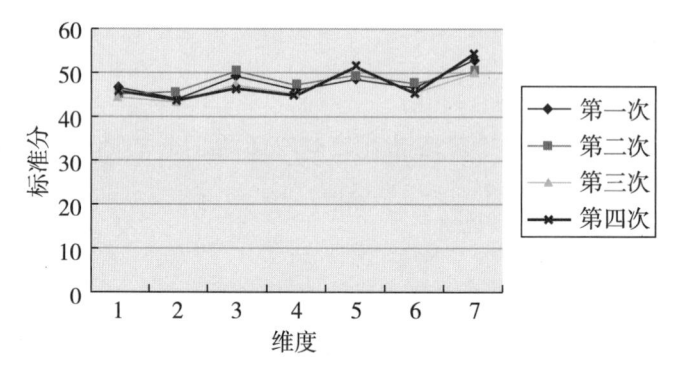

图8-4-1　国家武术套路集训队集训期间心理状态折线图

注：图中的1、2、3、4、5、6、7分别代表心理状态的7个维度。1：紧张；2：愤怒；3：疲劳；4：压抑；5：精力；6：慌乱；7：自尊心。

2.集训队各组队员卡特尔16种个性因素测试结果

为尽快了解运动员的个性特点，有效地帮助他们解决训练和比赛中遇到的心理问题，我们制订了有针对性的心理训练计划，选用PsyKey心理测评系统中的卡特尔16种个性因素测验对运动员的个性特征进行测试。

如果某队员的某一项得分低于3分（包括3分）或高于8分，那么这一因素就是该队员较突出的个性因素。如周×的测试结果中因素E、F都得了10分，因素H得了9分，因素M得了8分，因素O得了2分，因素O4得了3分，那么周×个性中的因素E（恃强性）、F（兴奋性）、H（敢为性）、M（幻想性）、O（忧虑性）、O4（紧张性）就是较突出的个性因素。

3. 集训队各组队员气质类型测试结果

采用内田－克列别林测验对武术套路集训队队员的气质类型进行测试，测试结果如表8-4-1所示。从测试结果中我们可以发现，武术套路集训队队员的气质类型以黏液－胆汁质混合型和黏液－多血质混合型为主。这两种气质类型所对应的神经活动过程表现出神经活动强度大和均衡灵活的特性，与武术套路对运动员神经过程的均衡性和灵活性要求较高相吻合。

表8-4-1　队员卡特尔16种个性因素测试结果

项目	总计	多血－抑郁	黏液	黏液－多血	黏液－胆汁	多血－胆汁	多血－黏液	胆汁－多血	胆汁－黏液
人数/人	37	2	3	8	10	4	1	5	4
百分比/%	100.00	5.41	8.11	21.62	27.03	10.81	2.70	13.51	10.81

（五）结论与建议

我国优秀武术套路运动员的专项心理能力结构应包括准确的空间知觉、时间知觉能力，本体运动感知觉能力，运动（动作）表象能力，运动记忆能力，操作思维能力等。

心理监控、心理测验、心理咨询与心理训练结合的心理服务能有效提高我国优秀武术套路运动员在训练和比赛中保持最佳状态的心理调控能力。

三、心理健康监控的应用综述

案例三　大数据视角下的运动员心理健康教育服务模式构建与定位

（一）监控目的

本研究根据大数据技术的特点及其在心理健康教育领域的应用，结合运动员心理健康教育的现实需求和发展趋势，分析了大数据在运动员心理健康教育服务中应用的基础及其服务模式的基本要素、现实保障，并对大数据在运动员心理健康教育服务实践中应该注意的问题进行审视，试图推动大数据在运动员心理健康教育服务中的应用，促进运动员心理健康教育科学化发展。

（二）监控方法

基于目标确定、数据采集、数据分析、数据挖掘和监测预警五要素构建运动员心理健康教育服务模式，为促进运动员心理健康提供有益补充。同时采取有效措施为大数据在运动员心理健康教育服务中的运用提供保障。检测指标为人格特征、应对方式、心理韧性、运动队动机氛围、运动队道德氛围、教练员执教风格、管理方式、父母教养方式等。

（三）结果与结论

大数据既是一种数据集合的表现形态，也是一种获取、管理、分析和解析数据的方法与技术。大数据技术为理解运动员心理健康特点、影响因素及互动关系提供了新的思维路径与方法选择。

第五节　对心理健康监控的思考

已有心理健康监控方法和手段难以避免主观因素。通过文献分析发现，目前所采用的对心理健康问题的评估与诊断方式主要是临床症状导向的，且较多依赖于运动员的自我报告，以心理健康测试为主，借用为普通人制订的问卷及量表，难以避免主观因素的渗入，并且大多数测量方法是从心理学的其他分支中引进的，应用于运动员时，缺乏客观性和针对性。因此，问卷及自评量表应与一些心理健康测量的科学仪器结合使用，并尽快研制出适合运动员心理健康测量的相应工具，以及针对不同心理疾病的测量和诊断工具。

目前关于运动员心理健康监控的指标不够系统和全面，仅有的一些指标较为宽泛，并且在选取上不够科学严谨，对确定指标的理论基础没有详细说明，所以不具有说服力和权威性。同时，某些学者对列出的指标并没有进一步阐述如何进行测试，以及测试和评价的标准是什么，因此，在对运动员心理健康进行监控时，这些方法只能停留在表面，人们知其然而不知其所以然。

测量工具和手段的引进需结合国情进行相应修订。目前，国内的测试量表大部分是从国外引进的，这些量表存在较多问题，如因文化背景的差异，量表中的问题描述常使我们难以理解、对问卷的回答难以避免主观因素，这些都会影响测试结果的真实性和准确性。因此，我们需要在借鉴国外有关研究的基础之上，制订和设计一套符合我国国情的测量工具和手段。

心理健康具有内隐性，需要长期和系统地监控。由于心理健康具有内隐性特征，很多未患有可被诊断出的心理障碍的运动员,并不意味着心理健康,许多心理问题往往是以一种无"疾病"但有"症状"的形式表现出来的。它们不足以严重到可被诊断,但却真实地对运动员的训练和生活产生了不良影响,需要引起重视。因此,心理健康咨询师与运动员之间要有一个熟悉、沟通、认识的过程,为提供有效的心理服务,咨询师与运动员之间建立和谐信任的人际关系是必要的,有助于咨询师及其团队与运动员之间相互配合。

对运动员心理健康的监控缺乏针对性。对不同年龄段、不同性别、不同运动等级水平的运动员进行心理健康诊断与评价的标准是不一样的,用统一的标准是不合适的;随之而来的训练调控也是因人而异的。

环境交互影响。总的来说,目前基于积极心理学视角开展的运动员心理卫生的研究多流于表面,没有进行实验,且干预手段单一,机制性弱,并且忽略了个人心理品质与环境交互作用的影响。运动员群体,特别是高水平运动员大多有较强的个性,促进每个运动员的最佳竞技表现的心理卫生手段也应该是个性化、多样化的,那么研究者需要更深入地探讨运动员个人心理健康与环境相互作用的机制,以获得不同环境背景下促进运动员心理健康所需要的个体、家庭、运动队等重要支持资源的最佳组合。

讨论与思考

1. 试述提升运动员心理健康监控的客观性的方法,以及需要用到的学科知识和技术。
2. 试述将心理评价量表"中国化"的方法,前人已经进行的工作,以及未来的研究。
3. 青少年运动员的心理健康监控方法与成年运动员有何不同?青少年运动员心理健康监控的侧重点是什么?

推荐阅读

1.Rice S M, Purcell R, De Silva S, et al.The mental health of elite athletes: a narrative systematic review [J].Sports Med, 2016, 46(9): 1333-1353.

2.Biggin I, Burns J H, Uphill M.An investigation of elite athletes' and coaches' perceptions of mental ill-health in elite athletes [J].Journal of Clinical Sport Psychology, 2017, 11(2): 126-147.

3. 张忠秋.高水平运动员需要注意预防的心理卫生问题 [J].中国体育教练员, 2010(2): 5.

4. 丁雪琴, 郭松, 陈勇嘉, 等.青少年运动员的心理发展及心理调节 [J].中国体育科技, 2003, 39(2): 3.

5. 张大超.我国优秀游泳运动员训练过程监控系统研究 [J].中国体育科技, 2008

（1）：58-74.

6. 李晖，张忠秋. 我国运动员心理健康状态量表编制［J］. 山东体育学院学报，2016，32（5）：91-99.

7. 牛伟，陈华. 高校高水平运动员心理健康状况调查［J］. 体育学刊，2009，16（9）：83-85.

8. 周毅刚，郭玉江. 优秀运动员运动疲劳、社会支持与心理健康的相关关系［J］. 体育学刊，2007，69（5）：63-67.

9. 丁雪琴. 几种心理训练方法的应用效果及其综合评价手段的研究［J］. 体育科学，1998（2）：89-93.

10. 张忠秋，韩旭，刘书强，等. 中国跳水队备战伦敦奥运会的心理科技服务［J］. 中国运动医学杂志，2013，32（2）：164-167.

第九章 运动损伤监控

运动损伤的监控及相关研究是运动员流行病学的重要构成部分，相较于传统的"发生—治疗—再发生—再治疗"的被动应对模式，科学、合理的预防性干预措施能够显著降低伤病的发生率，从根源上减少运动员的伤病风险，而有效实施损伤预防的前提是开展系统性的运动损伤检测工作。通过建立科学的运动损伤筛查机制、构建标准化监测系统，并推动多学科协同合作是提升运动损伤监控效果、实现精准化预防的关键途径。

第一节 运动损伤监控概述

本节重点从运动损伤监控的释义、运动损伤监控的作用和运动损伤监控的分类三个方面对运动损伤监控进行概述。

一、运动损伤监控的释义

运动损伤监控是利用运动医学、运动生理学、运动生物化学等学科的基本方法和技术，测定运动训练过程中运动员相关损伤危险因素的变化，对运动员损伤风险进行预测和评估，及时调整运动员训练时的负荷强度和负荷量，以及训练方法和手段的合理性与有效性等，从根源上预防运动损伤。

二、运动损伤监控的作用

损伤流行病学是研究疾病或损伤分布规律及影响因素，借以探讨病因，阐明流行规律，制定预防、控制和消灭疾病的对策和措施的科学。运动损伤的监控及相关研究是运动员流行病学的重要构成部分，相比于被动的发生—治疗—再发生—再治疗模式，合理的预防性措施能够有效降低伤病的发生率，从根源上减少运动员的伤病风险。对运动损伤的监控是进行针对性损伤预防训练的前提条件，进行运动损伤预防、筛查、建立运动损伤监测系统及多学科合作参与是提高运动损伤监控效果的重要方式。此外，在运动员出现不可控的运动损伤后，通过建立运动损伤康复监测系统，人们能够对运动员的运动损伤进行全面和科学的治疗，从而更好地促进运动损伤的恢复。

三、运动损伤监控的分类

运动损伤监控主要有 4 种分类方法。根据身体结构或者系统特性，运动损伤监控可分为皮肤损伤监控、骨骼损伤监控、韧带和关节损伤监控、肌腱和肌肉损伤监控及其他系统损伤监控。根据身体部位，运动损伤监控可分为头部损伤监控、颈部损伤监控、上肢损伤监控、下肢损伤监控及躯干和下腰背损伤监控。根据运动损伤发生时间的长短，运动损伤监控可分为急性损伤监控和慢性损伤监控。根据运动损伤是否有表面创伤，运动损伤监控可分为开放性损伤监控和闭合性损伤监控（图 9-1-1）。

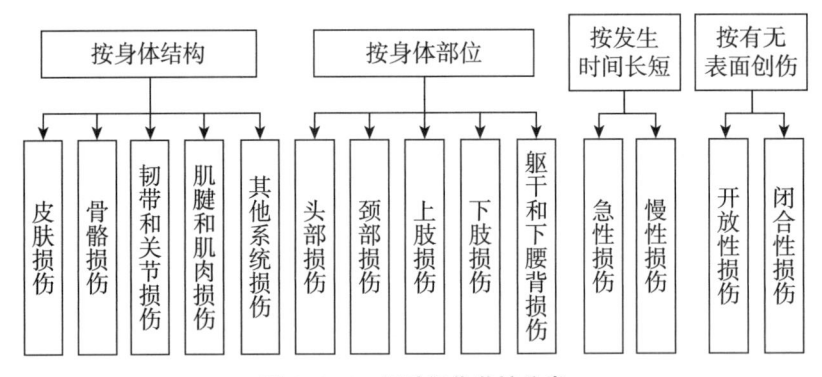

图 9-1-1 运动损伤监控分类

本节主要根据身体部位，探讨头部损伤、颈部损伤、上肢损伤、下肢损伤、躯干和下腰背损伤的监控（图 9-1-2）。

第二节 运动损伤监控指标体系

运动损伤是指运动员在进行运动训练、竞赛时所发生的损伤。损伤部位与运动项目密切相关，如体操运动员的受伤部位多为肩、腰部或手腕，这是因为体操运动

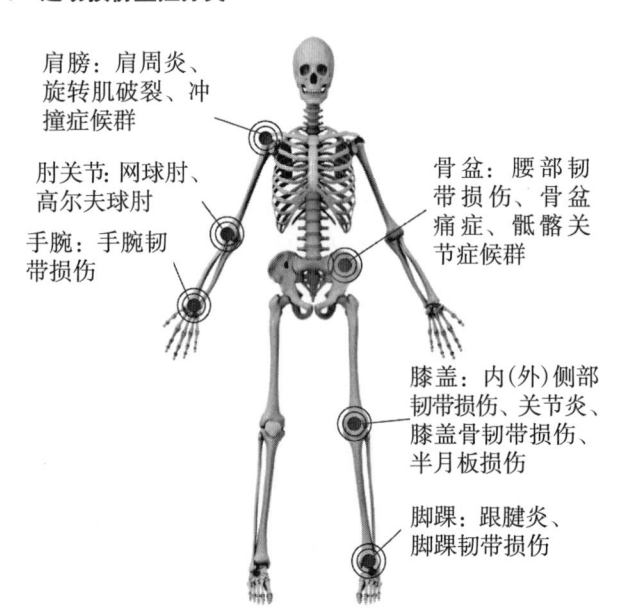

肩膀：肩周炎、旋转肌破裂、冲撞症候群

肘关节：网球肘、高尔夫球肘

手腕：手腕韧带损伤

骨盆：腰部韧带损伤、骨盆痛症、骶髂关节症候群

膝盖：内（外）侧部韧带损伤、关节炎、膝盖骨韧带损伤、半月板损伤

脚踝：跟腱炎、脚踝韧带损伤

图 9-1-2 人体主要关节部位运动损伤分布

员经常练习上肢支撑、翻腾等相关技术,网球运动员和标枪运动员的损伤则多发于肘关节,而篮球运动员的下肢损伤最为常见。因此,本节主要从上肢、躯干和下肢三方面来阐述运动损伤监控指标体系(图9-2-1)。

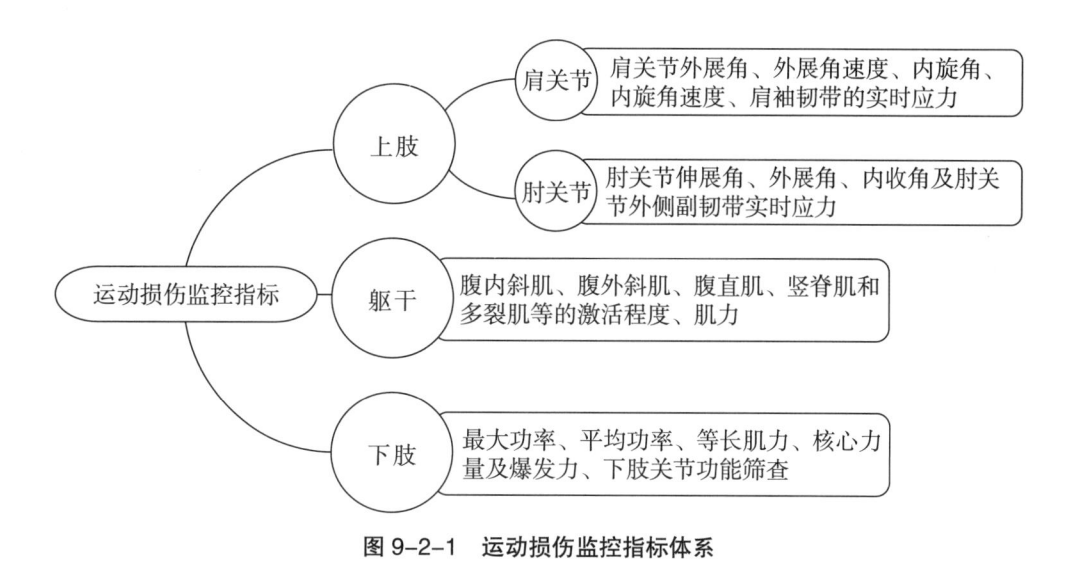

```
运动损伤监控指标 ─┬─ 上肢 ─┬─ 肩关节: 肩关节外展角、外展角速度、内旋角、内旋角速度、肩袖韧带的实时应力
                 │       └─ 肘关节: 肘关节伸展角、外展角、内收角及肘关节外侧副韧带实时应力
                 ├─ 躯干: 腹内斜肌、腹外斜肌、腹直肌、竖脊肌和多裂肌等的激活程度、肌力
                 └─ 下肢: 最大功率、平均功率、等长肌力、核心力量及爆发力、下肢关节功能筛查
```

图 9-2-1 运动损伤监控指标体系

一、上肢损伤监控指标

据调查,肘关节损伤占上肢损伤的 57.1%。肱骨外上髁炎是最常见的损伤类型,因其多见于网球运动员,故又被称为"网球肘"。该损伤主要是由网球运动员使用正、反手击球或发球时,肘关节附近的肌腱过分伸展并嵌入肱骨外上髁内而致。击球时,肘关节在强烈的外力作用下被迫外展或内收,同时韧带也被过度牵拉,进而造成肘关节侧副韧带损伤,长此以往会出现肘关节退行性病变,最终形成"网球肘"。因此,肘关节伸展角、外展角、内收角及肘关节外侧副韧带实时应力是该损伤的主要监控指标。

肩关节损伤占上肢损伤的 22.9%。肩关节由肱骨头与肩胛盂构成,关节囊松弛、韧带薄弱,具有较强的灵活性,但关节稳定性较差。肩关节周围的肌肉有两层,外层是肥厚的三角肌,内层由冈上肌、肩胛下肌、冈下肌、小圆肌等肌肉组成,它们统称为肩袖。由于肩袖肌腱与周围骨组织的空间非常狭小,在肩关节外展和内旋的过程中,肌腱容易与周围组织发生摩擦与挤压,承受较大机械性应力,进而发生损伤。因此,肩关节损伤的监控指标主要有肩关节外展角、外展角速度、内旋角、内旋角速度、肩袖韧带的实时应力等。

二、躯干损伤监控指标

躯干损伤是常见的运动损伤之一。目前对于躯干运动损伤的评价主要依赖于患者的受伤史、物理检查、影像学检查,而缺乏对动态功能的客观评价。等速肌力测试技术结合表面肌电技术作为非创伤性检测手段，可以对受试者躯干肌群的功能状态做出全面系统的评估，可用于躯干损伤的定量监控。

人体的运动极其复杂，是由多环节肌肉运动系统在中枢神经系统的控制下完成的。躯干作为人体的中心轴，是四肢自由运动的基础，人体直立时，躯干用最小的力来维持头部和身体的直立姿势。躯干由胸部、腹部和骨盆组成，并通过脊柱有机地连接在一起，与周围的关节和肌肉形成了一个稳定的系统。当躯干运动时，强有力的肌肉（如胸大肌、肋间肌、背阔肌、竖脊肌、腹内斜肌、腹外斜肌、腹直肌、多裂肌、腰方肌等）可以保护脊柱并保持身体平衡。躯干旋转时，同侧腹内斜肌和对侧腹外斜肌是主要的主动肌，而同侧腹外斜肌和对侧腹内斜肌为拮抗肌，拮抗肌的收缩维持着躯干旋转时的稳定性，腹直肌主要使躯干前倾，同侧背阔肌和竖脊肌则可使躯干伸展，多裂肌可以平衡多余的屈曲力矩来维持躯干的稳定。但若躯干所受外力过大或加载速度过高，超出了躯干肌肉的保护范围，则会导致严重的脊柱损伤。因此，对腹内斜肌、腹外斜肌、腹直肌、竖脊肌、多裂肌等的激活程度、肌力进行动态监控是非常必要的，可最大限度地预防运动员躯干损伤。

三、下肢损伤监控指标

针对高水平运动员的日常训练、损伤瞬间进行观察分析，发现下肢关节稳定性下降是导致损伤的主要诱因。因此，该研究整理出部分下肢关节稳定性的影响因素，先后与医学专家、体能教练进行讨论并征求他们的意见，最终确定了最大功率、等长肌力、核心力量及爆发力、平均功率4个运动员下肢关节稳定性评价指标。

最大功率是最重要的下肢关节稳定性评价指标，在诸多运动项目中，技战术的实施均建立在力量的基础之上，肌肉最大功率决定了运动员的动态运动能力，有助于克服自身体重及完成身体对抗。

等长肌力指运动员在静态负荷中表现出的下肢肌肉力量，较大的静态肌肉力量可以提高下肢关节稳定性，帮助运动员更好地发挥技战术能力。"下肢关节功能筛查"的指标权重与等长肌力相同，基于功能性动作筛查（FMS）的理论并结合各运动项目的特点，对骨盆、膝关节和踝关节进行功能筛查，确定运动员的关节排列顺序。若运动员有问题可及时进行干预和调整，从而提高下肢运动能力并降低运动损伤发生率。

核心力量及爆发力是下肢关节稳定性的重要预测指标。运动员需要具备较强的核心力量，以保证骨盆关节复合体的功能性和稳定性。上、下肢在进行力量传递时，核心稳定性越高，力量传递效率越高，可以有效减少运动过程中的能量耗散。另外，骨盆周围肌肉的力量和爆发力越强，腹内压越高，越能有效提高脊柱稳定性，防止运动损伤的发生。

平均功率主要反映运动员在激烈比赛和高强度训练中的下肢肌肉耐力水平。同位置且体形相当的运动员在完成相同强度的训练时，下肢关节稳定性较高的球员所需时间更短、平均功率更高，更能有效地预防运动损伤。

第三节 运动损伤监控的测评

运动损伤的监控分为预防监控、评估监控和康复监控三个阶段。本节举例阐述了三个阶段中各种监控手段和方式，并在监控手段中说明了适用的运动项目或损伤类型。

一、运动损伤监控的测量工具

（一）功能性动作筛查工具

功能性动作筛查（FMS）是由 Gray Cook 等设计的一种功能评价方法，是一种革新性的动作模式质量评价系统，它简便易行，由 7 个动作构成，能够被广泛用于各种人群的基础运动能力评价（图 9-3-1）。近年来，相关研究发现 FMS 可以作为伤病预筛查的有效手段。Attwood 等记录了 277 名橄榄球运动员的 FMS 训练和他们的出场及运动损伤情况，发现 FMS 得分较低运动员的比赛伤病人数比 FMS 得分较高的运动员多 50 名，FMS 得分每增加 1 个单位，比赛伤害负担就减少 10%，并推荐优先对发现疼痛和不对称的球员进行进一步评估和后续治疗。从当前研究成果来看，FMS 主要被应用于篮球、足球、橄榄球等需要全身运动且运动模式较为激烈的技战能主导类项目中。

图 9-3-1 功能性动作筛查

（二）生理生化检测分析仪

如果运动员的训练量、负荷强度不科学，就容易引起运动疲劳和运动损伤。通过生理生化检测分析仪全面了解运动员的生理生化特征，人们可有效地观察运动员对训练量和强度的适应情况，预防过度疲劳及运动损伤的发生，使运动训练具有科学性。检测的指标有血清肌酸激酶活性、心率、心电图、血红蛋白、血尿素氮、尿素、尿蛋白、潜血、

pH 值等。例如，在高强度运动训练中，通过心肌肌钙蛋白（cTn）联合脑钠素（BNP）的检测结果来综合判断是否存在心肌损伤，特异性较高，能够更好地鉴别心肌及骨骼肌损伤，从而在早期发现并预防心肌损伤甚至心源性猝死。

（三）King-Devick

King-Devick 工具可用来检测脑震荡。赛后对运动员进行损伤评估具有必要性。相关研究显示，脑震荡被察觉和未被察觉的比例约为 1∶5，即其中大多数脑震荡无法被当场确认，许多球员在赛后用 King-Devick 工具进行评估时才被诊断为脑震荡，这种赛后筛查可以避免运动员在具有伤病隐患的情况下参与比赛，从而对运动员损伤起到预防作用。由于脑震荡是橄榄球运动员最常见的伤病，因此该工具对于橄榄球运动员的伤病预防及评估具有很强的适用性。

（四）运动损伤康复监控系统

张震在《基于无线传感网络的运动损伤康复监控系统》中提出的损伤康复监控系统整体框架设计如图 9-3-2 所示。

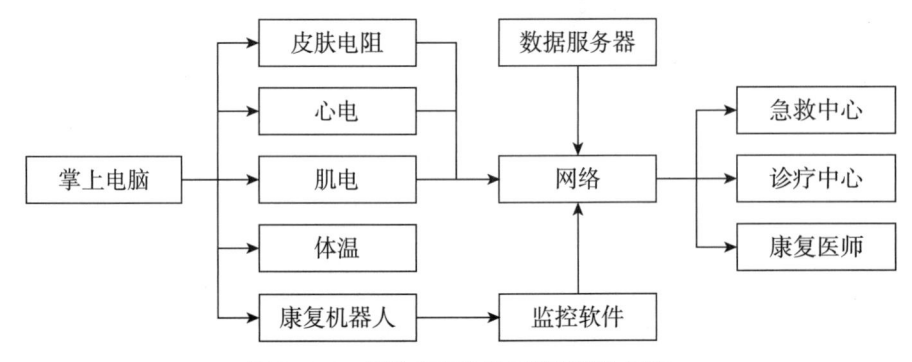

图 9-3-2 损伤康复监控系统的整体框架

整个系统由无线传感网络终端、结构硬件和监控软件组成。远程康复监控网络终端是由安装在损伤运动员身上的生理参数节点组成的，可用于人体生理参数信息与数据的传输；结构硬件通过网络可连接急救中心、诊断中心等网络终端；监控软件可获取全部数据，并保存在数据库中，同时通过互联网连接远程服务器，完成整体系统框架设计。采用基于生理参数情绪识别的方式进行实验验证，对比结果发现，采用传统监控系统存在损伤模式数据监控准确率低，电阻信号波形差异较大等问题；而采用基于无线传感网络的运动损伤康复监控准确率较高，电阻信号与实际波形基本一致。

唐凤成在《运动损伤康复监控系统的构建研究》中提出的系统功能设计如图 9-3-3 所示。

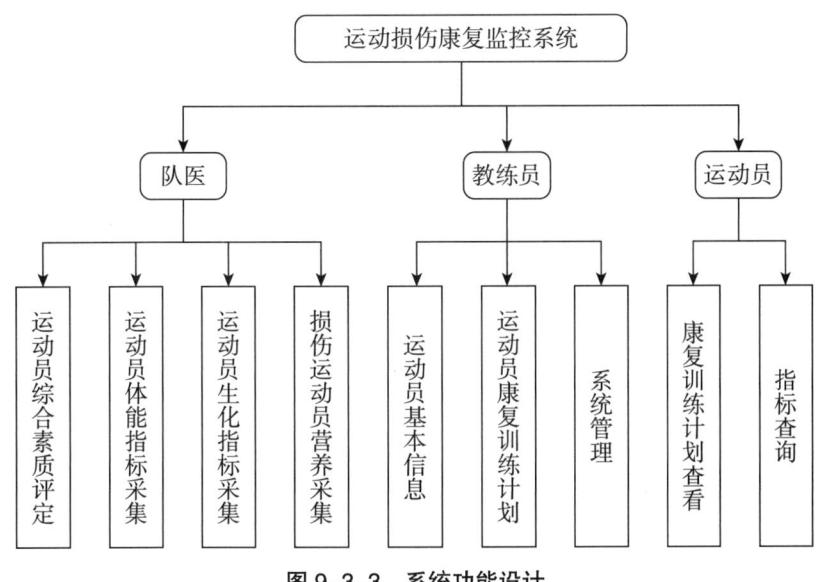

图 9-3-3　系统功能设计

运动损伤康复监控系统作为在信息化条件下对运动员损伤康复管理的系统，其构建的意义在于运动机构对运动员的管理从原来的人工逐步转变为人工结合科技，并在该系统中加入膳食营养的管理，从而使人们对运动员损伤的康复全面化和科学化把控，更好地促进运动员训练恢复。

（五）红外热成像运动损伤恢复检测法

基于红外热成像的运动损伤处温度检测可了解运动损伤处温度情况，结果以基于温度差异的人体红外热图像呈现。红外热成像技术在运动损伤膝关节骨科术后的应用中，可动态直观地监测康复训练前与康复训练后的效果对比，可量化每次康复训练的质量。

范蒙蒙以高精度、高效率检测运动损伤恢复程度为研究目标，提出基于红外热成像的运动损伤恢复检测方法。实验结果证明，所提方法对运动损伤恢复程度的检测结果和实际情况一致，验证了该方法对运动损伤恢复检测存在有效性；该方法在检测运动损伤恢复程度时，红外热成像标准差与梯度均值均较大，图像质量较佳，且该方法能够缩短运动损伤恢复检测时间，提升检测效率。

（六）Omega Wave 监控系统

Omega Wave 监控系统的测试原理为，通过测试当前运动员的心电图（心率）和脑电波（中枢神经系统）、静息心率、训练时安全心率阈值、中枢神经系统状态、心肺功能系统状态、心率变异性、肌肉功能状态（力量、速度、耐力、技巧）、疲劳指数、能量代谢指数、自主神经系统平衡指标（交感神经系统/副交感神经系统），计算机进行特殊运算和分析，得出运动员准备状态和疲劳程度及"训练窗"建议。

众所周知，疲劳和伤病关系密切。当运动员处于疲劳状态时，其神经肌肉系统的协调性降低，速度爆发力明显下降，受伤的发生率显著上升。在当前的足球训练领域，针对运动员疲劳状态诊断的方法极少，而 Omega Wave 监控系统填补了这项空白。利用此系统，可以提高训练效率，并有效减少疲劳导致的运动损伤。

Omega Wave 监控系统相比实验室功能测试具有明显的优势，可以在运动员的休息时间进行测试，无压力且无创伤，不需要运动员耗费体力进行长时间的运动，方法简单易行，测试结果可即时反馈。

Omega Wave 监控系统的测试结果与传统的实验室功能测试结果具有较高的相关性，有氧功能和无氧功能相关系数分别为 0.78 和 0.82，说明利用此系统对运动员进行功能检测是有效的。

建议利用此系统对赛前训练阶段运动员的功能状态进行长期的、动态的、即时的监控，为预防运动损伤提供依据。

二、运动损伤的监测方法

运动损伤的监测方法主要有观察、物理检查与诊断，以及影像学检查与诊断三种。

（一）观察

在过去相当长的一段时间里，运动损伤诊断主要依靠观察伤员的全身状况。从伤员的行动、表情、步态、脱衣和坐卧过程，初步估计伤病部位、主要体征和功能状况，然后观察伤部情况。

（二）物理检查与诊断

物理检查主要通过触诊、叩诊、听诊、测量、特殊测验、神经系统检查、血管检查等手段做出正确的判断。比如，在检测和评估运动损伤时，首先要动用视觉和听觉。一些运动损伤是比较显而易见的，许多症状和体征也都简单易懂，如可以通过运动员的明显不适和肩关节畸形识别肩膀脱臼，胫骨和腓骨的骨折很容易和挫伤区分开，受伤部位快速肿胀提示可能有韧带、骨骼的损伤，脸色苍白提示运动员热衰竭，肤色变红则提示中暑。仅仅通过视觉和听觉对损伤情况进行初步判断只能适用于伤者情况并不严重时，若伤者伤情严重影响了活动能力，则需要采用更加精确的仪器设备进行详细的评估。

(三)影像学检查与诊断

影像学检查主要通过电子手段诊断,如拍摄X线片、磁共振成像(MRI)、多普勒、计算机断层摄影(CT)、关节镜、激光超声谐波技术等。

1. X线

X线是最有用的评估和诊断设备之一,特别是对骨折和其他骨骼系统问题。X线对软组织结构的诊断没有帮助,如韧带或软骨,但是它对骨头非常有效,轻微骨折除外,如刚发生的应力性骨折可能在X线片上显示不出来。

2. CT或CTA

CT或CT血管造影(CTA)通过计算机可以对受伤部位进行"分层"检查,从而得到更精确的诊断。虽然CT扫描所需的辐射比拍X线片更多,但是它们对于诊断可疑骨折非常有用。除对骨骼系统进行检查外,它们可以让医生准确地了解脑震荡情况,而且有助于排除硬膜下血肿。CT对于胸部和腹部损伤检查也很有帮助。与X线片相比,CT扫描需要相对多的辐射,因此仅在必要时使用。

3. MRI

MRI是如今检测运动损伤最常用的一种方法,因为它能够发现韧带、肌肉等软组织中的损伤。MRI没有辐射,它使用磁体、无线电波和计算机生成所检查的身体部位的图片。在体育运动中,MRI在诊断前交叉韧带撕裂中特别有用。

4. 激光超声谐波技术

激光超声谐波技术是一种非接触检测方法。案例分析结果表明,该方法可非接触检测不同运动项目运动员身体部位急性及慢性运动损伤,且运动损伤检测准确率高于99%。

三、运动员身体各部位运动损伤的监测

(一)腰部损伤的监测

运动员腰部损伤的监测内容如表9-3-1所示。

表 9-3-1　运动员腰部损伤的监测内容

名称	症状	诱因
肌肉筋膜炎（腰肌劳损）	1. 有自发性局部疼痛、刺痛，有灼烧感，伴有慢性疼痛，并有明显的压痛点 2. 疼痛分布于第 3、4、5 腰椎两侧骶棘肌，胸背部肩胛骨之间 3. 疼痛程度与时间、气候和运动量相关，晨起时疼痛加重，阴冷天气加重，运动量负荷大、疲劳时加重	1. 积累性损伤，高强度的训练，腰部肌群负荷过量 2. 长期重复性动作，长期保持一个动作或姿势
腰椎间盘突出	1. 主要在第 12 胸椎、第 1 腰椎至腰骶部，一般以时轻时重的钝痛为主，急性期有撕裂性锐痛 2. 下肢疼痛可分为一侧或两侧下肢放射性疼痛，疼痛主要沿腰椎以下、臀部、大腿、小腿后侧至足跟、足背，严重者甚至有电击性疼痛 3. 在非急性期、疼痛症状减轻以后，腰部或下肢的肌肉感觉迟钝，肌肉神经活动不敏锐，腰部、下肢时常发凉、麻木，肌肉温度降低 4. 背部肌肉疼痛、拉伤而伴有脊柱侧弯的不正常体姿	1. 与损伤和超过关节活动极限有关，做超关节运动时发生椎体位移 2. 单纯旋转，不做超关节运动不能改变椎体原位状态
腰椎峡部裂	1. 下腰痛，发生于运动后，休息后可好转 2. 疼痛向腰臀部及大腿后放射，很少累及小腿 3. 有明显的腰后伸痛 4. 局部深压痛	1. 腰椎的过伸或过屈均与椎弓峡部裂有明确联系 2. 腰椎的轴向旋转活动最可能导致单侧的椎弓峡部裂
脊柱后关节损伤	1. 伤后发生难以忍受的剧痛，腰不敢伸直，活动受阻，腰椎生理弧度消失 2. 腰肌痉挛，腰部后关节压痛明显，有的痛感还会向臀部和大腿后侧放射 3. 拇指触诊可发现腰椎棘突偏歪，以腰（4～5）骶最为常见，并在偏歪的棘突旁有剧烈的压痛，腰后伸试验阳性	多由于腰部突然扭转或弯腰猛然起立等动作，使小关节滑膜嵌入关节之间，造成小关节交错或脱位

①腰椎的正常活动范围如图 9-3-4 所示。

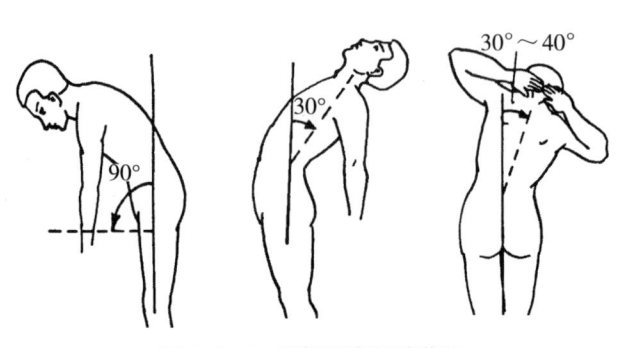

图 9-3-4　腰椎正常活动范围

②直腿抬高与加强试验如图 9-3-5 所示。

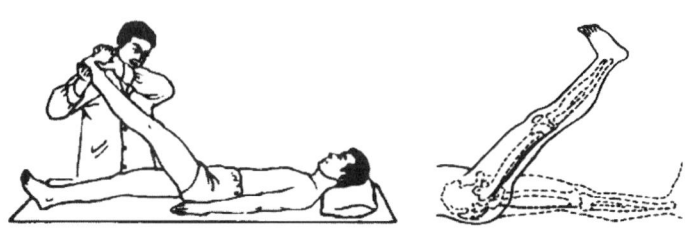

直腿抬高的度数可表示伤病的程度。
常见于腰椎间盘突出症引起坐骨神经受压。

图 9-3-5　直腿抬高与加强试验

③屈颈试验如图 9-3-6 所示。

仰卧颈前屈引起脊柱局限性疼痛，
提示疼痛处有骨折或韧带损伤。

图 9-3-6　屈颈试验

④仰卧挺腹闭气试验如图 9-3-7 所示。

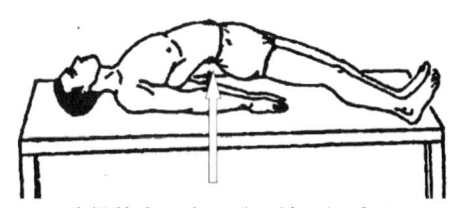

胸椎管内压力上升，神经根受压。
常见于腰椎间盘突出症引起腰部疼痛。

图 9-3-7　仰卧挺腹闭气试验

⑤定期进行影像学检查，包括 X 线、CT、MRI 及关节镜检查。

（二）肩部损伤的监测

1. 杜加征

正常人将手放在对侧肩上，肘能贴胸壁。肩关节前脱位因内收受限，伤侧的手放到对侧肩上，则肘不能贴胸壁；若肘贴胸壁则手不能放到对侧肩上，此为阳性。

2.肱二头肌长头肌腱紧张试验

患肢肘关节屈曲90°，前臂置于旋前位，抗阻下用力旋后屈肘，若肱骨结节间沟部疼痛，则为阳性，表示肱二头肌长头肌腱损伤或存在腱鞘炎。

3.冈上肌断裂检查

冈上肌断裂检查相关内容如图9-3-8所示。

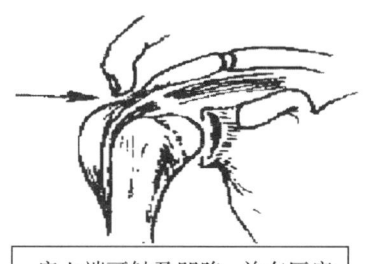

冈上肌损伤时，肩关节不能外展，被动外展时疼痛，或不能维持外展动作，出现肩关节滑落现象时，可诊断为冈上肌完全断裂。

肩上端可触及凹陷，并有压痛

图9-3-8 冈上肌断裂检查

4.定期进行影像学检查

定期进行影像学检查，包括X线、CT、MRI及关节镜检查。

5.压腹试验（belly press test）

压腹试验又称拿破仑（Napoleon）试验，患者将手置于腹部，手背向前，屈肘90°，肘关节向前。检查者将患者手向前拉，嘱患者抗阻力做压腹部的动作。患者在将肘向前时不能保持手压腹部的力量或肩后伸，则为阳性，提示肩胛下肌损伤。另一个方法是双侧压腹部，检查者压肘部，通过肌力判定肩胛下肌损伤情况。

①Neer征（图9-3-9）。

检查者立于患者背后，一手固定肩胛骨，另一手保持肩关节内旋位，使患肢拇指尖向下，然后使患肩前屈过顶，若诱发疼痛，即为阳性。该检查的原理是人为地使肱骨大结节与肩峰前下缘发生撞击，从而诱发疼痛。

图9-3-9 Neer征

② Hawkins 征（图 9-3-10）。

检查者立于患者后方，使患者肩关节内收位前屈 90°，肘关节屈曲 90°，前臂保持水平。检查者用力使患侧前臂向下致肩关节内旋，出现疼痛者为阳性。该检查的原理是人为地使肱骨大结节和冈上肌腱从后外方向前内撞击喙肩弓。

图 9-3-10　Hawkins 征

③疼痛弧征（图 9-3-11）。

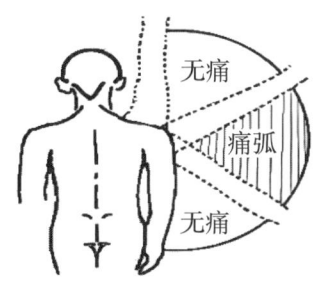

图 9-3-11　疼痛弧征

患臂上举 60°～120° 出现肩前方或肩峰下区疼痛时为阳性。该检查的疼痛由损伤的肩峰下间隙内结构与喙肩弓之间摩擦引起。

（三）膝关节损伤的监测

膝关节损伤主要通过教练员、运动员主观判断是否出现膝关节酸胀不适、疼痛、不能伸直或弯曲、有踩棉花的感觉，甚至无法站立等症状。

①检查膝关节的活动范围是否正常（图 9-3-12）。

②膝关节痛点与损伤情况（图 9-3-13）。

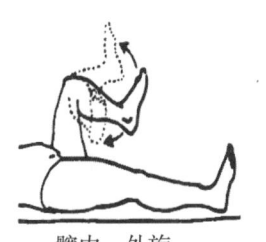

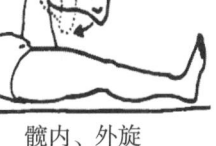

图 9-3-12　膝关节正常活动范围

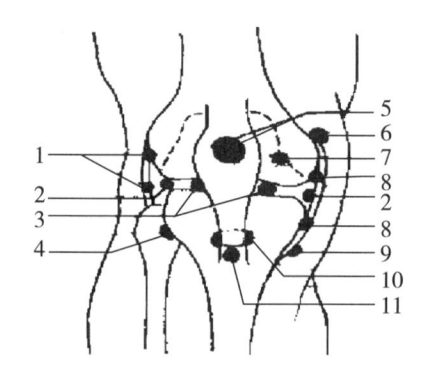

1—外侧副韧带损伤 2—半月板损伤 3—脂肪垫损伤 4—上胫腓关节损伤
5—髌前滑囊炎 6—内侧副韧带钙化 7—胫骨髁软骨病 8—内侧副韧带深层
9—内侧副韧带浅层 10—髌腱下滑囊炎 11—胫骨结节软骨炎

图 9-3-13　膝关节痛点与损伤情况

③髌骨软骨病变检查（图 9-3-14～图 9-3-16）。

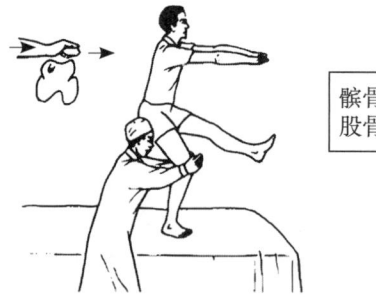

图 9-3-14　推髌半蹲抗阻试验

术者将患膝髌骨推向内侧或外侧，同时做伸膝抗阻试验，若所查结果与单纯伸膝抗阻不同，则为阳性

髌骨软骨病变
股骨关节软骨病变

图 9-3-15　推髌伸膝抗阻试验

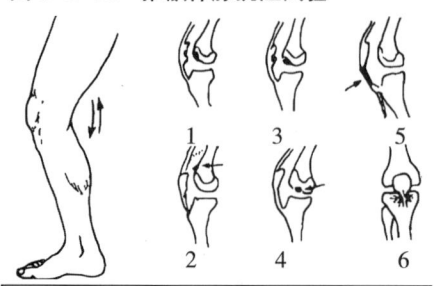

此试验仅适用于青壮年，老年体弱者慎用

图 9-3-16　单足半蹲试验

④定期进行影像学检查，包括 X 线、CT 和 MRI 和关节镜的检查。

⑤半月板损伤检查（图 9-3-17）。

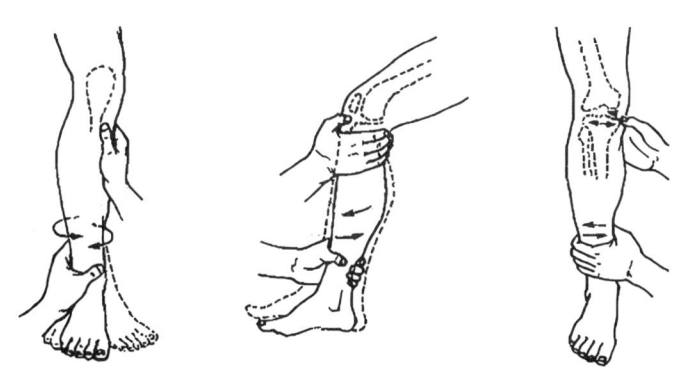

半月板旋转试验　　半月板前角挤压试验　　半月板摇动试验

图 9-3-17　半月板损伤检查

⑥侧副韧带损伤检查（图 9-3-18）。

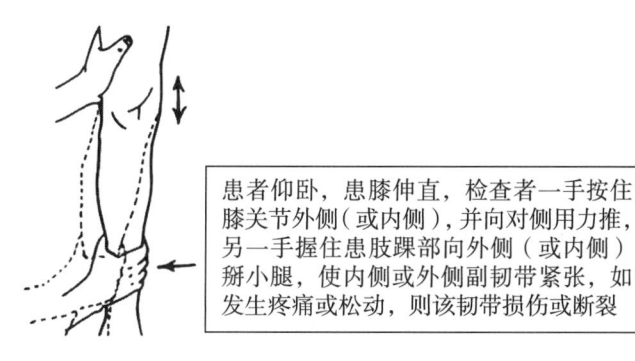

患者仰卧，患膝伸直，检查者一手按住膝关节外侧（或内侧），并向对侧用力推，另一手握住患肢踝部向外侧（或内侧）掰小腿，使内侧或外侧副韧带紧张，如发生疼痛或松动，则该韧带损伤或断裂

图 9-3-18　侧副韧带损伤检查

⑦交叉韧带损伤检查（图 9-3-19）。

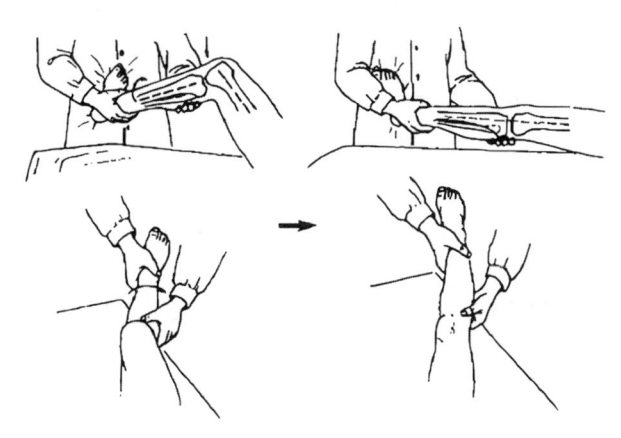

图 9-3-19　交叉韧带损伤检查

（四）踝关节损伤监测

①跟腱损伤检查（图 9-3-20）。

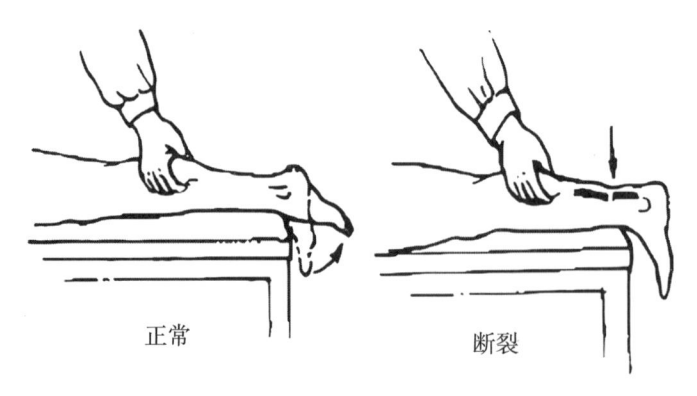

图 9-3-20　跟腱损伤检查

②踝部前抽屉试验（图 9-3-21）。

图 9-3-21　踝部前抽屉试验

第四节　运动损伤监控的应用

在伤病发生前对运动员损伤的可能性进行监控一直是教练员和研究人员关注的重点，通过监控判断易伤运动员，也是对易伤运动员进行针对性预防训练的前提。因此，本节通过案例进一步讲解运动损伤监控的具体操作方法，为运动实践和未来相关研究提供参考。

一、运动损伤监控在技能主导类隔网对抗性项目中的应用

案例一　网球运动员身体形态的非对称性适应及损伤监控研究进展

（一）监控目的

对国外精英网球运动员上肢、躯干身体肌肉及骨骼形态、成分的非对称性程度、模

式进行分析、归纳，总结其特征及损伤监控的研究进展，以期为网球科学化训练提供一定的文献参考，同时，引起研究人员对国内优势单侧性项目运动员身体非对称性适应的关注。

（二）监控对象

国外精英网球运动员。

（三）监控方法

系统综述。

（四）监控结果与结论

由于身体非对称性的研究排除了基因、营养、内分泌等因素差异，身体两侧的区别主要由专项机械负荷所致。因此，可将网球运动员身体形态非对称性适应体现出的专项特征概括为网球专项机械负荷导致身体形态、成分非对称性适应的程度与模式。其中，上肢肌肉的非对称性适应是指为获得最大击球速度，优势臂以三角肌、肱三头肌、上臂屈肌为力量主导，以前臂浅屈肌为动作精细化主导，结合深层肌群、小肌群与之相互形成的三联体收缩模式协同克服击球机械负荷而导致肌肉形态6%～21%的非对称性适应过程；上肢骨骼的非对称性适应是为获得理想的抗负荷骨性能，在青春早期训练的骨膜扩张机制下骨成分重新分布、形成的骨微观结构带来骨形态11%～25%增大，导致优势臂骨骼抗扭曲、抗压力性能分别增强11%～66%和13%～23%的非对称性成骨效应；躯干肌肉的非对称性适应是为满足专项机械负荷对躯干某一肌群局部肌纤维束的高力量要求，以腹直肌中下端的典型非对称性肥大体现出的单侧负荷效应，结合其他核心肌群的双向独立、弥补、叠加等多种负荷效应，协同克服击球负荷而导致肌肉形态8%～35%的非对称性适应过程。青少年网球运动员肩、腹、髋等部位非对称性发展引起的关节形态异常、肌组织功能退化、力量失衡等不同程度地提示损伤风险，可通过适当减少负荷量、改变负荷方式、发展对称的肌群力量，以及优先形成科学、合理的专项技术等阻断、减慢病理非对称性进程及预防损伤。

对网球运动员身体形态非对称性适应及其损伤研究的归纳、总结丰富了运动项目训练理论的研究视野、拓宽了研究渠道，可与其他训练理论相结合，为单侧性竞技运动项目甚至其他项目的专项体能、技术训练提供更多的研究视角与途径，具有重要的理论启示和指导实践的意义。同时，分析的研究样本均为健康、无损伤史、地区级以上的竞技网球运动员（损伤部分除外），可为我国网球运动员训练提供一定程度的参考。我国可在充分借鉴国外相关研究成果的基础上发展乒乓球、羽毛球、排球等优势单侧性竞技项目身体形态非对称性的标准化测量方法和程序，建立青少年运动员身体非对称性发展的数据库，开发便捷、快速的身体非对称性检测手段，全面、系统地监控青少年运动员的身体发展以预防损伤和过度训练。另外，网球运动员身体非对称性及损伤监控的相关研究成果还可供普通大众参考，用于指导普通人群身体肌肉、骨骼形态、成分的对称性发展。未来，关于身体非对称性适应还需要进一步研究的理论与实践问题包括单侧性项目的专项机械负荷对骨骼－肌肉单元的相互作用；不同项目中的专项技术水平对肌肉、关节的负荷情况及与非对称性发展的关系；运动员身体形态发展过程中病理非对称性阈值的确定和有效减慢、阻断病理非对称性进程的训练学方法。

二、运动损伤监控在技能主导类同场对抗性项目中的应用

案例二 基于不平衡数据挖掘策略的非接触性损伤预测模型构建——以青少年女子篮球运动员为例

（一）监控目的

本案例设计为一款基于大数据的运动损伤程度评估模型。为了保证设计的合理性，模拟应用环境进行对比仿真试验。传统方法与设计模型结果的比较充分地证明了本案例设计的合理性。

（二）监控对象

本案例以2014年至2017年第十三届全国运动会备战周期福建省体育局科研攻关项目中的福建省青少年女子篮球运动员为研究对象。

（三）监控方法

从数据库中提取青少年女子篮球运动员的身体机能、身体形态、专项体能测试结果、损伤情况等34个变量。其中专项体能测试内容选自国家体育总局青少年体育司编制的《中国青少年篮球训练教学大纲》。使用SPSS 22.0对缺失值进行多重插补，对变量进行等频离散化处理，以未来30天是否发生非接触性损伤为分类标准。将符合以下标准的损伤纳入数据集构建：损伤机制为除了直接接触以外的其他损伤；需要医疗干预；导致至少一天不能参与运动有关的活动。使用卡方检验进行特征选择，将$P<0.05$的变量纳入模型构建。

模型构建：本研究中损伤情况占总样本的17.92%，不平衡指数达4.58。针对不平衡数据，本研究采用数据层处理策略和算法层处理策略相结合的不平衡数据挖掘策略，对青少年女子篮球运动员非接触性损伤进行预测建模。其中，数据层处理策略使用Borderline-SMOTE技术对训练集进行处理，算法层处理策略选用极端梯度提升算法

（XGBoost）作为分类算法，采用包含五倍交叉验证的网格搜索法对 XGBoost 进行参数调优。为了方便比较不平衡数据挖掘策略构建的模型性能，本研究选用经典建模策略逻辑回归（LR）作为对照。

模型评估与解释：本研究采用留出法进行模型性能评估。将数据集划分为 70% 的训练集和 30% 的验证集，将训练集用于模型训练与参数调优，将验证集用于模型性能评估。选用曲线下面积（AUC）、误诊率（FPR）和漏诊率（FNR）作为模型评价指标。为了方便了解影响模型决策结果的重要特征参数，使用特征归因分析法进行分析。以上工作均在 python 3.6 编程环境下完成。

（四）监控结果

1. 数据集描述

所构建的数据集中包含 17 名福建省青年女子篮球运动员［年龄为（15.00±0.61）岁；身高为（176.58±6.46）cm；体重为（64.42±8.47）kg；训练年限为（1.62±0.65）年］的 7 次（每次间隔 6 周）专项体能测试结果，共有 107 条有效样本。使用卡方检验进行特征选择后，共筛选出 10 个特征变量供模型构建，每个特征变量均具有统计学意义（$P<0.05$）。将纳入的特征变量作为自变量，未来 30 天是否发生非接触性损伤作为因变量，构建 LR 模型与不平衡数据挖掘模型。其中，75 个样本被指定到训练集、32 个样本被指定到验证集，损伤情况分别占训练集的 14.7% 和验证集的 25%。使用训练集进行模型构建，使用验证集对构建的模型进行评估。

2. 模型性能评估

在模型性能评估方面，与 LR 模型（AUC：0.604，FPR：4.2%，FNR：75.0%）相比，虽然基于不平衡数据挖掘策略构建的模型（AUC：0.896，FPR：12.5%，FNR：8.3%）的 FPR 上升了 8.3%，但其 FNR 下降了 66.7%、AUC 上升了 0.292，说明不平衡数据挖掘策略构建的模型与 LR 模型相比 FPR 略有上升，但其 FNR 和 AUC 有较大改善。由于在实际损伤检测中，人们对损伤漏诊的容忍度远远低于损伤误诊的情况，因此可以认为使用不平衡数据挖掘策略构建的损伤模型在本研究中性能更优。

3. 模型解释

在模型解释方面，使用特征归因分析法对不平衡数据挖掘模型中的特征变量重要性进行分析。特征归因分析结果显示，以下特征变量对不平衡数据挖掘模型评估青少年女子篮球运动员非接触性运动损伤风险具有重要作用，包括本月伤情、身高、血红蛋白值、红细胞计数、肌酸激酶值变化率、坐位体前屈测试成绩、3/4 场全场冲刺测试成绩、六边形跳跃测试成绩、30s 背起测试成绩、15m 13 趟折返跑测试成绩。使用特征归因分析法对损伤情况与非损伤情况进行个案分析。结果显示,专项体能发展较不均衡的运动员发生非接触性损伤的倾向性增高,提示福建省青少年女子篮球运动员尚未形成支撑竞技需求的身体能力。因此,青少年运动员专项体能的全面发展应该成为训练的重要目标。该结果与前人的观点较为一致。

(五)结论与建议

与经典的 LR 模型相比,基于不平衡数据挖掘策略构建的模型对非接触性损伤具有较高的敏感性和特异性,更适用于损伤检测、损伤风险评估和损伤风险因素识别,具有广阔的应用前景。

三、运动损伤监控在技能主导类轮换攻防性项目中的应用

案例三 等速肌力测试系统对青少年垒球运动员运动损伤的预测和诊断

(一)监控目的

在高强度的训练和比赛中,运动员肌力发展不平衡常导致运动损伤。运动损伤一直困扰着运动员和教练员,一次严重的运动损伤就可能断送运动员的运动生涯。本文运用德国 D&R 公司研制的 IsoMed 2000 等速肌力测试系统,对垒球运动员的肩关节进行屈伸肌等速肌力测试,旨在科学评估运动员肩关节的屈伸肌力量差异,探寻屈伸肌力量不平衡对运动损伤的影响,为运动员减少运动损伤提供参考。

(二)监控对象

上海市体育运动学校 12 名青少年垒球运动员[年龄为(13.83±0.35)岁,身高为(167.83±0.92)cm,体重为(59.67±4.82)kg,专业训练年限为(1.92±0.64)年]。

(三)监控方法

选择慢速(60°/s)和快速(240°/s)两种测试速度,对肩关节屈伸肌进行肌力测试。测试前运动员进行 15min 的热身活动,包括 10min 慢跑和 5min 动态拉伸。热身结束后,运动员可在等速测力机上进行 3min 的适应性测试练习,休息 5min 后进入正式测试。正式测试时,选取向心-向心的测试模式,在同一速度测试中,同一关节连续屈伸测试 4 次,每个关节测试动作之间间歇 1min。测试时,运动员取坐立位,下肢和躯干固定,动力仪的旋转轴轴心对准肩关节的中心。

（四）监控结果

1. 肩关节屈伸肌峰值力矩测试结果

（1）肩关节屈肌峰值力矩

统计显示，在60°/s和240°/s的测试速度下，青少年垒球运动员的肩关节屈肌峰值力矩和相对峰值力矩随测试速度的增加而减小，呈负相关。在同一测试速度下，投掷侧屈肌峰值力矩和相对峰值力矩明显大于非投掷侧，两者存在显著性差异。

（2）肩关节伸肌峰值力矩

统计显示，在60°/s和240°/s的测试速度下，青少年垒球运动员的肩关节伸肌峰值力矩和相对峰值力矩随测试速度的增加而减小，呈负相关。在同一测试速度下，投掷侧伸肌峰值力矩和相对峰值力矩都明显大于非投掷侧，两者存在显著性差异。

2. 肩关节屈伸肌峰值力矩比测试结果

统计显示，在60°/s和240°/s的测试速度下，青少年垒球运动员两侧肩关节屈伸肌峰值力矩比随测试速度的增加而减小。在同一测试速度下，投掷侧肩关节的屈伸肌峰值力矩比大于非投掷侧，两者存在显著性差异。

3. 肩关节同名屈伸肌肌力比测试结果

统计显示，在60°/s和240°/s的测试速度下，随着测试速度的增加，青少年垒球运动员两侧肩关节同名屈伸肌肌力比减小。在同一测试速度下，两侧肩关节同名屈肌肌力比大于伸肌肌力比。在60°/s和240°/s时，两侧肩关节同名伸肌肌力比分别为7.60%和6.05%，屈肌肌力比分别为12.27%和11.01%。

（五）结论与建议

随着测试速度的增加，青少年垒球运动员两侧肩关节屈伸肌峰值力矩、屈伸肌峰值力矩比、同名屈伸肌肌力比减小。在同一测试速度下，投掷侧肩关节屈伸肌峰值力矩、屈伸肌峰值力矩比大于非投掷侧，两侧肩关节同名屈肌肌力比大于伸肌肌力比。可见，青少年垒球运动员肩关节屈伸肌力量发展极不平衡。研究发现，同侧屈伸肌及两侧屈伸肌肌力不平衡是造成运动损伤的重要原因，因此，教练员应加强青少年垒球运动员弱侧肌肉力量训练，以降低运动损伤的风险。

第五节　对运动损伤监控的思考

目前对运动员运动损伤风险的预测，最为常见的是 FMS 测试。但是，该测试主要是对运动员基本运动能力潜在运动损伤风险的监测，尚未见针对运动员专项运动能力潜在运动损伤风险的监测。后期应研制有关运动员专项训练中潜在运动损伤风险监测的简便实用的测试工具及其相关标准。

现有的有关运动损伤监控研究中，对运动项目中运动员运动损伤现状的描述较多，而对具体运动项目中运动损伤的监控体系的实证研究相对较少，尤其是具有专项特征的运动损伤监控研究比较少见，其原因可能在于专业运动队的医务人员编制较少，且运动损伤监测任务繁重，无暇顾及对运动员的运动损伤监控研究。

当前国内使用的运动损伤监控系统大多由国外引进而来，具有本国特色的监控手段数量较少。通过对相关文献的研究发现，虽然当前我国已有不少损伤监控设备的设计理念，但实际开发和研制的监控设备相当有限，且其实用效度仍有待检验。

目前国内外对体能主导类速度性项群、力量性项群，技能主导类格斗对抗性项群、表现难美性项群的运动损伤监控研究较为缺乏。实际上，上述运动项目的损伤率极高，特别是格斗对抗性项群及力量性项群。缺乏相关的理论研究导致无法对可能发生的损伤进行有效预防。

讨论与思考

1. 如何使康复评估仪器便携化？未来应针对哪些技术进行攻关？
2. 如何对冬季项目相关运动损伤进行有效监控？
3. 试述我国运动损伤风险预测模型的研究进展和未来研究趋势。
4. 我国运动员损伤后重返赛场的监控模型、评价体系应如何建立？

推荐阅读

1. Yeomans C, Kenny I C, Cahalan R, et al. The incidence of injury in amateur male rugby union: a systematic review and meta-analysis [J]. Sports Med, 2018, 48 (4): 837–848.

2. Padua D A, Marshall S W, Boling M C, et al. The landing error scoring system (LESS) is a valid and reliable clinical assessment tool of jump-landing biomechanics: the JUMP-ACL study [J]. Am J Sports Med, 2009, 37 (10): 1996–2002.

3. Myer G D, Ford K R, Khoury J, et al. Clinical correlates to laboratory measures for use in non-contact anterior cruciate ligament injury risk prediction algorithm [J]. Clin Biomech

（Bristol, Avon）, 2010, 25（7）: 693-699.

4.刘恒源, 刘志云, 哈建伟, 等.橄榄球运动损伤特征、影响因素及监控策略研究[J].武汉体育学院学报, 2020, 54（5）: 75-81.

5.Meeuwisse W H, Love E J.Athletic injury reporting.Development of universal systems[J].Sports Med, 1997, 24（3）: 184-204.

6.卓金源, 王卫星, 陈小虎, 等.无创肌肉状态诊断技术（TMG）在中国男篮体能训练中的应用[J].山东体育学院学报, 2020, 36（2）: 79-88.

7.Kirialanis P, Malliou P, Beneka A, et al.Occurrence of acute lower limb injuries in artistic gymnasts in relation to event and exercise phase[J].Br J Sports Med, 2003, 37（2）: 137-139.

8.Siegmund G P, Guskiewicz K M, Marshall S W, et al.Laboratory validation of two wearable sensor systems for measuring head impact severity in football players[J].Ann Biomed Eng, 2016, 44（4）: 1257-1274.

9.谢施海, 曾贵刚, 张申, 等.低频电刺激对男排运动员腓肠肌横向弹性与血清肌酸激酶的影响[J].中国运动医学杂志, 2012, 31（10）: 904-906.

10.Best M J, Tanaka M J.Multidirectional instability of the shoulder: treatment options and considerations[J].Sports Med Arthrosc Rev, 2018, 26（3）: 113-119.

第十章 运动营养监控

合理的膳食营养对于运动员取得最佳的运动训练效果、最好的运动竞技能力、最优的比赛成绩及维护运动员的良好健康状态起着举足轻重的作用。因此，在训练中应对运动员进行膳食营养摄入监控，帮助教练员和科研人员掌握运动员的营养摄入状况，以及时发现膳食营养问题，并调整饮食安排，保证营养物质的平衡及运动员的健康，促进运动员竞技水平的提高。

第一节 运动营养监控概述

本节重点从运动营养监控的释义、运动营养监控的作用和运动营养监控的分类三个方面对运动营养监控进行概述。

一、运动营养监控的释义

运动营养监控是指针对不同运动项目的运动特点，利用运动训练学、营养学方面的知识，分析运动员在不同训练或比赛情况下的营养需要，了解各种营养因素与机体的功能、运动能力、体力适应和恢复、运动性疾病等的关系，并通过人体测量、生化检测和膳食调查等手段对运动员不同训练与比赛期间的营养状况实施严格监测、评定和有效管控的过程。

二、运动营养监控的作用

对运动员进行营养监控具有非常现实的意义。

其一，合理的营养监控可为运动员提供适宜的能量摄入，使运动员的体重和体脂成分符合专项运动的需要，并保证运动中能源物质的良好利用。

其二，合理的营养监控可维持肌纤维中的能源物质水平。前期大量研究表明，肌纤维中的能源物质水平与运动损伤有直接关系,当运动中肌纤维的能源物质耗尽时,人体就会产生疲劳,此时控制和纠正动作的能力大幅度下降,极易出现运动损伤。但若体内能源储备充足,运动损伤的发生率会大大降低。众所周知,人体运动时所需的能量均来自食物摄入,合理的食物摄入可使食物转换成能量储存在体内以满足运动需要。

其三,合理的营养监控可以延缓运动性疲劳的发生或减轻损伤程度。在运动训练过程中引起运动能力下降的原因主要有体温调节障碍、酸性代谢产物的堆积、电解质平衡失调、能源耗竭等。通过合理的营养监控,运动员可以在不同训练期间和比赛前、中、后阶段保持良好的体力和机能状态,延缓疲劳的发生和减轻疲劳的程度。

其四,合理的营养监控有助于剧烈运动后的恢复。运动能力恢复的关键在于恢复身体的能量供应及其储备(包括肌糖原和肝糖原)、代谢能力(包括关键酶的浓度、维生素和某些微量元素等)、体液(保证体内的血容量和循环体液量)、元素平衡及细胞膜的完整性(如钾、钠、锌、铁、镁等)。运动能力、代谢能力及体液等诸多因素的恢复均依赖于营养监控。

其五,合理的营养监控有利于解决运动训练中的一些特殊医学问题。例如,某些项目的运动员需要长期控制体重,这很容易导致运动员出现营养问题,进而造成体能和身体健康方面的问题。此外,运动员在潮湿、高温或寒冷的环境中进行训练、比赛也有特殊的营养需要。如果营养摄入不合理,不仅会削弱运动员的运动能力,还会对运动员的身心造成严重损伤。

三、运动营养监控的分类

运动营养监控是监控体系的重要组成部分,现阶段运动营养监控可归纳为以下几个类型。首先,对日常生活中的膳食状况监控,监控指标的确定与应用可以克托莱指数或体重指数为依据,对于调整人体的外部形态结构、促进生长发育具有一定的现实意义。其次,对运动员体脂含量监控,对于职业运动员而言,保持合理的体脂含量是十分必要的,测定体脂的方法有很多,如水下称重法、生物电阻抗法、皮褶厚度测量法、双能量X线分析法等。良好的体脂含量有助于获得更好的运动表现。最后,对运动员摄入的能源物质监控,主要包括营养摄入是否能够满足运动员的要求、营养素占能量供给的百分比、三餐热能比例、营养物质构成和合理化安排。在具体的操作过程中可利用询问法、回忆法和称重法进行分析,从而更好地了解运动员的营养摄入情况,为实施营养干预提供科学依据。

第二节 运动营养监控指标体系

运动营养监控指标体系大致可分为营养素和生化指标两类。其中营养素包含糖、脂肪、蛋白质、维生素和矿物质。生化指标包含血尿素氮（BUN）、肌酸激酶（CK）、乳酸脱氢酶（LDH）、尿蛋白、尿潜血等（图10-2-1）。

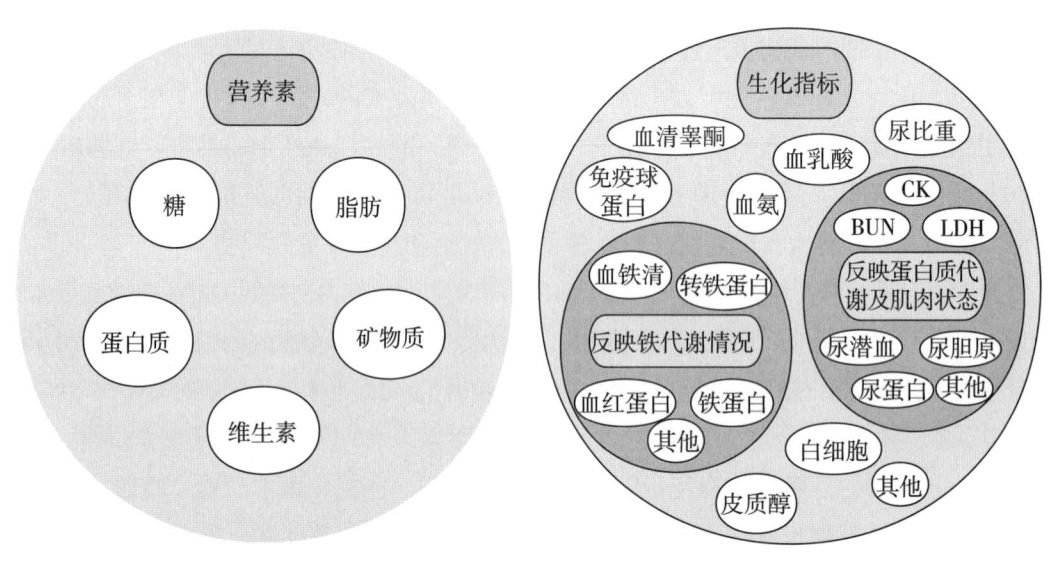

图 10-2-1　运动营养监控指标体系

一、营养素

（一）糖

糖是运动员重要的热量来源，在饮食中的占比最高。不论是短时间高强度的速度运动，还是长时间的耐力运动，都需要糖作为能源。研究证实，人为控制运动负荷与膳食中糖的比例，可以提高肌糖原贮备量。增加糖的摄取和贮备，对维持血糖水平、提高耐力素质具有重要意义。大脑、红细胞等必须依靠血糖供能，血糖下降会使能量供应不足，导致运动能力下降。长时间运动时，血糖含量下降、肌糖原耗竭是运动能力下降和疲劳的主要原因之一。研究认为，一般运动项目需糖量为总热量的50%～60%，缺氧运动项目为65%～75%。

（二）脂肪

脂肪也是运动中的主要能源物质，在长时间低强度的运动中，脂肪的氧化可提供总耗能量的50%～60%。若以65%～80% VO_{2max} 强度运动时，脂肪的利用率很低。脂肪代谢的特殊重要性在于它具有"节约"组织中糖原的能力，即糖原贮备可以通过脂肪的氧化保存或"节省"下来，这样当运动到最后阶段，运动强度超过身体的有氧代谢能力时，将有更多的糖原可供利用。因此，脂肪能提高机体耐力。一般运动员食物中脂肪供能量应占总热量的 25%~30%，缺氧运动项目（如登山等）的运动员应减为总热量的 20%~25%，对于能量消耗大、机体散热较多和持续时间较长的运动项目如滑雪、滑冰和游泳等，运动员应适当增加食物中脂肪比例，可增加到 35%。运动员的脂肪供给应多用植物油，饱和脂肪酸量应少于 10%。

（三）蛋白质

蛋白质虽不像糖和脂肪那样可作为运动时的主要能源，但氧的运输依靠血红蛋白，肌肉收缩更离不开肌肉蛋白，运动时各种代谢的催化物质——酶，也由蛋白质构成。可见，蛋白质与运动的关系主要体现在完成各种功能上。研究认为，运动员蛋白质需要量为每千克体重 2.0~2.5g。由于蛋白质的营养价值不同，动物性蛋白质应占一定比例。大运动量训练期间，动物性蛋白质以占 50%~60% 为宜，平时也不应低于 40%。

（四）维生素

维生素是物质代谢的调节剂。维生素参与生成酶。维生素 B_1、B_2 和 PP 是生成氧化酶的原料；维生素 C 和 E 参与氧化过程，缺乏维生素 E，肌肉会软弱无力；维生素 B 参与含氮物质的代谢；维生素 A 能改善视网膜的功能。运动员在承受紧张的身体和精神负荷时，代谢过程明显加快，维生素的需要量相应增加。例如，能量消耗 1.38×10^9J 时，需要维生素 C 35mg、维生素 B_2 0.8mg、维生素 B 0.7mg、维生素 PP 7mg、维生素 A_2 2mg，若能量消耗增加 4.18×10^6J，各种维生素要相应增加约 0.5mg，而维生素 E 则要增加 5mg。

（五）矿物质

矿物质（无机盐）在人体内种类繁多，总量约占体重的 5%。它们是构成机体组织和调节生理机能的重要物质。人体含量较多的矿物质有钙、钾、钠、磷、镁、硫、氯 7 种，其他如铁、碘、氟等含量很少，称为"微量元素"。运动员训练时，身体负荷加大，大量排汗使身体对矿物质（特别是钾和钠）的需要量明显增加，因而必须从食物中补充。

二、生化指标

生化指标可以监测人体的营养状况，根据运动中人体内的物质消耗和代谢产物的生成有针对性地补充营养物质，是保证人体处于最佳功能状态的基础。例如，根据人体运动后酸性物质对细胞内外环境的影响，选择相应的酸、碱性食物；根据运动中机体的糖类、脂肪和蛋白质的消耗量，制订运动后能源物质的摄入比例。常见的生化指标有反映铁代谢状况的血清铁、血红蛋白、转铁蛋白、铁蛋白等；反映蛋白质代谢及肌肉状态的血尿素氮（BUN）、肌酸激酶（CK）、乳酸脱氢酶（LDH）。尿蛋白、尿潜血、尿胆原、尿

3-甲基组氨酸（3-MH）则是反映肌肉蛋白质的分解和合成代谢状况的指标。除此之外，还有血乳酸、血氨、血清睾酮、皮质醇、尿酮体、尿比重、白细胞及免疫球蛋白等。

第三节　运动营养监控的测评

我国运动员的日常膳食摄取多为"自助餐"形式，即运动员根据自己的喜好和饮食习惯自由地选择食物。但是运动员、教练员、运动队领队等普遍存在营养知识储备不足、对平衡膳食的重要性认识不足等问题，以致盲目推崇高蛋白膳食而忽略了其他营养素的重要性。此外，对运动员进行营养指导的相关专业人员缺乏，导致运动员出现营养摄入不均衡，甚至是体重、体能和运动能力下降的现象，严重影响了运动员的运动成绩和心身健康。因此，在训练实践中，对运动员的营养状态进行监控和测评，保证其运动能力稳定发挥，是十分必要的。

一、运动营养监控工具

（一）便携式能量代谢测定仪

该设备可测定运动员除洗澡外，其他训练、日常活动或睡眠时的能量消耗。其准确性和重复性均高于90%。

（二）微流体贴片

微流体贴片使用的比色传感策略可在实际环境中对区域汗液分泌情况、出汗率和出汗量进行评估，能在运动中实现实时监控，弥补了传统汗液分析技术及随后的台式重力分析（用于汗液量）和离子色谱法技术只能在实验室操作的不足。可穿戴微流体平台与智能手机应用程序相结合，可以确定汗液剖面结果和个性化补水建议。该系统改进了耗时且费力的传统汗液分析方法，包括在身体易于接近的区域（左腹侧前臂）放置柔软的微流体贴片—被动汗液收集和比色测定反应—用智能手机捕获比色反应的图像—通过计算机视觉和预测算法进行图像分析—生成汗液曲线—制订个性化的水合作用策略，以在未来的运动过程中优化锻炼后的补液和液体摄入量。

（三）先进集成活动检测器

可穿戴技术和实时监测的最新进展加速了研究从实验室到现场的转变，提高了生态有效性。这一趋势为所有体育科学分支（包括运动营养）提供了技术发展的机会。例如，在2020年东京奥运会上，研究人员对在高温下比赛的运动员（在10000m、马拉松和竞走项目期间）实施现场测试并获得反馈。在东京奥运会期间采用这种无线技术的目的是帮助表征运动员所经历的生理和热应变。实时监控包括智能手表应用程序，旨在收集、处理和传输各种生理、生物力学、生物能源和环境数据。该项目在技术创新方面取得了成功，也被运动员和体育管理机构普遍接受。

（四）运动员及大众膳食营养分析与管理软件系统

该系统是由国家体育总局运动医学研究所自主研发的分析运动员膳食营养的有效工具，具有营养计算、膳食摄入调查、自动和手动配餐及制订控体重食谱和运动方案等多种功能。系统中有包含48个奥运会项目运动员每日膳食营养素供给量参考标准的数据库。

（五）膳食与营养补充智能动态监测

研究指出，评估能量摄入的传统方法主要是通过饮食回忆对能量摄入进行定量评估，但回忆期和准确性通常是有限的。此外，食物频率问卷和饮食史为习惯性能量摄入提供了更深入的参考，但因存在季节性影响和缺乏个体量化的细节而受到质疑。随后，食物日记被确定为更准确的营养评估方法，其涉及称量或估计食品、饮料项目的定量。然而，食物日记也容易受到报告偏差的影响。大多数证据表明，当使用自我报告的称重或估计的食物日记时，能量摄入量被低估了11%～27%。一些替代方法随之出现，如自我报告、称重食物日记和24h回忆的组合，但仍存在参与者收集饮食信息时负担重，以及营养学家需进行高密度性质的饮食分析等缺陷。

未来，随着技术进步和智能手机的开发将实现实时记录，同时进行分析并与预先确定的干预目标或推荐的摄入值进行比较。智能手机由于具有自动时间/日期记录项目等附加功能，以及条形码扫描和图像拍摄等功能，其客观性将显著提升。

一项评估韩国摔跤运动员的饮食习惯，并探讨饮食摄入量差异对力量输出性能和血乳酸浓度的影响的研究采取的手段是，拍摄了7天内所有食用的食物，3天后使用24h回忆方法通过访谈评估1周的食物摄入量和类型，使用CAN-Pro 4.0软件（韩国营养学会）分析调查的膳食摄入量数据。

如表10-3-1所示，可穿戴设备有望在不久的将来提高现场监测各种生理参数的能力。例如，应用程序、设备和整个生态系统正在开发中，旨在提高饮食摄入方法的质量，从而准确提高运动员每日能量摄入（EI）。随着这些技术的发展，监测单个运动员的能量可用性（EA）[即计算（EI-EEE）/无脂肪质量]（注：EEE为运动能量消耗）将更加准确。相应地，人们可以对运动员进行更全面的实地研究。因此，这种方法代表了一个前所未有的机会，可以解决运动营养领域许多未解决的问题，如运动中的相对能量缺乏（RED-S）。

表 10-3-1 营养监控方法与技术

监控方法	监控对象	参考
集成可穿戴贴片中微流体技术	对出汗率和汗液成分即时反馈，影响水合作用摄入和液体成分	贝克等，2020 年
双能 X 射线吸收法（DXA）	测量骨密度的参考标准	Nieves 等，2010 年
双标签水（H_2O 和尿液收集）	衡量自由生活每日总能量消耗的黄金标准方法，可能会影响预计的能量营养需求	Speakman 和 Hambly，2016 年
尿酮评估	能够更好地评估碳水化合物可用性和（或）生酮性，坚持按要求调整碳水化合物摄入量	Goffinet 等，2017 年
尿液比重评价	对尿液渗透压和水合状态进行估计	Surapongchai 等，2021 年
连续葡萄糖监测评估	确定血糖浓度的动态变化	托马斯·F.，2016 年
生物标记	跟踪运动员的健康、表现和恢复情况	Lee 等，2017
同位素技术	用稳定同位素标记的底物研究代谢流	Reisz 和 D'Alessandro，2017 年
DNA 和 RNA 的测序	确定核酸序列以鉴定基因和基因表达的过程（如应答者对非应答者）	Shendure 等，2019 年
基本的集成活动监视器（心率、GPS 和加速度计）	能够更准确地估计运动能量消耗和运动强度，以更好地预测能量营养需求	奥德里斯科尔等，2020 年
先进集成活动监测器（心率、全球定位系统、加速度计和皮肤温度）	更准确地实时估计运动能量消耗、运动强度和核心体温，以更好地预测与定速决策相关的能量营养、水合和冷却需求	穆尼斯-帕尔多等，2021 年

注：DNA：脱氧核糖核酸；RNA：核糖核酸；GPS：全球定位系统。一些已确定的技术/方法仍然存在结构有效性挑战，需要进一步研究验证。

二、运动营养的监控与评价

1. 营养监控的流程

①测定每日摄入膳食的能量，三大能源物质的比例，以及维生素、膳食纤维、矿物质的摄入量。
②测定运动员每日的能量消耗情况。
③测定运动员每日的体重情况。
④使用"运动员及大众膳食营养分析与管理系统"软件为运动员合理配餐。

⑤利用生化检测，定期对运动员的营养状况进行评估和判断，为制订下一步营养计划提供参考。

2.膳食调查的评定内容

①每人每日热能和各种营养素平均摄入量。
②各种营养素日平均摄入量占推荐的适宜摄入量（AI值）百分比。
③计算热能摄入和热能消耗的比例。
④一日三餐分配百分比。
⑤三大能量营养素摄入百分比。
⑥优质蛋白质占总蛋白质的百分比，以及动物蛋白和植物蛋白的比例。
⑦钙磷比。
⑧胆固醇摄入量。
⑨几种主要营养素及能量的食物来源分布。
⑩综合评定：从多方面提出改进和预防措施。

3.不同专项运动员的营养代谢评定标准

每日总热能供给推荐参考值。优秀运动员的每日总热能供给推荐参考值按5级划分：2000～2800千卡/日（平均2400千卡/日）；2200～3200千卡/日（平均2700千卡/日）；2700～4200千卡/日（平均3500千卡/日）；3700～4700千卡/日（平均4200千卡/日）；≥4700千卡/日（平均4700千卡/日）。

4.具体的项目划分

优秀运动员的一日热能供给推荐值如表10-3-2所示。有控体重和减体重要求的运动员不采用此推荐参考值。

表10-3-2　优秀运动员的一日热能供给推荐值

项目	每日热能需求量（平均值）/千卡
棋牌类	2000～2800（2400）
跳水、射击（女）、射箭（女）、体操（女）、艺术体操、蹦床、垒球	2200～3200（2700）
体操（男）、武术散手（女）、武术套路、乒乓球、羽毛球、短跑（女）、跳远（女）、跳高、举重（75kg以下）、网球、手球、花样游泳、击剑、射箭（男）、速度滑冰、花样滑冰（女）、柔道（女）、赛艇（女）、皮划艇（女）、跆拳道（女）	2700～4200（3500）

（续表）

项目	每日热能需求量（平均值）/千卡
花样滑冰（男）、中长跑、短跑（男）、跳远（男）、竞走、登山、射击（男）、球类（篮球、排球、足球、冰球、水球、棒球、曲棍球）、游泳（短距离）、高山滑雪、赛艇（男）、皮划艇（男）、自行车（场地）、摩托车、柔道（男）、拳击、跆拳道（男）、投掷（女）、沙滩排球（女）、现代五项、武术散手（男）、越野滑雪、举重（75kg以上）、马拉松、摔跤（女）	3700～4700（4200）
游泳（长距离）、摔跤（男）、公路自行车、橄榄球、投掷（男）、沙滩排球（男）、铁人三项	4700及以上（4700）

引自：陈吉棣，杨则宜，李可基，等.推荐的中国运动员膳食营养素和食物适宜摄入量[J].中国运动医学杂志，2001（4）：340-347.

5.各种营养素摄入量的推荐

①蛋白质：占总热量的12%～15%，力量项目可增加到15%～16%，其中优质蛋白质至少占1/3。

②脂肪：占总热量的25%～30%，游泳和冰上项目可增加到35%。饱和脂肪酸：多不饱和脂肪酸：单不饱和脂肪酸=1∶1∶（1～1.5）。注意控制饱和脂肪酸的摄入量。

③碳水化合物（糖类）：占总热量的55%～65%，耐力项目可增加到70%，但应注意增加谷类、薯类等食物。

④无机盐的日供给量如表10-3-3所示。

表10-3-3 无机盐的日供给量

名称	日供给量
钾	3～4g
钠	＜5g（高温环境训练＜8g）
钙	1000～1500mg
镁	400～500mg
铁	20mg（大运动量或高温环境下训练为25mg）
锌	20mg（大运动量或高温环境下训练为25mg）
硒	50～150μg
碘	150μg

⑤维生素的日供给量如表 10-3-4 所示。

表 10-3-4 维生素的日供给量

名称	日供给量
维生素 A	1500 μg，视力紧张项目 1800 μg
维生素 B_1	3～5mg
维生素 B_2	2～2.5mg
烟酸	20～30mg
维生素 B_6	2.5～3.0mg
叶酸	400 μg
维生素 B_{12}	2 μg
维生素 C	140mg（比赛期 200mg）
维生素 D	10～12.5 μg
维生素 E	30mg（高原训练 30～50mg）

注：对于神经系统紧张项目的运动员，应适当增加维生素 B_1，而对于视力紧张项目的运动员，应注意维生素 A 的营养水平。控制体重期间，运动员应增加维生素、微量元素和蛋白质的摄入量，达到推荐的运动员 AI 值。运动员在高原训练时应增加维生素 A、C 和 E 的摄入量，并增加能量 10%～20%。

对于大多数运动员，可以掌握每人每日"5 个 1"原则，即 1 斤粮食、1 斤蔬菜、1 斤水果、1 斤奶和 1 两豆制品（表 10-3-5、表 10-3-6）。

大部分普通运动员膳食安排如下。

主食：500g（其中米和面粉共占 80%，粗杂粮占 20% 左右）。

蔬菜：500g（其中绿叶菜应占 60%）。

水果：500g（其中柑橘类应占 50%）。

牛奶：500g（牛奶不耐受者，可用酸奶、豆浆或加用乳酶片）。

肉类的蛋类：300～400g（包括畜肉、禽肉、鱼类、水产品、鸡蛋等）。

豆制品：50g。

饮料：500～1500mL。

果汁：200mL。

食盐：8～10g。

表 10-3-5　不同运动项目每日膳食各类食物适宜摄入量（AI 值）建议

运动项目	中国居民平衡膳食宝塔	棋牌类	跳水、射击（女）、射箭（女）、体操（女）、艺术体操、蹦床、垒球	体操（男）、武术散手（女）、武术套路、乒乓球、羽毛球、短跑（女）、跳远（女）、跳高、举重（75kg以下）、网球、手球、花样游泳、击剑、射箭（男）、速度滑冰、花样滑冰（女）、柔道（女）、赛艇（女）、皮划艇（女）、跆拳道（女）	花样滑冰（男）、中长跑、短跑（男）、跳远（男）、竞走、登山、射击（男）、球类（篮球、排球、足球、冰球、水球、棒球、曲棍球），游泳（短距离），高山滑雪、赛艇（男）、皮划艇（男）、自行车（场地）、摩托车、柔道（男）、拳击、跆拳道（男）、投掷（女）、沙滩排球(女)、现代五项、武术散手（男）、越野滑雪、举重（75kg以上）、马拉松、摔跤（女）	游泳（长距离）、摔跤（男）、公路自行车、橄榄球、投掷（男）、沙滩排球（男）、铁人三项
谷类 /g	400	300～350	350～400	550～600	650～700	750～800
蔬菜 /g	450	500	500	550	600	600
水果 /g	150	500	500	500	500	500
肉、禽、蛋、水产品 /g	163	200	250	300	400	500
奶、奶制品 /g	100	500	500	500	500	500
豆、豆制品 /g	50	50	50	50	50	50
食用油脂 /g	25	30	30	45	65	65
饮料 /mL	500	750	1000	1000	1000	
食用糖 /g		20	30	40	50	50

表 10-3-6　各类食物细分亚类

运动项目		棋牌类	跳水、射击（女）、射箭（女）、体操（女）、艺术体操、蹦床、垒球	体操（男）、武术散手(女)、武术套路、乒乓球、羽毛球、短跑（女）、跳远（女）、跳高、举重（75kg以下）、网球、手球、花样游泳、击剑、射箭（男）、速度滑冰、花样滑冰（女）、柔道（女）、赛艇(女)、皮划艇（女）、跆拳道（女）	花样滑冰（男）、中长跑、短跑（男）、跳远（男）、竞走、登山、射击（男）、球类（篮球、排球、足球、冰球、水球、棒球、曲棍球）、游泳（短距离）、高山滑雪、赛艇（男）、皮划艇（男）、自行车（场地）、摩托车、柔道（男）、拳击、跆拳道（男）、投掷（女）、沙滩排球(女)、现代五项、武术散手（男）、越野滑雪、举重（75kg以上）、马拉松、摔跤（女）	游泳（长距离）、摔跤（男）、公路自行车、橄榄球、投掷（男）、沙滩排球（男）、铁人三项
谷类/g	总量	300～350	350～400	550～600	650～700	750～800
	米、面	240～260	290～310	440～460	480～520	530～570
	粗杂粮	40～60	35～65	80～120	90～110	140～160
	糕点	50	50	50	100	100
蔬菜/g	总量	500	500	550	600	600
	绿菜	250	250	300	300	300
	其他	250	250	250	300	300
水果/g	总量	500	500	500	500	500
	柑橘类	200	200	200	200	200
	其他	300	300	300	300	300
肉、禽、蛋、水产品/g	总量	200	250	300	400	500
	畜肉	50	70	90	130	150
	禽肉	35	50	65	95	125
	水产品	40	55	70	100	150
	蛋类	50～100	50～100	50～100	50～100	50～100

引自：陈吉棣，杨则宜，李可基，等.推荐的中国运动员膳食营养素和食物适宜摄入量［J］.中国运动医学杂志，2001（4）：340-347.

6.生化指标干预指南

生化指标干预指南如表 10-3-7 所示。

表 10-3-7　生化指标干预指南

选用指标或参照指标	性别	理想参考值	达不到参考值时的机体代谢改变	达不到参考值时的营养补充原则
血红蛋白（Hb）/（g/L）	男	> 150	低血蛋白或贫血	补铁、补充抗氧化剂、调整膳食结构
	女	> 130		
血清肌酸激酶（CK）/（U/L）	男	< 300	肌肉损伤或训练后肌肉恢复不良	补糖、补蛋白（即刻）、补充抗氧化剂、调整膳食结构
	女	< 200		
血清乳酸脱氢酶（LDH）/（U/L）	男	< 250		补糖、补蛋白（即刻）、补充抗氧化剂、调整膳食结构
	女	< 250		
血尿素氮（BUN）/（mmol/L）	男	< 7	运动负荷过量或蛋白质摄入过量	补糖、调整膳食结构
	女	< 6		
血清睾酮/（nmol/L）	男	> 20（558）	合成激素分泌抑制	中药调理、补充特殊氨基酸
	女	> 1.3（37）		
白细胞、IgG/IgM/IgA、CD4/CD8 等		个体纵向的系统观察	免疫功能低下	补充特殊氨基酸、补充抗氧化剂、中药调理
RPE、闪光融合频率等		个体纵向的系统观察	神经系统疲劳	补糖、补充支链氨基酸和褪黑素、调整膳食结构
丙二醛（MDA）、总抗氧化能力（TAC）		个体纵向的系统观察	抗自由基能力下降	调整膳食结构、补充维生素、补充抗氧化剂
尿比重		1.005～1.030	高于上限提示脱水	补充运动饮料
尿 pH		5～6		调整膳食结构、增加蔬菜水果、补充碱性盐类
尿酮体		阴性	阳性提示酸性物质堆积，耐乳酸能力下降，出现代谢性酸中毒	调整膳食结构、补充碳水化合物、减少脂肪摄入、补充碱性盐类

引自：陈吉棣，杨则宜，李可基，等．推荐的中国运动员膳食营养素和食物适宜摄入量［J］．中国运动医学杂志，2001（4）：340-347.

第四节　运动营养监控的应用

目前，关于运动营养监控的研究已取得较为丰硕的成果，推动了运动营养监控工作有序开展，帮助我国运动员在重大比赛中获得稳定成绩。在运动训练实践中，膳食对运动员的竞技表现具有显著影响,即优质、合理的膳食配给,无论是在训练阶段,还是在比赛前、中、后各阶段,都有助于促进运动员发挥比赛潜力。因此,本节通过案例进一步讲解营养监控的具体操作方法,为运动实践和未来相关研究提供参考。

一、运动营养监控在体能主导类速度性项目中的应用

案例一 2020年东京奥运会备战期间国家游泳队夺金重点运动员生理生化机能与运动营养监控的科技助力体系

(一)监控目的

本案例探讨了东京奥运会备战期间中国国家游泳队夺金重点运动员的运动营养监控体系,用科学手段对运动员的膳食摄入指标做定量分析及定性评估,全力备战疫情中的东京奥运会。

(二)监控对象

2020年东京奥运会备战周期国家游泳队夺金重点运动员。

(三)监控方法

通过记录每堂训练课的总游程距离、专项强度游程距离、训练课完成时间、训练后运动员本体感觉运动强度,计算单节训练课本体感觉运动强度,将每日 sRPE 值叠加得到每日训练负荷,其月平均值作为慢性负荷累积(chronic load,CL),周平均值作为急性负荷累积(acute load,AL),以 AL/CL 值反映运动员当前负荷状态;比值低于0.80视为训练不足预警线,比值高于1.30视为过度训练预警线,比值高于1.50视为伤病风险预警线;以此向教练团队实时反馈运动员对训练负荷、容量的耐受情况。每周同一时间采集运动员静脉血,检测睾酮、皮质醇、肌酸激酶、血尿素氮、血常规;计算 T/C 值,结合运动员对本周训练负荷、容量耐受情况,纵向比对近半年来各项指标历史记录;对运动员合成代谢水平、血携氧能力、免疫系统工作状态、肌肉疲劳程度等方面做出评估,并第一时间向教练团队反馈。此外,在有需求时随时加测铁蛋白、离子五项、血脂四项等相关指标。通过记录运动员一日三餐,用食物份数法计算每日正餐中摄入总能量,并叠加每日使用的所有运动营养补剂及加餐后得到每日摄入总量、三大营养素(碳水化合物、蛋白质、脂肪)摄入占比的方式;根据当前所处的训练周期及专项训练负荷、生理生化机能指标,实时调整运动员的膳食及营养摄入情况。除此之外,与专项教练、体能教练配合,为有改善体态、体成分需求的夺金重点运动员设计个性化增肌、减脂方案。在专项训练及体能训练中,通过监控血乳酸、心率、心率恢复率、血氧饱和度,间接反映运动员所

处代谢模式,作为教练评判运动员当前训练计划完成情况的重要依据。

(四)监控结果

研究团队为国家游泳队提供运动员生理生化机能评估预警、膳食营养改善支持等科技助力服务工作近2年(2020年1月25日至2021年7月)。在长期连续的科技助力中,研究团队收集了具备足够纵向深度和横向广度的运动员生物信息档案。训练容量、负荷耐受评估已成为国家游泳队东京夺金重点和日常训练强度、训练量设计中的重要参考要素,尤其是AL/CL值,在调整周期中对过度训练起到至关重要的预防作用。生理生化机能监控同样是国家游泳队东京夺金重点运动员的重要预警机制,与训练容量、负荷耐受评估一起作为科学训练监控的双保险。膳食营养支持方面亦成绩斐然,在2019年游泳世界锦标赛前用7个月时间,通过量身打造营养方案、改善膳食结构、利用多餐制提高摄入量等手段,夺金重点运动员体重从77.8kg增长至80.9kg,肌肉量从66.6kg增长至69.0kg,脂肪量从7.1kg增长至7.7kg,体脂率从9.15%增长至9.52%,出色完成国家体育总局游泳运动管理中心及教练团队给出的特定重点运动员增肌任务;帮助运动员获得体重、力量优势,弥补转身折返游程中对抗大体重选手"吃浪"的劣势,助力其在100m仰泳项目中蝉联冠军并打破赛会纪录,是中国短距离仰泳项目前所未有的成就。

(五)结论与建议

针对运动员训练负荷、容量,生理机能状态,机体代谢水平,膳食营养情况的监控手段是丰富多样的,并不局限于本研究中所使用的手段;科技助力训练与参赛的核心在于跨学科协作,竞技体育的科技助力不应被学科边界限制。训练和生理生化机能监控提供评估和预警,膳食营养改善提供恢复和支持手段,是竞技体育科学训练越发精细化后的大势所趋;科学的训练监控须成体系且具备连续性。

案例二 速滑运动员合理营养与科学训练及监控体脂的研究[1]

(一)监控目的

郭洪海对我国优秀速滑运动员进行了系统全面的膳食营养调查,评定运动员膳食营养状况,再通过生理生化监控,以及血样、尿样了解运动员的物质代谢情况。此外,他还评定了运动员体脂水平,进一步合理安排训练期间的膳食摄入。

(二)监控对象

监控对象为黑龙江省优秀速滑运动员。

---

[1] 郭洪海,耿丽,李欣,等.速滑运动员合理营养与科学训练及监控体脂的研究[J].冰雪运动,2011,33(3):48-54.

第十章 运动营养监控

(三) 监控方法

通过食物称重法与24h回顾法相结合,连续3天对运动员进行膳食营养调查,记录运动员每餐中各种食物的消耗量,以及三餐的生重、熟重和每餐剩余食物量。应用"运动员及大众膳食应用分析与管理系统"对所得资料进行分析、计算,了解速滑运动员的营养状况及三大营养素的供热比例,并在每日餐前对调查对象进行生理生化和体脂测试(表10-4-1)。

表10-4-1 短道速滑运动员营养监控指标

监控类型	具体内容
摄入能量	每日摄入能量总和、三餐摄入能量比例
维生素和矿物质	视黄醇当量、维生素B_1、维生素B_2、尼克酸、维生素C、维生素E、钾、钠、钙、镁、铁、锌、硒
各类食物	糖类(谷类)、蔬菜、水果、畜肉、禽肉、水产品、蛋类、奶类、豆类、食用油脂
生化指标	总蛋白、白蛋白、总胆固醇、甘油三酯、高密度脂蛋白胆固醇、血尿素氮、肌酐、血清睾酮、血清葡萄糖
血常规指标	白细胞、红细胞、血红蛋白、红细胞压积、血小板数
体脂成分	体重、体脂率、体脂质量、瘦体重、基础代谢率、体内水分、体重含水率、瘦体重含水率、建议体重

(四) 监控结果与结论

运动员在训练中会消耗大量的热量和脂肪,能源物质中蛋白质占总热能的12%~15%、脂肪占30%、碳水化合物占55%~70%。此外,在保证肉、鱼、禽、蛋、豆等高蛋白质食品的吸收时,要搭配健康的绿色食品,如蔬菜、水果、谷类食物(米、面和适量杂粮)等。根据训练量及比赛任务安排一日三餐中食物热量的分配,充分考虑运动员的消化功能、消耗量和饮食习惯,才能保证运动员拥有充沛的体力,更好地迎接比赛和训练。

二、运动损伤监控在技能主导类表现难美性项目中的应用

案例三 优秀跳水运动员饮食营养监控

(一) 监控目的

随着竞技体育的快速发展,其对运动员本身的要求也越来越高,要求运动员具有良

好的竞技能力,包括心理素质、体能、健康状况及疲劳恢复能力。跳水作为主要表现难美的技术类项目,体重是完成动作至关重要的一个环节,尤其对于跳台运动员,体重轻,空中翻腾转体、入水效果相对更好。青春期由于体内激素变化,女运动员的体重容易猛然增加,如何帮助青春期女运动员度过"危险期"已成为跳水运动面临的一大难题。本研究以现役中国跳水队运动员司××为研究对象,以 2016 年跳水世锦赛和里约奥运会会前集训数据为主,进行监控和指导,为跳水运动营养控重提供理论依据。

(二)监控对象

以现役中国跳水队运动员司××为研究对象,年龄 19 岁,训练年限 14 年,跟踪记录干预三餐饮食。

(三)监控方法

为备战 2016 年跳水世锦赛和 2016 年里约奥运会,国家队分别前往上海、广州进行封闭训练,集训时间大约持续 40 天。本研究于集训第一周连续记录早 7 时体重,用生物电阻抗法收集身体成分指标,每两周进行抽血监控反映身体机能及疲劳情况,运用"运动员膳食营养分析与管理"软件对数据进行分析,针对发现的营养问题制订膳食计划配合训练,于集训最后一周再次测量这些指标,对比干预前后效果,提出建议。

(四)研究结果

两次集训跟队记录发现司××饮食营养方面可能存在的问题包括:① 营养知识缺乏系统性;② 饮食摄入单一,结构不合理;③ 糖类摄入不足,且碳水高血糖生成指数(GI)食物的摄入比例比低 GI 食物高得多;④ 粗粮蔬菜摄入少,膳食纤维缺乏;⑤ 食堂荤素搭配失衡;⑥ 跳水属于表现难美的技巧类项目,耐力训练较少,多为爆发力训练,难以减脂。根据存在的问题,我们给出建议:① 随队科研人员应适当增加营养控重的相关讲座或印发小册子普及营养知识,帮助队员及教练员从宏观上有正确的认识;② 引导队员用餐时尽量摄入多种食物类别,保证营养多元化,代替只吃一种食物的习惯;③ 建议食堂准备更充足的瓜果蔬菜,保证运动员营养及水分的摄入。

(五)研究结论

高糖、中蛋白、低脂饮食策略基本符合跳水运动的营养供应,但运动员营养膳食跟踪调查在实际操作中存在较大问题。营养膳食既要满足运动员正常训练、生活,还要顺应比赛要求,与此同时,也兼顾运动员年龄、心理、性格、饮食喜好。我国运动营养尚处在起步上升阶段,受到越来越多的重视,但生熟食营养耗损、烹饪方法、个体吸收差异等严重影响营养策略的统计规划，希望更多的研究聚焦于此，探讨实践出适应高水平竞技的运动营养管理，适应各竞技项目的膳食规划。

第五节　对运动营养监控的思考

营养对训练起着重要的保证作用，长期影响训练的效果和训练后的恢复，营养虽不能代替训练，但营养及其他辅助手段与训练相结合，必将有利于运动能力的提高。

竞技体育中的运动训练对运动员在体能、生理负荷等方面要求极高，运动员的机能经常处于生理应激状态和生理极限状态，运动员在运动时体内的代谢特点对营养有特殊的需要。现阶段，国内研究在对运动员营养监控方面还缺乏一套较为科学、全面的监控体系，监测的指标、方法手段等比较模糊，且相关研究主要集中在耐力性项目上，对于力量性和技术性项目的研究较少。因此，今后需要加强这方面的理论研究，针对不同运动项目的特点及运动员的增、减、控体重等问题，制订不同的营养和膳食干预方案。

目前，我国对于怎样建立适合项目特点、运动员个体特点和训练特点的营养膳食结构，怎样对营养膳食进行科学监控，怎样在备战前的冬训、春训、夏训体能训练中和赛前调整营养，研究几乎还是一个空白，需要进行长期系统研究，总结出各项运动员营养膳食体系和完整的营养品填充系统的相关监控手段与方法，以期达到增强体质、提高运动成绩的目的。

讨论与思考

1. 我国运动营养监控的研究进展及未来发展的趋势如何？
2. 如何有效解决青少年运动员营养失衡问题？
3. 食品营养健康理念对运动员训练效果产生哪些影响？

推荐阅读

1. 高子昱，王启荣. 运动员营养素养及其教育研究进展[J]. 中国运动医学杂志，2020，39（1）：59-64.

2. 李莹，李进华. 运动、营养和免疫功能——宏量营养素和氨基酸[J]. 沈阳体育学院学报，2013，32（4）：82-86.

3. 陈吉棣，杨则宜，李可基，等. 推荐的中国运动员膳食营养素和食物适宜摄入量[J]. 中国运动医学杂志，2001（4）：340-347.

4. 周文婷. 运动营养组学：探索优秀运动员个性化营养方案的必由之路[J]. 中国体育科技，2022，58（7）：27-34.

5. 刘玉倩，杨雯茜，殷娟娟. 运动营养研究的新进展［J］. 北京体育大学学报，2015，38（8）：58-64，79.

6. 车开萱，李秦陇，杨俊超，等. 优化运动表现的营养策略——周期化营养［J］. 中国运动医学杂志，2023，42（9）：739-748.

7. 康琰琰，张援，陈颖，等. 优秀赛艇运动员膳食营养KAP调查分析［J］. 中国体育科技，2015，51（2）：89-93.

8. 何立群，徐琪. 运动营养补剂的研究趋势［J］. 北京体育大学学报，2011，34（3）：79-82.

参考文献

一、中文文献

[1]《运动解剖学、运动医学大辞典》编辑委员会.运动解剖学、运动医学大辞典[M].北京：人民体育出版社，2000.

[2] 鲍娟.FMS功能性动作筛查与马拉松爱好者运动损伤的相关性研究[J].体育科技文献通报，2022，30（11）：66-67，130.

[3] 毕晓婷，张力为.第十二届全运会女足冠军队伍的赛前心理疲劳监控及调节[C]//北京：第十七届全国心理学学术会议，2014：456-458.

[4] 毕学翠，郑晓鸿.温哥华冬奥会和索契冬奥会运动员运动损伤调查分析[C]//西安：第四届全民健身科学大会，2018：2.

[5] 卜丹冉，钟伯光，张春青，等.正念训练对中国精英羽毛球运动员心理健康的影响：一项随机对照实验研究[J].中国运动医学杂志，2020，39（12）：944-952.

[6] 曹颖.训练冲量在乒乓球运动员负荷监控中的应用研究[D].北京：北京体育大学，2019.

[7] 曾贵刚，袁晓舟，彭海东，等.排球运动员机体功能及伤病网络评估系统的构建与应用[J].中国运动医学杂志，2012，31（6）：535-538.

[8] 陈奥娜.两侧性运动技能迁移教法对标枪教学效果的实证研究[D].北京：北京体育大学，2019.

[9] 陈超，米靖，李雨.我国优秀青年女子速滑短距离500m运动员力量素质发展的评价模型与标准[J].成都体育学院学报，2013，39（11）：71-77.

[10] 陈昊强，马勇，刘林.冲浪项目的比赛成绩影响因素分析[C]//中国体育科学学会.第十二届全国体育科学大会论文摘要汇编——专题报告（运动训练分会），2022：242-243.

[11] 陈吉棣，杨则宜，李可基，等.推荐的中国运动员膳食营养素和食物适宜摄入量[J].中国运动医学杂志，2001（4）：340-347.

[12] 陈健，姚颂平.虚拟现实技术在体育运动技术仿真中的应用[J].体育科学，2006（9）：34-39.

[13] 陈蓉. 体育战术学 [M]. 北京：人民体育出版社，1999.

[14] 陈伟源，张卫刚，卢塞军. 贵州省射击运动员心理健康现状及相关影响因素 [J]. 贵阳医学院学报，2014，39（6）：831-833.

[15] 陈贞祥，仰红慧. Data Volley 软件在排球技、战术统计分析中的应用研究 [J]. 中国体育科技，2014，50（3）：19-24.

[16] 陈中伟. 运动医学 [M]. 上海：上海科技教育出版社，1996.

[17] 程泓人，江志全，苑廷刚，等. 世界级优秀男子跳高运动员关键运动技术研究 [J]. 中国体育科技，2019，55（9）：52-59.

[18] 程泓人，钟亚平. 科技训练仪器助力国家跨栏队训练的实践研究 [C]// 中国体育科学学会. 第十二届全国体育科学大会论文摘要汇编——专题报告（运动训练分会），2022：4-5.

[19] 程勇民，金花，周卫星，等. 羽毛球运动员战术意识测评及其多媒体训练系统的研制 [J]. 广州体育学院学报，2009，29（2）：57-61.

[20] 崔运坤，贾燕，马琳，等. 动作模式释义：定义、机制、分类、训练 [J]. 沈阳体育学院学报，2017，36（2）：98-106.

[21] 丁冬云. 辽宁省优秀运动员心理健康状况调查与分析 [J]. 教育教学论坛，2013（42）：112-113.

[22] 丁雪琴，郭松，陈勇嘉，等. 青少年运动员的心理发展及心理调节 [J]. 中国体育科技，2003，39（2）：3.

[23] 丁雪琴. 几种心理训练方法的应用效果及其综合评价手段的研究 [J]. 体育科学，1998（2）：89-93.

[24] 丁雪琴. 优秀运动员竞技心理能力和状态的诊断 [Z]. 优秀运动员竞技能力状态诊断与监测方法培训班讲义（国家体育总局科教司），2003.

[25] 樊云彩，王晓琨. 花样游泳运动员间歇性无氧耐力专项体能训练负荷的监控研究 [C]// 天津：2017年全国竞技体育科学论文报告会，2017：2.

[26] 冯连世. 运动训练的生理生化监控 [C]// 中国体育科学学会. 首届中国体育博士高层论坛论文集，2006：226-232.

[27] 符谦，周成林，周游. 短道速滑运动员心理控制指标构建与评定 [J]. 西安体育学院学报，2007，24（2）：5.

[28] 高平，段兴亮，周梅，等. 我国优秀皮划艇激流回旋运动员体能诊断与训练对策研究 [J]. 武汉体育学院学报，2021，55（1）：95-100.

[29] 高平，胡亦海，吴瑛，等. 皮划艇激流回旋全程训练负荷强度实证研究 [J]. 中国体育科技，2018，54（2）：87-90.

[30] 高希庚. 大学生心理健康的理论与实践 [M]. 天津：天津大学出版社，1999.

[31] 龚明波，钟平. 尺度空间层次聚类在足球球队技、战术能力分类中的应用研究 [J]. 体育科学，

2005（1）：87-90.

[32] 关朝阳，王倩倩. 东京奥运周期中外女子平衡木动作编排对比研究［C］// 中国体育科学学会. 第十二届全国体育科学大会论文摘要汇编——专题报告（运动训练分会），2022：88-90.

[33] 郭丞，尹军，尹思艺. 身体功能训练在肩关节运动功能恢复中的应用研究——以优秀男子举重运动员 SLAP 损伤个案为例［J］. 首都体育学院学报，2022，34（4）：457-464.

[34] 郭丞. 反曲弓运动员拉弓侧肩部运动功能障碍特征及纠正性训练应用研究［D］. 北京：首都体育学院，2022.

[35] 郭浩杰. 录像分析在中国男子职业篮球队中的应用研究［D］. 北京：首都体育学院，2020.

[36] 郭洪海，耿丽，李欣，等. 速滑运动员合理营养与科学训练及监控体脂的研究［J］. 冰雪运动，2011，33（3）：48-54.

[37] 郭继鸿. 运动员心脏综合征与运动员猝死［J］. 实用心电学杂志，2019，28（1）：10.

[38] 韩天雨，楼霞，陈慧佳，等. 2020 东京奥运会备战周期国家游泳队夺金重点运动员生理生化机能与运动营养监控的科技助力体系［C］// 日照：第十二届全国体育科学大会，2022：482-483.

[39] 侯晋鲁. 陕西省 U-17 青年男足备战第 7 届城运会体能训练监控研究［D］. 西安：西安体育学院，2012.

[40] 胡福江，刘旭光，张双玲. 山东省优秀男子古典式摔跤运动员的心理监控与心理训练［J］. 山东体育科技，2015，37（4）：77-82.

[41] 胡亦江. 江苏花样游泳队备战第 13 届全运会缺血力量训练实证研究［J］. 南京体育学院学报，2021，20（5）：45-50.

[42] 黄河清，李得加. 湖北省高水平运动员心理健康现状及相关影响因素分析［J］. 现代商贸工业，2019，40（16）：84-85.

[43] 黄羽. 高校网球运动员心理训练探讨［J］. 长江大学学报（自然科学版）理工卷，2010，7（3）：366-367.

[44] 黄元琦，归予恒，李玉榕，等. 基于不平衡数据挖掘策略的非接触性损伤预测模型构建——以青少年女子篮球运动员为例［C］// 日照：第十二届全国体育科学大会，2022：3.

[45] 蒋燕. 运用 Q 型聚类法对第 16 届男篮世锦赛各队技战术能力的综合评价［J］. 体育研究与教育，2011，26（4）：110-113.

[46] 靳强. 跳远运动员技术训练的运动学监控研究［D］. 北京：北京体育大学，2015.

[47] 赖金鑫. 运动医学讲座（第二辑）［M］. 台北：台北健康世界杂志社，1990.

[48] 李琛. 浅析柔韧素质训练对青少年足球运动员的影响［J］. 田径，2021（4）：30-32.

[49] 李端英，李捷，杨群，等. 大数据时代高水平运动员体能训练数字化监控研究［J］. 广州体育学院学报，2021，41（5）：104-108.

[50] 李斐，丁海勇. 复合力量训练对长跑运动员骨骼肌肉机能、跑步经济性和 5 千米跑步成绩的影响研

究［C］//第十一届全国体育科学大会论文摘要汇编，2019：8015-8017.

［51］李斐，丁海勇.力量训练提升马拉松跑者耐力运动表现的研究进展及训练策略［J］.体育科研，2019，40（5）：16-28.

［52］李晖，张忠秋.我国运动员心理健康状态量表编制［J］.山东体育学院学报，2016，32（5）：91-99.

［53］李可可，黄元讯，李再跃.运动员心理健康及其影响因素的研究［J］.湖北大学学报（自然科学版），1995（3）：339-344.

［54］李楠，魏铭，满建刚.1999—2019年国外运动训练监控研究进展与热点透视——基于知识图谱的可视化分析［J］.体育研究与教育，2020，35（5）：66-72.

［55］李庆，姜自立.优秀短跑运动员张培萌赛前训练负荷研究［J］.体育科学，2017，37（12）：69-77.

［56］李伟，丁杰，宋洪强，等.常用简易运动功能评价方法及其在运动损伤防控中的应用［J］.中国运动医学杂志，2022，41（2）：150-159.

［57］李文涛，魏夫超，汤印超.山东省优秀游泳运动员专项柔韧素质测量与分析［J］.山东体育学院学报，2013，29（4）：75-79.

［58］李一澜，高平，石雷，等.优秀轮椅冰壶运动员体能与技战术特征研究［C］//中国体育科学学会.第十二届全国体育科学大会论文摘要汇编——专题报告（运动训练分会），2022：155-157.

［59］李岳峰.现代标枪技术与教学训练［M］.长沙：中南大学出版社，2002.

［60］廖建平，陈文昭，程兴，等.微信平台的应用对肩袖损伤术后患者康复依从性及功能恢复的影响［J］.广东医学，2019，40（19）：2795-2798.

［61］廖贻农，黄鸣，马柏涛，等.跳伞运动员心理健康状况调查分析［J］.中国康复，2006（3）：176-177.

［62］林静.美国体质研究发展的若干问题讨论［J］.天津体育学院学报，1997，12（3）：21-24.

［63］林丽雅，季欣怡，张莉，等.优秀男子曲棍球运动员全运会赛前高水平教学比赛的运动负荷监控［J］.中国运动医学杂志，2023，42（2）：109-117.

［64］林丽雅，张莉，李农战，等.优秀短距离游泳运动员史润强专项训练监控的研究［J］.中国体育科技，2015，51（2）：71-77.

［65］刘宝民.Dartfish软件在羽毛球单打教学技术诊断中的应用研究［D］.北京：北京体育大学，2019.

［66］刘恒源，刘志云，哈建伟，等.橄榄球运动损伤特征、影响因素及监控策略研究［J］.武汉体育学院学报，2020，54（5）：75-81.

［67］刘建强，胡源鑫，杨学军.上海市部分优秀运动员心理健康现状及相关因素的比较研究［J］.中国体育科技，2007（3）：54-58.

［68］刘锦伟.基于数据挖掘技术的体育训练模式探究［J］.微型电脑应用，2020，36（6）：151-153，160.

［69］刘书强.高水平跳水运动员备战重大比赛心理监控与调节研究［D］.武汉：武汉体育学院，2013.

［70］刘卫国，华仙峰，王雯立，等.基于视频资料的网球球速测量方法研究［C］//中国体育科学学

会.第十二届全国体育科学大会论文摘要汇编——专题报告（运动训练分会），2022：244-245.

[71] 刘也,冷波,刘浩崇,等.8周冲刺间歇训练对优秀男子大学生羽毛球运动员无氧运动能力的影响[J].中国运动医学杂志,2018,37（9）：732-737.

[72] 卢从飞,陈亮.竞技冰壶运动研究评述及启示[J].中国体育科技,2022,58（2）：3-9.

[73] 路亮.石家庄市青年划艇运动员力量与有氧耐力训练效果监控研究[D].石家庄：河北师范大学,2014.

[74] 吕吉勇,李海霞.我国优秀单板滑雪U型场地技巧运动员心理健康状况的调查研究[J].哈尔滨体育学院学报,2017,35（2）：25-29.

[75] 吕季东.专项力量测量的理论与方法[M].北京：北京体育大学出版社,2007.

[76] 马国强,Parsons B R,李之俊,等.训练课RPE在短距离自行车训练负荷监控中的应用[J].体育科研,2014,35（5）：18-23.

[77] 马辉利.广东省优秀棒球运动员冬训期科研监控的应用研究[D].广州：广州体育学院,2017.

[78] 马为,杨明.运动员心理健康水平及其影响因素的研究[J].体育科学,1998（2）：88.

[79] 马祖长,曹景伟,刘爱杰,等.单人皮划艇500m竞速结构与竞赛策略研究[J].体育科学,2007（5）：47-51.

[80] 苗俊.古典式摔跤运动员赛前降体重期间免疫能力变化的研究[D].太原：中北大学,2011.

[81] 牛伟,陈华.高校高水平运动员心理健康状况调查[J].体育学刊,2009,16（9）：83-85.

[82] 潘立錄.竞技健美操A160难度动作的生物力学分析——基于Dartfish运动分析软件[C]//第二十二届全国运动生物力学学术交流大会论文摘要集,2022：294-296.

[83] 庞雪林,张正则.CUBS男运动员专项心理能力指标的构建及比较研究[J].沈阳体育学院学报,2011,30（6）：3.

[84] 彭秋艳,苏炳添,章碧玉,等.优秀短跑运动员苏炳添阻力跑和助力跑训练研究[J].体育科学,2021,41（12）：62-68.

[85] 彭志强,敬龙军.我国柔韧素质训练研究发展趋势及可视化分析[J].体育科技文献通报,2020,28（7）：157-160.

[86] 浦均宗.优秀运动员机能评定手册[M].北京：人民体育出版社,1989.

[87] 曲峰,张美珍,尹彦,等.测力台测试方法及分析指标的筛选[C]//太原：第12届全国运动生物力学学术交流大会,2008：2.

[88] 曲绵城.实用运动医学[M].北京：北京科学技术出版社,1995.

[89] 任满迎,刘颖,刘桂成,等.核心运动链肌力诊断新方法研究——以国家体操队运动员测试分析为例[J].北京体育大学学报,2011,34（9）：4.

[90] 邵子龙,王诚民.短道速滑运动员体能训练研究[J].内江科技,2021,42（5）：91-93.

[91] 史旭,左华,王毓幸,等.踝外侧副韧带损伤对踝关节稳定性及软骨接触应变影响的有限元分析

［J］.中国组织工程研究，2023，27（31）：4926-4931.

［92］宋东梅.功能性训练在排球专项课中的应用研究［J］.冰雪体育创新研究，2022，52（4）：77-79.

［93］孙波，盛绍增.青少年运动员心理健康现状的调查与分析［J］.中国体育科技，2003（8）：60-62.

［94］孙建军，代子辉，杨鹏.运动疗法联合康复干预在膝关节损伤者中的应用效果及对QOL评分的影响［J］.中国医学创新，2022，19（31）：167-171.

［95］孙若渔，郭成江，刘贵宝.爱捷录像分析系统在速滑运动中的初步应用［J］.冰雪运动，1998（2）：52-55.

［96］孙树滨，郑宏伟.黑龙江省普通高校高水平运动员心理健康现状研究［J］.哈尔滨体育学院学报，2011，29（3）：104-106.

［97］孙中芹，孙晋海.国家皮划艇（静水）队训练信息集成分析平台的构建及应用［J］.天津体育学院学报，2013，28（6）：530-534.

［98］谭亦斌，季健民，李吉如.广东省部分水上项目青少年运动员心理健康、社会支持的现状及其相关关系［J］.军事体育进修学院学报，2011，30（1）：121-124.

［99］檀志宗，楼俊华.游泳运动员常见疾病与常见运动损伤的防治［J］.中国体育教练员，2017，25（4）：3.

［100］唐凤成.运动损伤康复监控系统的构建研究［J］.电子测试，2015，326（14）：129-131.

［101］滕海坤，朱明，严力.科技助力冬奥：我国智能化冰场的建立与发展［J］.冰雪运动，2022，44（2）：1-6.

［102］田麦久.体能主导类耐力性项群训练原理［J］.山东体育学院学报，1998（3）：4-18.

［103］田文.三种柔韧拉伸方法对改善标枪运动员肩关节、髋关节柔韧性的比较［D］.北京：北京体育大学，2010.

［104］田野，王清，冯连世，等.优秀运动员运动训练科学监控与竞技状态调整［J］.体育科学，2008（9）：3-11.

［105］童文娟，周建中.运动员潜在心血管疾病筛查面临的挑战［J］.心血管病学进展，2016，37（5）：546-549.

［106］庹焱.心率变异性研究进展［J］.国外医学（生理、病理科学与临床分册），2001（4）：305-308.

［107］万炳军，郭义军.我国高水平女子链球运动员专项能力控制研究［J］.北京体育大学学报，2011，34（3）：4.

［108］王安利.运动医学［M］.北京：人民体育出版社，2004.

［109］王安利.运动医学双语教程［M］.北京：北京体育大学出版社，2003.

［110］王飞.备战第12届全运会期间北京跆拳道队训练负荷监控结果的分析与研究［D］.北京：首都体育学院，2014.

［111］王金之，张震，徐盛嘉，等.运动监控在过度训练综合征中的研究现状［J］.体育科技文献通报，

2017，25（6）：62-64．

［112］王晶，于洋．对中国男乒主要新生代对手的技战术特征及对比分析［C］// 中国体育科学学会．第十二届全国体育科学大会论文摘要汇编——专题报告（体育信息分会），2022：14-15．

［113］王晶．2019年世界乒乓球锦标赛决赛马龙的技战术分析［J］．青少年体育，2021，94（2）：74-75．

［114］王敬群．心理卫生学［M］．天津：南开大学出版社，2005．

［115］王静，黄勇，王国谱．高水平武术运动员心理健康现状及影响因素［J］．体育科研，2009，30（3）：79-82．

［116］王钧．基于主观感觉疲劳量表和心率变异性相结合的运动性疲劳监测［D］．武汉：武汉体育学院，2015．

［117］王骏昇，钟秉枢．女子排球运动员弹跳力功能诊断模型构建及实验研究［J］．北京体育大学学报，2018，41（5）：105-111．

［118］王奎，刘建红，周志宏，等．运用iEMG评价举重运动员力量素质的研究［J］．解放军体育学院学报，2005（1）：92-94．

［119］王林，孙自金．解析国家竞走队外教达米拉诺训练模式和专项训练负荷结构［J］．北京体育大学学报，2012，35（10）：105-109．

［120］王琦，吴双．基于生理学效应与负荷量化视角的运动训练监控中训练应激研究［J］．当代体育科技，2022，12（23）：19-24．

［121］王清，忻鼎亮，严波涛，等．运动生物力学在竞技体育中的应用［C］// 第七届全国体育科学大会，2004：2．

［122］王清．我国优秀运动员竞技能力状态诊断和监测系统的研究与建立［M］．北京：人民体育出版社，2004．

［123］王彦君．关于人体的柔韧性练习的思考［J］．现代职业教育，2020（3）：126-127．

［124］王耀东，杨卓，刘树明，等．中国自由式滑雪U型场地运动员体能训练年度计划制定的诊断及评价研究［J］．北京体育大学学报，2019（3）：12．

［125］王迎冬，万红棉．丘墟透照海运动针法联合肩五针治疗肩袖损伤的疗效观察［J］．中国中医急症，2022，31（11）：1970-1972．

［126］王泽军，游松辉．大数据背景下基于位置数据的足球战术分析方法及发展趋势［J］．上海体育学院学报，2021，45（9）：60-69，98．

［127］王泽众，於穆容，王然．惯性传感器与线性位移传感器在高拉动作速度测试中的共时效度研究［C］// 中国体育科学学会，第十一届全国体育科学大会论文摘要汇编，上海体育学院，2019：3．

［128］王智慧．深蹲中基于速度的力量训练对大学生篮球运动员下肢爆发力等运动能力的影响［D］．武汉：武汉体育学院，2020．

［129］魏智丰，陆卫平，杜承润，等．影响男子沙排运动员比赛成绩的运动素质分析——基于有序多分类

Logistic 回归模型［J］.南京体育学院学报，2022，21（7）：55-60.

［130］魏智丰，王子朴，杜承润，等.平衡能力训练在下肢运动损伤预防及康复中的应用研究［J］.中国体育科技，2022，58（10）：9-13.

［131］吴娟，张晓婕，程张静.早期运动对肩袖损伤关节镜下修复术患者肩关节功能恢复的影响［J］.河北医药，2022，44（20）：3124-3127.

［132］吴晓华.东北三省休闲滑雪损伤流行病学调查与风险管理［D］.上海：上海体育学院，2021.

［133］吴伊静.青少年运动员心理健康双因素模型的建构与解析——基于质性分析与量化检验的视角［J］.河北体育学院学报，2020，34（5）：78-85.

［134］吴永慧，宋晖.河北省大学生运动员心理健康状况分析［J］.中国学校卫生，2006，27（7）：626-627.

［135］武露凌，季师敏，田春美，等.优秀运动员机能评定中肌酸激酶、血尿素等指标的个体化研究［J］.体育与科学，2008，171（2）：75-77.

［136］夏娇阳.对短道速度滑冰运动员心理健康现状的研究［J］.冰雪运动，2004（3）：60-61.

［137］夏永桉，马静，肖海燕，等.现实情境网球运动员接发球的视觉追踪行为研究［C］//中国体育科学学会.第十二届全国体育科学大会论文摘要汇编——专题报告（运动心理学分会），2022：208-209.

［138］肖光来，钟秉枢，黄玉斌，等.利用肌肉功能电刺激对中国体操队运动员进行专项力量训练的研究［J］.北京体育大学学报，1998（1）：25-29.

［139］肖毅，刘宇.基于位移传感器的超等长重量训练系统研究［J］.体育科学，2009（4）：5.

［140］谢施海，曾贵刚，张申，等.低频电刺激对男排运动员腓肠肌横向弹性与血清肌酸激酶的影响［J］.中国运动医学杂志，2012，31（10）：904-906.

［141］谢玉雪，陶虹月，胡忆文，等.UTE-T_2^*定量评估肩袖术后早期愈合情况的可靠性［J］.放射学实践，2020，35（2）：217-222.

［142］徐建方，张晓欢，冯连世，等.训练监控方法与手段在花样游泳项目中的应用［J］.中国体育科技，2012（5）：10.

［143］徐君伟，于洋，黄慧阳，等.新球时代女子乒乓球技战术诊断指标体系的实证性比较研究［J］.山东体育学院学报，2021，37（6）：77-85.

［144］徐磊.心理训练对提高高校足球运动员心理健康的实证研究［J］.林区教学，2013（9）：112-114.

［145］徐细根.我国优秀男子背越式跳高运动员力量训练水平的检查与评定［J］.体育科学，1992（5）：6.

［146］徐先荣，崔丽，王建昌，等.军事飞行人员膝关节运动损伤医学鉴定操作指南（2022）［J］.解放军医学院学报，2022，43（12）：1213-1217.

［147］许猛，魏宏文，李春雷，等.反应力量指数修正对足球运动员爆发力水平的测量运用［J］.体育科技文献通报，2022，30（12）：182-186.

[148] 许瑞星.色彩疗法对网球运动员心理健康的影响［J］.体育研究与教育，2015，30（S1）：116-118.

[149] 闫家祥，梁志强，但林飞，等.我国男子赛艇双人双桨奥运会奖牌获得者拉桨动作的生物力学分析［J］.中国体育科技，2023，59（4）：11-18.

[150] 闫家祥，余蕾，但林飞，等.不同阻力来源皮划艇测功仪表现同水上表现关联性应用分析［C］//中国体育科学学会.第十二届全国体育科学大会论文摘要汇编——专题报告（运动训练分会），2022：328-329.

[151] 闫琪，廖婷，张雨佳.数字化体能训练的理念、进展与实践［J］.体育科学，2018，38（11）：3-16.

[152] 燕莉梅.高水平运动员情绪障碍的质性研究［D］.武汉：武汉体育学院，2020.

[153] 杨舒，张忠秋.基于积极心理学的运动员心理卫生研究综述与展望［J］.成都体育学院学报，2014，40（3）：69-74.

[154] 姚立.浅析柔韧性素质在体育运动中的重要性［J］.科技资讯，2009（31）：221-222.

[155] 叶闽盛，成盼攀.第十五届世界健美操锦标赛女单C组难度动作发展趋势分析［C］//中国体育科学学会.第十二届全国体育科学大会论文摘要汇编——专题报告（运动训练分会），2022：116-117.

[156] 应华，唐文兵.优秀武术运动员心理健康现状及相关因素比较研究［J］.浙江体育科学，2010，32（3）：93-96.

[157] 袁诗怡，芦丽娜.韩国羽毛球女子单打选手安洗莹竞技表现阶段特征分析［C］//中国体育科学学会.第十二届全国体育科学大会论文摘要汇编——专题报告（体育信息分会），2022：20-21.

[158] 袁作生，南仲喜.现代田径运动科学训练法［M］.北京：人民体育出版社，1997.

[159] 苑廷刚，陈骐，王国杰，等.科技助力国家田径队智能化训练场馆建设需求和功能设计研究［J］.北京体育大学学报，2020，43（7）：105-115.

[160] 苑廷刚，王国杰，郑富强，等.我国优秀女子铅球运动员竞技能力状态的综合监测和研究［J］.北京体育大学学报，2017（9）：96-104.

[161] 苑廷刚，李爱东，郑富强，等.2014年北京国际田联挑战赛男子跳远运动员李金哲关键运动技术研究［J］.中国体育科技，2014，50（6）：29-35.

[162] 张大超.我国优秀游泳运动员训练过程监控系统研究［J］.中国体育科技，2008（1）：58-74.

[163] 张广泽，沈燕飞，崔一雄.足球比赛时空特征指标构建与团队行为分析研究［C］//中国体育科学学会.第十二届全国体育科学大会论文摘要汇编——专题报告（体育工程分会），2022：52-54.

[164] 张莉清，刘大庆，李建，等.花样游泳项目专项特点的研究［J］.北京体育大学学报，2013，36（9）：118-124.

[165] 张树蓉，陈家瑞，何清波，等.第14届世界游泳锦标赛运动员损伤与疾病调查［J］.中国运动医学，2012，31（3）：221-225.

[166] 张晓莹.我国竞技健美操青少年测试赛专项体能测试指标与评价的研究[J].北京体育大学学报，2010（12）：4.

[167] 张兴林.Data volley软件在排球比赛临场信息采集与处理领域的应用分析[J].韩山师范学院学报，2009，30（6）：79-82.

[168] 张亚峰.国家女子篮球运动员奥运会备战期运动损伤与运动负荷及运动疲劳消除的相关性研究[D].武汉：武汉体育学院，2022.

[169] 张震.基于无线传感网络的运动损伤康复监控系统[J].现代电子技术，2018，41（21）：101-105.

[170] 张忠秋，韩旭，刘书强，等.中国跳水队备战伦敦奥运会的心理科技服务[J].中国运动医学杂志，2013，32（2）：164-167.

[171] 张忠秋.高水平运动员需要注意预防的心理卫生问题[J].中国体育教练员，2010，18（2）：15-19.

[172] 张忠秋.训练和比赛中运动员若干心理问题的致因及调控方法[J].中国体育教练员，2009（3）：3.

[173] 张忠秋.中国跳水队备战伦敦奥运会的心理科技服务[J].中国运动医学杂志，2013，32（2）：164-167.

[174] 赵焕彬.运动技术可视化实时生物力学诊断系统的研制[D].石家庄：河北师范大学，2007.

[175] 赵文艳，王宏坤，李丽，等.冰雪不同专项大学生运动员身体形态、机能、素质状况研究[J].冰雪运动，2020，42（5）：36-41.

[176] 赵喜迎，唐建军.我国优秀乒乓球男子单打战术水平等级评价模型研究[J].山东体育学院学报，2018，34（2）：96-101.

[177] 郑必达，王竹云，李为，等.中日女排赛得失分分析及中国女排相应对策之研究[J].中国体育科技，1989（10）：1-10，32，46.

[178] 郑湘平，肖紫仪，聂应军.中国10～11岁优秀女子体操运动员力量素质训练水平评价与诊断研究[J].成都体育学院学报，2020，46（1）：7.

[179] 郅季炘.隔网对抗项目运动员技术等级评定方法的研究——以网球运动为例[J].西安体育学院学报，2018，35（4）：499-505.

[180] 周继和.运动技术的生物力学诊断[C]//中国体育科学学会.第十一届全国体育科学大会论文摘要汇编，2019：226-228.

[181] 周林芝，马云，李璟，等.中国优秀运动员非创伤性疾病调查分析[J].中国运动医学杂志，2009（5）：3.

[182] 周全，孔祥生，王清玉.我国优秀竞走运动员心理健康状况的调查研究[J].中国体育科技，1998（7）：51-54.

[183] 周任洁，尤晶晶.竞技健美操混双项目成套动作艺术制胜因素的研究[C]//中国体育科学学会.第十二届全国体育科学大会论文摘要汇编——专题报告（运动训练分会），2022：240-242.

[184] 周毅刚，郭玉江.优秀运动员运动疲劳、社会支持与心理健康的相关关系[J].体育学刊，2007，

69（5）：63-67．

［185］周毅刚，房淑珍，刘杰，等．女运动员心理健康调查及对策研究［J］．武汉体育学院学报，2004（4）：134-137．

［186］周毅刚，郭玉江．优秀运动员社会支持、心理健康的现状及其相关关系［J］．广州体育学院学报，2007（3）：82-85，109．

［187］周正，张辉．乒乓球比赛智能分析系统的研发与应用［C］//中国体育科学学会．第十二届全国体育科学大会论文摘要汇编——专题报告（体育统计分会），2022：100-102．

［188］周志鹏．神经肌肉功能与前交叉韧带损伤生物力学危险因素的相关性研究［D］．北京：北京体育大学，2018．

［189］朱静华，丛林．柔韧素质训练——让训练效果锦上添花［J］．田径，2017（5）：61-62．

［190］朱明，刘贵宝．基于AMB系统的数字化冰场数据处理分析系统研究与应用［J］．冰雪运动，2015，37（1）：1-7．

［191］朱伟．我国优秀皮划艇（静水）运动员训练过程监控系统的研究［D］．北京：北京体育大学，2008．

［192］朱喜梅．持拍隔网对抗项群运动员竞技过程最佳心理状态纬度的研究［J］．安徽体育科技，2018，39（1）：4．

［193］朱小毛，洪菁霞，谢飙．高校高水平运动员心理健康模型建构［J］．四川体育科学，2016，35（6）：60-63．

［194］朱小毛，张文桥，胡玉华．近20年我国高水平大学生运动员心理健康研究现状述评［J］．体育科技文献通报，2016，24（8）：37-40．

［195］车开萱，李秦陇，杨俊超，等．优化运动表现的营养策略——周期化营养［J］．中国运动医学杂志，2023，42（9）：739-748．

［196］杜芸芸，王晓芬，郭建伟，等．射击选手竞赛心理状态智能化监测系统的设计与实现［J］．天津体育学院学报，2013，28（6）：535-538．

［197］高子昱，王启荣．运动员营养素养及其教育研究进展［J］．中国运动医学杂志，2020，39（1）：59-64．

［198］何立群，徐琪．运动营养补剂的研究趋势［J］．北京体育大学学报，2011，34（3）：79-82．

［199］霍波，李彦锋，高腾，等．体育人工智能领域关键技术的研究现状和发展方向［J］．首都体育学院学报，2023，35（3）：233-256．

［200］康琰琰，张援，陈颖，等．优秀赛艇运动员膳食营养KAP调查分析［J］．中国体育科技，2015，51（2）：89-93．

［201］李莹，李进华．运动、营养和免疫功能——宏量营养素和氨基酸［J］．沈阳体育学院学报，2013，32（4）：82-86．

[202] 刘书强，张忠秋，邱俊，等.我国优秀帆船帆板运动员赛前心理状态监控及调控效果研究[J].山东体育学院学报，2021，37（6）：70-76.

[203] 刘玉倩，杨雯茜，殷娟娟.运动营养研究的新进展[J].北京体育大学学报，2015，38（8）：58-64，79.

[204] 陆颖之，王小春，周成林.认知神经科学视角下冬奥心理科技攻关服务新体系的构建与应用[J].上海体育学院学报，2023，47（11）：57-67，78.

[205] 马涛.血清肌酸激酶在运动医学和临床医学中的应用[J].中国老年学杂志，2018，38（13）：3324-3327.

[206] 苏宴锋，赵生辉，李文浩，等.人工智能提升运动表现的前沿进展、困境反思与优化策略[J].上海体育学院学报，2023，47（2）：104-118.

[207] 杨阿丽.雪上技巧项目运动员心理训练监控体系的建立——以自由式滑雪空中技巧和单板U型场地为例[J].沈阳体育学院学报，2011，30（1）：52-54，61.

[208] 尹利军，王晓慧.监控运动员机能状态和过度训练的生物标志物进展[J].生命科学，2020，32（10）：1124-1134.

[209] 张宇，马铁，衣雪洁，等.自由式滑雪空中技巧国家队队员冬训期心理状态的监控与分析[J].沈阳体育学院学报，2012，31（4）：86-89.

[210] 张忠秋，赵国明，刘运洲，等.中国跳水队备战北京奥运会的心理训练与监控[J].体育科学，2009，29（11）：8-14，22.

[211] 周文婷.运动营养组学：探索优秀运动员个性化营养方案的必由之路[J].中国体育科技，2022，58（7）：27-34.

[212] 朱月秋.加强儿少技巧配合项目运动员的柔韧素质训练[J].浙江体育科学，1988（S1）：42-45.

[213] 卓金源，王卫星，陈小虎，等.无创肌肉状态诊断技术（TMG）在中国男篮体能训练中的应用[J].山东体育学院学报，2020，36（2）：79-88.

二、英文文献

[1] Appleby B B, Banyard H, Cormack S J, et al.Validity and reliability of methods to determine barbell displacement in heavy back squats：Implications for velocity-based training[J].The Journal of Strength & Conditioning Research，2020，34（11）：3118-3123.

[2] Armstrong S, Oomen-Early J.Social connectedness, self-esteem, and depression symptomatology among collegiate athletes versus nonathletes[J].Journal of American College Health，2009，57（5）：521-526.

[3] Bagger M, Petersen P H, Pedersen P K.Biological variation in variables associated with exercise training[J].Int J Sports Med，2003，24（6）：433-440.

[4] Banyard H G, Nosaka K, Sato K, et al.Validity of various methods for determining velocity, force and

power in the back squat [J]. International Journal of Sports Physiology & Performance, 2017, 12 (9): 1170-1176.

[5] Best M J, Tanaka M J.Multidirectional instability of the shoulder: treatment options and considerations [J]. Sports Med Arthrosc Rev, 2018, 26 (3): 113-119.

[6] Beynnon B D, Pope M H, Wertheimer C M, et al.The effect of functional knee-braces on strain on the anterior cruciate ligament in vivo [J]. J Bone Joint Surg Am, 1992, 74 (9): 1298-1312.

[7] Biggin I, Burns J H, Uphill M.An investigation of elite athletes' and coaches' perceptions of mental ill-health in elite athletes [J]. Journal of Clinical Sport Psychology, 2017, 11 (2): 126-147.

[8] Bloemker K H, Guess T M, Maletsky L, et al.Computational knee ligament modeling using experimentally determined zero-load lengths [J]. Open Biomed Eng J, 2012, 6: 33-41.

[9] Borg G A.Perceived exertion: a note on "history" and methods [J].Med Sci Sports, 1973, 5 (2): 90-93.

[10] Borresen J, Lambert M I.Changes in heart rate recovery in response to acute changes in training load [J]. Eur J Appl Physiol, 2007, 101 (4): 503-511.

[11] Cardinale M, Newton R, Nosaka K. Strength and conditioning: biological principles and practical Applications [M]. Hoboken: Wiley, 2011.

[12] Carling C, Bloomfield J, Nelsen L, et al.The role of motion analysis in elite soccer: contemporary performance measurement techniques and work rate data [J]. Sports Med, 2008, 38 (10): 839-862.

[13] Chillon P, Ortega F B, Ferrando J A, et al.Physical fitness in rural and urban children and adolescents from Spain [J].Journal of Science and Medicine in Sport, 2011, 14 (5): 417-423.

[14] Delp S L, Anderson F C, Arnold A S, et al.OpenSim: open-source software to create and analyze dynamic simulations of movement [J].IEEE Trans Biomed Eng, 2007, 54 (11): 1940-1950.

[15] Desai N, Vance D D, Rosenwasser M P, et al.Artistic gymnastics injuries;epidemiology, evaluation, and treatment [J].JAAOS-Journal of the American Academy of Orthopaedic Surgeons, 2019, 27 (13): 459-467.

[16] Dlima D D, Townsend C P, Arms S W, et al.An implantable telemetry device to measure intra-articular tibial forces [J].J Biomech, 2005, 38 (2): 299-304.

[17] Edward T, Howley, Dixie L.Thompson.Fitness professionals handbook 6th edition [M].University of Tennessee at Knox-ville, 2012: 208-211.

[18] Farris D J, Buckeridge E, Trewartha G, et al.The effects of orthotic heel lifts on Achilles tendon force and strain during running [J]. Appl Biomech, 2012, 28 (5): 511-519.

[19] Fernandez-Gonzalo R, Lundberg T R, Alvarez-Alvarez L, et al.Muscle damage responses and adaptations to eccentric-overload resistance exercise in men and women [J]. European Journal of Applied Physiology, 2014, 114: 1075-1084.

[20] Franz J R, Slane L C, Rasske K, et al.Non-uniform in vivo deformations of the human Achilles tendon during walking [J].Gait Posture, 2015, 41 (1): 192-197.

[21] Gabbett T J, Jenkins D G.Relationship between training load and injury in professional rugby league players [J]. J Sci Med Sport, 2011, 14 (3): 204-209.

[22] Garet M, Boudet G, Montaurier C, et al.Estimating relative physical workload using heart rate monitoring: a validation by whole-body indirect calorimetry [J]. Eur J Appl Physiol, 2005, 94 (1-2): 46-53.

[23] Gearhart R F, Jr., Goss F L, Lagally K M, et al.Ratings of perceived exertion in active muscle during high-intensity and low-intensity resistance exercise [J]. J Strength Cond Res, 2002, 16 (1): 87-91.

[24] Gegenfurtner A, Lehtinen E, SäljöR.Expertise differences in the comprehension of visualizations: A meta-analysis of eye-tracking research in professional domains [J].Educational Psychology Review, 2011, 23: 523-552.

[25] González-Badillo J J, Sánchez-Medina L.Movement velocity as a measure of loading intensity in resistance training [J]. International Journal of Sports Medicine, 2010: 347-352.

[26] Gu X, Zhang Y, Sun W, et al.Dexmo: an inexpensive and lightweight mechanical exoskeleton for motion capture and force feedback in VR [C]//ACM SIGCHI, the 2016 CHI Conference, 2016: 1991-1995.

[27] Halson S L.Monitoring training load to understand fatigue in athletes [J].Sports Med, 2014, 44 (Suppl 2): S139-147.

[28] Higuchi T, Arai Y, Takamiya H, et al.An analysis of the medial patellofemoral ligament length change pattern using open-MRI [J].Knee Surg Sports Traumatol Arthrosc, 2010, 18 (11): 1470-1475.

[29] Hirata K, Kanehisa H, Miyamoto-Mikami E, et al.Evidence for intermuscle difference in slack angle in human triceps surae [J].J Biomech, 2015, 48 (6): 1210-1213.

[30] Hug F, Lacourpaille L, Maisetti O, et al.Slack length of gastrocnemius medialis and Achilles tendon occurs at different ankle angles [J].J Biomech, 2013, 46 (14): 2534-2538.

[31] Hulin B T, Gabbett T J, Blanch P, et al.Spikes in acute workload are associated with increased injury risk in elite cricket fast bowlers [J].Br J Sports Med, 2014, 48 (8): 708-712.

[32] Hulin B T, Gabbett T J, Lawson D W, et al.The acute: chronic workload ratio predicts injury: high chronic workload may decrease injury risk in elite rugby league players [J]. Br J Sports Med, 2016, 50 (4): 231-236.

[33] Hülsdünker T, Rentz C, Ruhnow D, et al.The effect of 4-week stroboscopic training on visual function and sport-specific visuomotor performance in top-level badminton players [J].International Journal of Sports Physiology and Performance, 2019, 14 (3): 343-350.

[34] Ito N, Sigurðsson H B, Seymore K D, et al.Markerless motion capture: What clinician-scientists need to know right now [J].JSAMS Plus, 2022: 1:10001.

[35] Jovanović M, Flanagan E P.Researched applications of velocity based strength training [J].J Aust Strength Cond, 2014, 22（2）: 58-69.

[36] Junge A, Engebretsen L, Alonso J M, et al.Injury surveillance in multi-sport events: the International Olympic Committee approach [J].British journal of sports medicine, 2008, 42（6）: 413-421.

[37] Kanko R M, Laende E K, Davis E M, et al.Concurrent assessment of gait kinematics using marker-based and markerless motion capture [J].J Biomech, 2021（127）: 110665.

[38] Kanko R M, Laende E, Selbie W S, et al.Inter-session repeatability of markerless motion capture gait kinematics [J].J Biomech, 2021（121）: 110422.

[39] Karkera A, Swaminathan N, Pais S M J, et al.Physical fitness and activity levels among urban school children and their rural counterparts [J].The Indian Journal of Pediatrics, 2014, 81: 356-361.

[40] Kathuria N, Kalra S.Comparison of two sit and reach tests for measurement of hamstring flexibility in female university physiotherapy students [J].Indian J.Physiother.Occup.Therapy Int.J, 2013, 7（3）: 216-220.

[41] Kaufman K R, Kovacevic N, Irby S E, et al.Instrumented implant for measuring tibiofemoral forces [J].J Biomech, 1996, 29（5）: 667-671.

[42] Keller V T, Outerleys J B, Kanko R M, et al.Clothing condition does not affect meaningful clinical interpretation in markerless motion capture [J].J Biomech, 2022（141）: 111182.

[43] Kim J W, Seo D, Swearingin B, et al.Association between obesity and various parameters of physical fitness in Korean students [J].Obesity Research&Clinical Practice, 2013, 7（1）: e67-e74.

[44] Kirialanis P, Malliou P, Beneka A, et al.Occurrence of acute lower limb injuries in artistic gymnasts in relation to event and exercise phase [J].British Journal of Sports Medicine, 2003, 37（2）: 137-139.

[45] Klimstra M, Dowling J, Durkin J L, et al.The effect of ultrasound probe orientation on muscle architecture measurement [J].J Electromyogr Kinesiol, 2007, 17（4）: 504-514.

[46] Kohrt W M, Morgan D W, Bates B, et al.Physiological responses of triathletes to maximal swimming, cycling, and running [J].Med Sci Sports Exerc, 1987, 19（1）: 51-55.

[47] Komi P V.Relevance of in vivo force measurements to human biomechanics [J].J Biomech, 1990, 23 Suppl 1: 23-34.

[48] Kongsgaard M, Nielsen C H, Hegnsvad S, et al.Mechanical properties of the human Achilles tendon, in vivo [J].Clin Biomech(Bristol, Avon), 2011, 26（7）: 772-777.

[49] Laursen P B, Rhodes E C, Langill R H, et al.Exercise-induced arterial hypoxemia is not different during cycling and running in triathletes [J].Scand J Med Sci Sports, 2005, 15（2）: 113-117.

[50] Ledet E H, Liddle B, Kradinova K, et al.Smart implants in orthopedic surgery, improving patient outcomes: a review [J].Innov Entrep Health, 2018, 5: 41-51.

[51] Li W, Cheng X, Cai X F.The design of a track monitoring system for sports injury rehabilitation training

[J].Journal of Healthcare Engineering, 2021（1）: 1868440.

[52] Lichtwark G A, Wilson A M.Interactions between the human gastrocnemius muscle and the Achilles tendon during incline, level and decline locomotion[J].J Exp Biol, 2006, 209（Pt 21）: 4379-4388.

[53] Lyman S, Fleisig G S, Andrews J R, et al.Effect of pitch type, pitch count, and pitching mechanics on risk of elbow and shoulder pain in youth baseball pitchers[J].Am J Sports Med, 2002, 30（4）: 463-468.

[54] Lyman S, Fleisig G S, Waterbor J W, et al.Longitudinal study of elbow and shoulder pain in youth baseball pitchers[J].Med Sci Sports Exerc, 2001, 33（11）: 1803-1810.

[55] Macdermid P W, Pearce T, Foskett A.The use of a running power-meter for performance analysis in five-a-side football[J].Gait Posture, 2021, 83: 35-43.

[56] Magnes S A, Henderson J M, Hunter S C.What conditions limit sports participation?Experience with 10,540 athletes[J].The Physician and Sportsmedicine, 1992, 20（5）: 143-160.

[57] Mann J B, Ivey P A, Sayers S P.Velocity-based training in football[J].Strength & Conditioning Journal, 2015, 37（6）: 52-57.

[58] Manzi V, Iellamo F, Impellizzeri F, et al.Relation between individualized training impulses and performance in distance runners[J].Med Sci Sports Exerc, 2009, 41（11）: 2090-2096.

[59] Martin J A, Brandon S C E, Keuler E M, et al.Gauging force by tapping tendons[J].Nat Commun, 2018, 9（1）: 1592.

[60] Mc Auliffe S, Mc Creesh K, Purtill H, et al.A systematic review of the reliability of diagnostic ultrasound imaging in measuring tendon size: Is the error clinically acceptable?[J].Phys Ther Sport, 2017（26）: 52-63.

[61] Meeuwisse W H, Love E J.Athletic injury reporting: development of universal systems[J].Sports medicine, 1997（24）: 184-204.

[62] Messias L H D, Sousa F a B, Dos Reis I G M, et al.Novel paddle stroke analysis for elite slalom kayakers: Relationship with force parameters[J].PLoS One, 2018, 13（2）: e0192835.

[63] Mitroff S R, Friesen P, Bennett D, et al.Enhancing ice hockey skills through stroboscopic visual training: a pilot study[J]. Athletic Training & Sports Health Care, 2013, 5（6）: 261-264.

[64] Moesch K, KenttäG, Kleinert J, et al.FEPSAC position statement: mental health disorders in elite athletes and models of service provision[J].Psychology of Sport and Exercise, 2018（38）: 61-71.

[65] Mulder G, Alfieri D.The diabetic foot: considerations for pressure reduction and off-loading[J]. Cambridge Publishing, 2007, 15（2）: 58-65.

[66] Myer G D, Ford K R, Khoury J, et al.Clinical correlates to laboratory measures for use in non-contact anterior cruciate ligament injury risk prediction algorithm[J].Clin Biomech（Bristol, Avon）, 2010, 25（7）: 693-699.

[67] Myer G D, Ford K R, Khoury J, et al.Development and validation of a clinic-based prediction tool to

identify female athletes at high risk for anterior cruciate ligament injury [J].The American journal of sports medicine, 2010, 38 (10): 2025-2033.

[68] Nevin J.Autoregulated resistance training: does velocity-based training represent the future? [J].Strength & Conditioning Journal, 2019, 41 (4): 34-39.

[69] Orange S T, Metcalfe J W, Liefeith A, et al.Validity and reliability of a wearable inertial sensor to measure velocity and power in the back squat and bench press [J].The Journal of Strength & Conditioning Research, 2019, 33 (9): 2398-2408.

[70] Padua D A, Marshall S W, Boling M C, et al.The landing error scoring system (LESS) is a valid and reliable clinical assessment tool of jump-landing biomechanics: the JUMP-ACL study [J].Am J Sports Med, 2009, 37 (10): 1996-2002.

[71] Rekant J, Rothenberger S, Chambers A.Inertial measurement unit-based motion capture to replace camera-based systems for assessing gait in healthy young adults: proceed with caution [J].Measur Sens, 2022, 23.

[72] Rice S M, Purcell R, De Silva S, et al.The mental health of elite athletes: a narrative systematic review [J].Sports Med, 2016, 46 (9): 1333-1353.

[73] Roh T, Bong K, Hong S, et al.Wearable mental-health monitoring platform with independent component analysis and nonlinear chaotic analysis [C]//2012 annual international conference of the IEEE engineering in medicine and biology society.IEEE, 2012: 4541-4544.

[74] Rossi F, Dragoni S.Talar body fatigue stress fractures: three cases observed in elite female gymnasts [J]. Skeletal radiology, 2005, 34: 389-394.

[75] Runhaar J, Collard D C M, Singh A S, et al.Motor fitness in Dutch youth: differences over a 26-year period (1980-2006) [J].Journal of Science and Medicine in Sport, 2010, 13 (3): 323-328.

[76] Sanchez-Medina L, Gonzá lez-Badillo J J.Velocity loss as an indicator of neuromuscular fatigue during resistance training [J].Medicine and science in sports and exercise, 2011, 43 (9): 1725-1734.

[77] Secomb J L, Nimphius S, Farley O R, et al.Relationships between lower-body muscle structure and lower-body strength, explosiveness and eccentric leg stiffness in adolescent athletes [J].J Sports Sci Med, 2015, 14 (4): 691-697.

[78] Sheppard J M, Doyle T L.Increasing compliance to instructions in the squat jump [J].J Strength Cond Res, 2008, 22 (2): 648-651.

[79] Shetler K, Marcus R, Froelicher V F, et al.Heart rate recovery: validation and methodologic issues [J].J Am Coll Cardiol, 2001, 38 (7): 1980-1987.

[80] Siegmund G P, Guskiewicz K M, Marshall S W, et al.Laboratory validation of two wearable sensor systems for measuring head impact severity in football players [J].Annals of biomedical engineering, 2016, 44: 1257-1274.

[81] Song K, Hullfish T J, Silva R S, et al.Markerless motion capture estimates of lower extremity kinematics and kinetics are comparable to marker-based across 8 movements［J］.BioRxiv，2023，157:111751.

[82] Steiner I，Richmond K，Ouni S.Speech animation using electromagnetic articulography as motion capture data［J］. Comput cogn sci, 2013, 1（1）: 7.

[83] Szczęsna A，Skurowski P，Lach E，et al.Inertial motion capture costume design study［J］.Sensors（Basel），2017，17（3）：612.

[84] Tang H，Pan J，Munkasy B，et al.Comparison of lower extremity joint moment and power estimated by markerless and marker-based systems during treadmill running［J］.Bioengineering（Basel），2022，9（10）：574.

[85] Torrão J N，Dos Santos M P，Ferreira J A.Instrumented knee joint implants：innovations and promising concepts［J］. Expert Rev Med Devices，2015，12（5）：571-584.

[86] Van Den Bogert A J，Geijtenbeek T，Even-Zohar O，et al.A real-time system for biomechanical analysis of human movement and muscle function［J］. Med Biol Eng Comput，2013，51（10）：1069-1077.

[87] Vlasic D，Adelsberger R，Vannucci G，et al.Practical motion capture in everyday surroundings［J］.ACM Transactions on Graphics（TOG），2007，26（3）：35.

[88] Wang J H，Wu M C，Chang H H.Urban－rural disparity in physical fitness of elementary schoolchildren in Taiwan［J］.Pediatrics International，2013，55（3）：346-354.

[89] Weakley J J S，Till K，Read D B，et al.Jump training in rugby union players：barbell or hexagonal bar?［J］. J Strength Cond Res，2021，35（3）：754-761.

[90] Wolf M R，Avery D，Wolf J M.Upper extremity injuries in gymnasts［J］.Hand Clinics，2017，33（1）：187-197.

[91] Yeomans C，Kenny I C，Cahalan R，et al.The incidence of injury in amateur male rugby union：a systematic review and meta-analysis［J］.Sports Med，2018，48（4）：837-848.

[92] Zarei H，Norasteh A A，Rahmanpournashrudkoli A，et al.The effects of pilates training on static and dynamic balance of female deaf students：a randomized controlled trial［J］.J Bodyw Mov Ther，2020，24（4）：63-69.

[93] Zhang Q，Adam N C，Hosseini Nasab S H，et al.Techniques for in vivo measurement of ligament and tendon strain：a review［J］.Ann Biomed Eng，2021，49（1）：7-28.

[94] Zulkifli S S，Loh W P.A state-of-the-art review of foot pressure［J］.Foot Ankle Surg，2020，26（1）：25-32.